兰州财经大学经济学院学术文库

甘肃省应用经济学、理论经济学一流（重点）学科建设项目资助
甘肃省哲学社会科学规划项目《健全甘肃省技术创新的市场导向机制研究》（项目批准号：YB065）研究成果

杜斌 ◎ 著

创新资源约束型后进区域技术创新的市场导向机制研究

CHUANGXIN ZIYUAN YUESHUXING HOUJINQUYU
JISHU CHUANGXIN DE
SHICHANG DAOXIANG JIZHI YANJIU

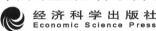

中国财经出版传媒集团

经济科学出版社
Economic Science Press

图书在版编目（CIP）数据

创新资源约束型后进区域技术创新的市场导向机制研究／杜斌著．—北京：经济科学出版社，2020.6
（兰州财经大学经济学院学术文库）
ISBN 978 - 7 - 5218 - 1639 - 6

Ⅰ.①创… Ⅱ.①杜… Ⅲ.①技术创新机制 - 研究 - 中国 Ⅳ.①F279.23

中国版本图书馆 CIP 数据核字（2020）第 101117 号

责任编辑：杜　鹏　张立莉
责任校对：李　建
责任印制：邱　天

创新资源约束型后进区域技术创新的市场导向机制研究
杜　斌　著
经济科学出版社出版、发行　新华书店经销
社址：北京市海淀区阜成路甲 28 号　邮编：100142
编辑部电话：010 - 88191441　发行部电话：010 - 88191522
网址：www. esp. com. cn
电子邮箱：esp_bj@ 163. com
天猫网店：经济科学出版社旗舰店
网址：http://jjkxcbs. tmall. com
固安华明印业有限公司印装
710 × 1000　16 开　14.5 印张　250000 字
2020 年 9 月第 1 版　2020 年 9 月第 1 次印刷
ISBN 978 - 7 - 5218 - 1639 - 6　定价：69.00 元
（图书出现印装问题，本社负责调换。电话：010 - 88191510）
（版权所有　侵权必究　打击盗版　举报热线：010 - 88191661
QQ：2242791300　营销中心电话：010 - 88191537
电子邮箱：dbts@esp. com. cn）

前　言

　　在开放经济环境下，创新驱动发展已成为全球共识。当前，金融危机的余波导致世界经济增速分化、结构转型、复苏放缓、格局重新洗牌。在错综复杂的经济形势和新一轮科技变革酝酿迸发之际，先行自由市场经济的创新型国家日益面临后发赶超型新兴市场国家的挑战。作为后发不均质的转轨发展大国，随着改革红利、人口红利等传统优势的弱化，中国经济已从高速增长阶段转入了中低速增长的"新常态"，处在增速放缓、结构调整、动力转换、方式转型、空间拓展的调整换挡期。这一复杂多变的国内外新形势促使中国政府适时提出了市场决定资源配置和健全技术创新市场导向机制的重大制度安排，为释放市场活力，激发创新潜能，培育发展新动力指明了方向。

　　后进区域是中国创新型国家建设的"短板"，是缩小区域间发展差距，走区域协调可持续发展道路的薄弱一环。后进区域的落后固然有先天禀赋和后天政策因素，但究其根本原因在于市场化推进缓慢、市场体系发育滞后、市场导向信号不明确，导致了技术创新水平和能力迟滞于经济发展需要而致使发展后劲不足。在国家实施"西部大开发""创新型国家建设"及"一带一路"等多重战略叠加的历史关口，研究后进区域技术创新的市场导向机制，提振创新驱动经济发展的潜能，无疑具有重大的战略意义和现实价值。因此，本书立足后进区域技术创新赶超发展的重大现实需要，全面探讨健全后进区域技术创新的市场导向机制问题，为打造创新驱动、变道超速、赶超跨越的区域经济增长"升级版"探寻一条捷径。

　　本书综合运用经济学、管理学、系统动力学及数理统计等交叉学科知识，通过搜集整理大量相关文献、数据，在脉络梳理、理论整合、机理剖析、模型构建的基础上，借助 Matlab、Eviews、Vensim PLE 等分析软件，深入探究了后进区域技术创新市场导向的理论根基、作用机理与实现机制，实证检验了后进区域技术创新市场导向的现状、模式与绩效,最终构建了健全后进区域技术创新市场导向机制的治理模式、路径选择与政策措施。通过研究,本书主要得出以下结论。

其一,创新资源的稀缺是区域创新驱动发展的基本约束因素,但对后进区域来讲,创新资源的短缺却具有"双重性"。表现为静态绝对性短缺和动态相对性短缺。创新资源短缺的双重加压倒逼后进区域重塑开放型市场投资环境,推进市场化进程,诱致制度创新变迁。

其二,市场导向机制有别于市场机制,需要主动构建、动态调整、宏观监控。其理论包含了技术创新过程的市场理论、技术创新实现的市场结构理论、技术创新外溢的市场失灵理论和技术创新持续的市场机制设计理论;其实现机制包含动力机制、运行机制、约束机制和保障机制。对后进区域来讲,市场化水平低,市场体系发育滞后,市场机制作用范围受限,市场结构不合理等深刻影响着技术创新的市场导向机制完善。

其三,创新主体、创新客体和创新环境是后进区域技术创新能力形成的必备三要件,克服后进区域技术创新三要件不足的有效制度安排是健全市场导向机制。市场导向机制通过优化资源配置效应、动态学习效应、价值实现效应、分担风险效应和激励与转移效应等对后进区域技术创新产生显著的影响。同时,技术创新亦从微观产品、中观产业及宏观总供求三个维度深挖和拓展后进区域内外市场,推进后进区域市场一体化。

其四,中国区域间技术创新水平与能力、市场化水平与市场体系建设存在显著差异。从人均GDP、第三产业占比、GDP年增长率、技术创新水平及市场化程度的区际比较可以得出,甘肃、贵州、西藏、云南、山西、青海、宁夏、广西、新疆共9个省份属于典型的后进区域;从R&D投入来源、技术获取途径和技术创新能力提升路径的实证结果看,后进区域技术创新模式为企业主导、输入型、畸形的"自主创新"模式;从技术创新与市场导向的计量关系模型结果看,市场导向对提升后进区域技术创新能力具有显著的作用。

其五,健全后进区域技术创新的市场导向机制需从"三位一体"的综合治理模式、路径选择与优化、政策措施与保障实施三个方面加以构建。其中,市场、政府、社会"三位一体"的技术创新市场导向长效综合治理机制是以社会为平台,以市场导向为核心,发挥政府协调、扶持的功能性定位，实现融市场、政府、社会为一体的完善的技术创新市场导向机制；路径选择与优化是充分利用区域内外两个市场、两个资源，从模仿创新、协同创新、逆向创新的阶梯分层推进实现后进区域技术创新能力提升；保障措施是从推进市场化进程与完善市场体系、培育创新资源与完善区域创新系统、加强政策组合与制度协调三个方面进行整治，以实现"创新资源→市场配置→技术创新→产业提质增效→经济提速→市场扩大→创新资源聚集→技术创新→……"的持续良性循环。

杜　斌

2020 年 5 月

目　　录

第1章 绪 论[①]

1.1 问题的提出

创新驱动发展战略及建设创新型经济体已成为世界各国或地区的普遍共识，作为这一战略实施要件之一的技术创新担负着关键重任并起着核心作用。技术创新有两个鲜明的属性，一是新颖性，表现为新技术及其带来的新成果；二是价值性，表现为市场商业价值的实现及其转化扩散为社会效益。由此，市场担当了技术创新全过程的"桥梁"和"媒介"角色，即技术创新的产生、实现、转化及扩散经由市场检验。理论上，技术创新以市场为导向实属必然，然而，在现实中，市场机制的发挥却受到一国资源环境、政策体制、市场发育程度及经济发展规模阶段的制约，市场失灵及技术创新的"非效率"时时显现，即便是成熟的发达市场经济国家也不例外，健全技术创新的市场导向机制，确保市场调控的有效性及时效性，释放技术创新潜能，增强竞争优势，已成为各国对待技术创新的普遍做法[1]。针对一国内部，尤其是不均质的后发转轨大国而言，各区域的区位条件和资源禀赋迥异、制度政策和市场化程度不同、经济规模和发展阶段有别，区域自身的特殊性决定了技术创新以市场为导向的约束性和复杂性。厘清技术创新的市场导向机制，从后进区域视角探析我国区域技术创新问题对于协调区域经济发展，共建创新型国家有着重要的理论和现实价值。基于此，本书从后进区域视角，在转轨经济、资源环境约束及多重战略叠加下，探索市场导向机制对技术创新的传导机理、利益分配、绩效评价等问题，并就提升后进区域技术创新能力提出主导模式、路径选择及政策建议。具体选题理由如下。

① 本书受兰州财经大学经济学院理论经济学重点学科建设经费的支持，系甘肃省哲学社会科学规划项目《健全甘肃省技术创新的市场导向机制研究》（项目批准号：YB065）研究成果。

首先，经济所处背景的差异决定了我国技术创新的市场导向机制运行机理及健全途径有别于西方国家。技术创新以市场为导向是实行自由市场经济国家的惯常逻辑，并被发达国家的成功实践所验证。然而，对转轨经济体而言，市场导向机制对技术创新的作用机理尚待厘清，技术创新以市场为导向的普适性及特殊性有待甄别，照搬西方模式，接受"华盛顿共识"无异于盲目追随，乃至自掘坟墓（俄罗斯的"休克疗法"带来了经济的大起大落，至今经济仍在波动中震荡）。历史的经验表明，即使在发达国家或地区也有着不同的模式，如美英的"自由主义市场"及德国和北欧地区的"有计划市场"，而日韩实行"政府主导市场"模式。在当前全球经济复苏乏力，经济格局重新洗牌，经济调整换挡的关键时期，借鉴西方模式，立足转轨经济背景，厘清技术创新的市场导向机理，明晰市场决定创新资源的配置方式，肯定市场的有效性，让市场充分发挥对技术创新的导向作用，对于转轨期的我国研判技术创新的研发方向及路线选择有着重要的理论价值。

其次，健全技术创新的市场导向机制，提振技术创新动能，是新时期我国转变发展方式、破解发展难题、亟待解决的重大理论及现实命题。经过30多年的转轨经济发展，我国经济规模和增速位居世界前列，已成为当之无愧的世界第二大经济体。据统计，1978～2014年，我国年均经济增长率为9.65%，经济总量翻了174倍（名义GDP比值），在考察各要素对经济增长的贡献度上，投资及出口占据主流，受其抑制以技术创新为代表的全要素生产率对经济增长的贡献度相对较低，近年来约占1/3，不仅低于发达国家的70%～80%，而且低于一些发展中国家的40%左右，这与我国渐进式市场化变革及主导技术创新的战略模式有关。在对待市场经济的认知与实践上，我国经历了一条"市场排斥论——市场辅助论——市场结合论——市场主体论（田广研、李仙娥，2002）——市场决定论"的艰难探寻之路，目前处在市场化程度欠发达或相对成熟市场经济状态。在看待技术创新上，我们经历了"二次创新""自主创新""全面创新"的认知，经由"政府政策导向"向"市场导向"的转变。2013年11月，党的十八届三中全会首次明确提出市场在资源配置中起决定作用及健全技术创新的市场导向机制的新论断，从广度和深度上进一步推进了我国的市场化改革，明确了技术创新市场导向原则。2015年9月，中共中央办公厅、国务院办公厅印发《深化科技体制改革实施方案》，该方案从建立企业主导的产业技术创新机制，激发企业创新内生动力；加强科技创新服务体系建设，完善对中小微企业创新的支持方式；健全产学研用协同创新机制、强化创新链和产业链有机衔接三个方面提出了17条措施，为解决科技与经济结合不紧密问题，培育新的增长点，促进经济转型升级提质增效指明了方向。为什么技术创新要以市场为导向？市场导向机制对技术创新的作用机理如何？对于我国这样一个转型经济的发展中大国有何特殊含义？如何健全技术创新的市场导向机制？这是新时期我国转变发展方式，破解发展难题，适应创新驱动发展战略，建设创新型国家，赶超发达国家，亟待解决的重大理论及实践命题，既是重大热点和难点问题，又具急迫性和前瞻性。

再次，研讨区域层面的技术创新市场导向机制运行机理及如何健全问题，对于协调区域经济发展、走可持续发展道路的中国具有极其重要的理论及现实意义。区域发展不平衡及区间差距拉大已严重制约我国经济的可持续发展及全面小康社会的实现。造成区域发展不平衡的原因众多，如自然环境、区位、资源、政策、产业、基础设施等，但从根源上讲是由于技术落后、创新不足引致的产业结构滞后及经济发展后劲不足，而技术创新动力与自由市场运行活力紧密相连。对比中国东西部地区，可以发现，发达的东部地区市场化程度高，资源配置效率高，技术创新率高，产业竞争力强，发展后劲足；而西部地区市场化程度普遍低，资源错配，技术创新率低而产业结构不合理，经济态势羸弱。借鉴国外经验，缩小区域发展差距，技术创新扮演关键角色，日益成为增长方式转变、产业结构调整、产业集群效应发挥、梯度追赶的源动力。对于西部地区的后进区域而言，如何借鉴先发区域经验，推进市场化进程，完善市场体系，发挥市场对技术创新的导向作用，选择适宜主导模式，借助技术创新摆脱"资源诅咒"，跨越"低水平循环"陷阱，实现赶超，这对于协调区域经济发展，走可持续发展的中国具有极其重要的理论及现实意义。基于此，本书选取后进区域研讨技术创新的市场导向机制运行机理及如何健全问题。

最后，把脉后进区域，突破发展瓶颈，是区域协调均衡发展的突破口，而关键在于立足市场导向、提升技术创新能力。后进区域是一个相对概念，具有动态变化性，是指相对于国内其他区域而言，在一定时期内，其经济规模及人均产量上偏低且增长速度较慢，在市场化程度及创新水平上都处在靠后位置，虽有发展潜力但尚未突破瓶颈，处在资源环境约束下的落后区域。后进区域的典型特点是自然资源相对富裕而创新资源明显匮乏，市场化程度低而政府不当干预多，释放技术创新的制度藩篱尚未破除，发挥后发优势的动力不足。这里，通过指标量化选定我国西部的一些省份如甘肃、广西、贵州、云南等。后进区域的界定需把握几个时期节点，一是改革开放前，在计划经济体制下，由于国家战略需要，这里布局了一大批国有重工业企业，基于特殊的历史背景,这些省份人均收入在全国排名并不靠后且差距较小;二是改革开放后,这些省份明显落后了,这与国家优先发展东部的倾斜性政策相关,如扭曲西部资源价格支援东部工业化建设等;三是1999年国家实施西部大开发战略后,虽然国家投资了一大批项目,加强了西部基础设施建设,这种投资规模扩大引发的"连带辐射"效应一度使西部地区的经济增长率超过中东部地区,但近年来,西部这些省份发展成效不大、后劲不足,与东部相比差距不是缩小而是进一步扩大了,这些省份并未找到"经济提速"的有效捷径;四是2013年中国首提"一带一路"倡议,这些省份恰好位于规划范围内,如何在开放的区域经济发展环境中,找准定位,响应战略,提升技术创新能力,打造自身优势,破解发展瓶颈,实现赶超是摆在后进区域面前的重大难题。

目前,国内外学者对于技术创新的市场导向机制运行机理并未进行专门的研究,对转轨经济时期的技术创新市场导向机制健全问题尚处在探索状态,深入一国内部,从区域层面探讨创新资源约束下的后进区域技术创新市场导向机制问题尚未有之。因此,以此立题,是适应中国转方式、调结构,协调区域经济,走可持续发展的重大理论和实践需求,有着更广泛的研究空间和更现实的研究价值。

1.2 研究目的和意义

1.2.1 研究目的

本书依托市场理论、创新理论、资源基础理论、机制设计理论及区域经济赶超发展理论等基础理论,系统勾勒出后进区域技术创新的市场导向机制理论体系。以此为切入点,全面审视后进区域的市场状况、技术创新状况、经济发展态势及纵横差距比较,搭建技术创新与市场导向间的计量模型,深入刻画二者在后进区域中的相互关系、绩效评估与预测,通过技术创新市场导向机制的设计与健全,克服后进区域创新资源匮乏的现实约束,破除不当制度藩篱,营造自由公平竞争的法治环境,从而找准适宜后进区域的技术创新模式与路径,规划路线运行轨迹,为后进区域的赶超发展提供理论支撑和现实可操作性。具体目标为以下几个方面。

(1)通过对相关文献的梳理及分析,探索总结出技术创新与市场导向的一般原理,包括作用机理、运行机制及路径依赖,并从技术创新全过程实现角度多维度深入剖析市场化、创新要素、市场结构、创新绩效、收益分配间的关系，呈现完整、系统化的技术创新的市场导向机制理论。在这一理论框架下解释现实问题。

（2）立足中国转轨经济实际，深入区域层面，在分析后进区域市场化及技术创新现状、问题及原因的基础上，探讨后进区域健全技术创新市场导向机制的必要性及重要性，使用各省域面板数据，运用计量的分析方法，实证探讨后进区域技术创新能力与市场导向间的关系，进而提出提升技术创新能力的主导模式、路径选择及政策措施，为打造后进区域的赶超发展提供理论依据及政策借鉴。

1.2.2　研究意义

1.2.2.1　理论意义

（1）探索性地研究技术创新的市场导向机制原理，深化和拓展市场对技术创新的配置效应、传导机制及作用机理的理论认知。在梳理市场的基础理论和技术创新的前沿理论基础上，从市场的供求机制、价格机制、竞争机制和风险机制等角度探讨市场机制对技术创新的作用机理。从动力机制 – 激励机制 – 约束机制 – 监管机制全面构建后进区域技术创新市场导向机制，这对于进一步构建完整的、系统的转轨国家区域技术创新市场导向机制理论体系，深化和拓展创新理论、市场机制理论及区域经济发展理论无疑有着重要的、深远的理论意义。

（2）尝试在转轨经济背景下，从市场化程度、创新资源约束、市场结构、绩效评价等角度深入探讨不完善市场体系下市场对技术创新全过程的导向机理，明晰市场失灵及其调控的必要性及可行性，为构建健全的技术创新市场导向机制奠定理论基础，从而弥补和丰富技术创新市场导向机制在转轨经济背景下的理论探索和解释能力。

（3）针对一国区域间市场与技术发展的不平衡性，在缩小差距，协调发展乃至赶超发展的目标指引下，通过理论分析、指标选取、实证探讨，剖析市场导向下技术创新对后进区域经济增长的重要性及紧迫性，为主导模式的选取，提升技术创新能力提供理论依据，从而进一步构建完整的、系统的转轨国家区域技术创新市场导向机制理论体系。

1.2.2.2　现实意义

在开放经济环境下，健全技术创新市场导向机制是我国建设创新型国家所面临的重大现实问题，有着重大的现实需求。从哪些方面入手，如何健全？重要制约因素及解决的关键问题是什么？这些都需要立足我国转轨经济实际，找到问题源头，找准制约因素，弥补短板，破解瓶颈，并提供相应解释和建议。

目前，我国经济发展的最大短板是发展不平衡问题，区域间不平衡是重要表现，解决的关键是西部区域的后进区域。后进区域在我国具有独特的发展潜力和巨大的潜在市场吸引力，其经济发展的复杂性及艰难性备受关注，而又悬而未决。这些区域大多地形复杂、气候恶劣、地广人稀，而自然资源储备丰富，资源依赖却深陷"资源诅咒"，城乡发展极度不均衡，而"二元经济"结构凸显，国家多重战略叠加而驱动发展动力不足，本书以此为落脚点，以加速市场化进程、完善市场体系机制、提振技术创新动能为突破口，对促进后进区域赶超发展有着深远的现实意义。

1.3　研究内容与框架

1.3.1　研究思路与内容

本书遵循"立题－破题－解题"的思路，即，提出问题－学理分析－实证检验－破解途径，全书共七章。

（1）绪论及文献述评。交代选题背景、目的、意义，研究思路、框架方法及创新点，并就技术创新、市场导向间国内外相关文献进行梳理、总结，评述不足及进一步研究空间。

（2）理论探讨。遵从"理论－机理－机制"的研究逻辑，先界定相关概念，梳理和系统总结技术创新与市场导向的一般理论，提炼出技术创新市场导向机制的原理；再从优化资源配置效应、动态学习效应、价值实现效应、分担风险效应、激励与转移效应五个视角深入剖析后进区域技术创新市场导向的传导机理；最后从动力机制、运行机制、约束机制及保障机制四个方面探讨后进区域技术创新的市场导向实现机制。

（3）实证研究。在分析中国后进区域技术创新市场导向进程，选定中国后进区域所包含的省份基础上，运用相关省域面板数据实证探讨后进区域技术创新与市场导向间的关系，并分析当前后进区域技术创新的模式。

（4）政策研究与研究展望。根据以上理论与实证探讨，构建"三位一体"的技术创新市场导向综合治理模式，提出适宜后进区域技术创新的路径选择与政策措施；最后，对本书进行总结，并指出研究不足及进一步研究的展望。

拟解决的关键问题：总结技术创新市场导向机制的一般原理，形成对区域层面的有效解释力，并就后进区域实施技术创新市场导向机制的必要性、重要性及特殊性作出合理剖析。如何健全后进区域技术创新的市场导向机制，进而提振技术创新动能是需要解决的关键难题。

1.3.2 研究框架

图1-1为本书的技术路线。

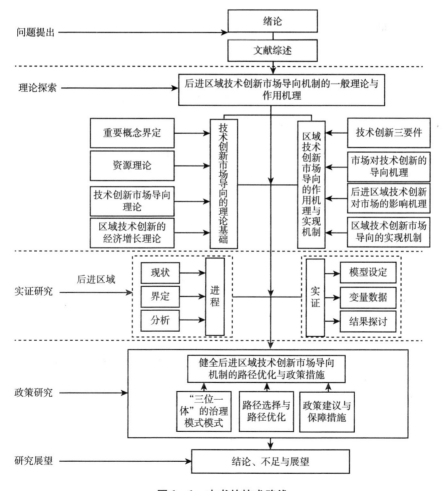

图1-1 本书的技术路线

1.4　研究方法与手段

（1）文献研究法。对国内外关于技术创新和市场导向方面的相关资料进行全面的汇总、梳理、比较、归纳，分类别加以整理，综述出体系化的技术创新与市场导向研究成果，为下文进一步分析奠定了基础。

（2）理论分析与规范分析相结合。运用经济学、管理学、系统学等一般原理融入技术创新与市场导向间作用机理、传导机制及反馈路径的理论探讨中，形成创新资源配比、创新收益分配及绩效评价等的判别标准，在后进区域的技术创新治理模式、路径依赖及能力提升中加以运用与深化。

（3）定性与定量分析相结合。在逻辑推理、归纳总结基本原理的基础上，测定后进区域技术创新与市场导向的问题，运用数理模拟、系统动力及空间计量的研究，借助 Matlab、Eviews、Vensim PLE 等软件加以分析。

1.5　主要创新点

其一，视角上，针对新形势下中国政府提出的健全技术创新市场导向机制这一重大制度安排，立足中国区域协调可持续发展目标，从后进区域的视角，探讨后进区域技术创新市场导向机制的建立健全问题。后进区域是中国创新型国家建设的"短板"，是缩小区域间发展差距，走区域协调可持续发展道路的最薄弱一环，深入研究后进区域技术创新市场导向机制，为整合创新资源、释放市场活力、激发创新潜能、推进市场一体化指明方向。

其二，理论上，构筑完整的、系统的技术创新市场导向机制理论。包括技术创新过程的市场理论、技术创新实现的市场结构理论、技术创新外溢的市场失灵理论及技术创新持续的市场机制设计理论。从优化资源配置效应、动态学习效应、价值实现效应、分担风险效应、激励与转移效应五方面探讨后进区域市场对技术创新的导向机理，从动力机制、运行机制、约束机制以及保障机制四维度剖析技术创新市场导向的实现机制，从而形成转轨经济国家区域层面的理论体系和针对性阐释，形成在这一领域新的理论研究范式。

其三，方法上，综合运用数理、系统动力及计量经济等研究方法，借助

Matlab、Eviews、Vensim PLE 等分析软件，实证量化检验后进区域技术创新市场导向机制的关系及实施技术创新市场导向机制的可行性和必然性。这些方法的综合运用既保证分析的全面又保障分析的可靠，对针对性提出基于内外市场、区域政府及社会环境"三位一体"的健全的后进区域技术创新市场导向长效治理机制提供实证依据。

其四，本书对创新资源的认识（后进区域创新资源的稀缺具有双重性），对市场导向机制与市场机制的甄别（市场导向机制需主动构建、动态调整、宏观监控），对后进区域的界定与选定（依据人均 GDP、增速、市场化、创新能力指数），对后进区域提升技术创新潜能的路径选择与优化，都有着全新的理解、阐释和升华，这对后续研究有着重要的借鉴和启示。

第2章 国内外相关文献综述

本章的文献梳理主要涉及创新资源研究、技术创新研究、市场导向研究、技术创新与市场导向关系研究四个方面。

2.1 创新资源研究

资源是人类赖以生存和发展的客观存在，其概念的界定随人类社会的发展和人们认知能力的提高而动态演变。早在公元前 400 年，作为最早提出"经济"这一词汇的古希腊史学家色诺芬就曾在其名著《经济论》和《雅典的收入》中提及土地、气候、国家、民族、贸易等视作资源的要素，尽管这些提法过于笼统，但却是从经济的角度最早提到资源一说。① 15 世纪初，最早出现了英文"Resource"，指"供应某种需要或不足的手段与工具"。18 世纪中后期，资源又增加了"财富"的含义。通常，资源被视为创造财富或资产的物质基础，有广义和狭义之分，广义的资源是指对人类或非人类有用的或有价值的所有部分的集合，包括自然资源、人力资源、社会资源、科技资源、时空资源、信息资源等[2]；狭义资源是指在一定时间和技术条件下，能够产生经济价值、提高人类当前和未来福利的自然环境因素的总称，包括地球和宇宙间一切自然资源，如矿产、水利、森林、土壤等。② 根据不同的分类标准，资源可分为有形资源与无形资源；有限资源与无限资源；自然资源

---

① ［希腊］色诺芬著，张伯健、陆大年译. 经济论雅典的收入［M］. 北京：商务印书馆，1961.

② 见联合国环境规划署。对资源狭义解释还有：中国《辞海》指出，资源一般指天然的财源，是资财的来源；《现代汉语词典》把资源解释为生产资料或生活资料的天然来源；唐纳德·W. 莫法特的《经济学词典》把资源视为一种经济的基本投入物或组成部分。

与社会资源；可再生资源与不可再生资源；现实资源与潜在资源等①，如图 2 - 1 所示。

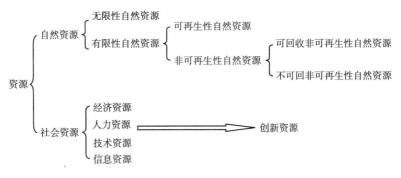

图 2 - 1　资源分类

2.1.1　创新资源起源、概念及特征

创新资源依托于社会资源，而又不同于传统资源，它随着驱动经济发展方式的转变和社会结构的变迁而赋有新的内涵，是一种新型的、可替代传统自然资源的后天性"全新"资源形态。创新资源由"创新"与"资源"结合而成，显然，人们对它的认识是从创新研究开始的。作为创新研究的开山鼻祖——约瑟夫·熊彼特（Joseph Alois Schumpeter）在其不朽的"三部曲"：《经济发展理论》（1912）、《商业周期》（1939）、《资本主义、社会主义与民主》（1943）中率先阐释了创新概念和思想，并从创造性毁灭的视角解释经济发展和社会变迁，形成与当时社会主流思想格格不入的创新理论体系，②由于熊彼特并未打开创新实现过程这一"黑箱"，使得其理论体系长期未被重视。随着 20 世纪 50 年代索洛（Solow，1956）的技术外生经济增长理论、70 年代罗马俱乐部关于增长极限的大探讨及 80 年代罗默（Romer，1986）、卢卡斯（Lucas，1988）的内生增长理论所做的开创性贡献，人们逐渐认识到

———————————

① 参考汝宜红著. 资源管理学［M］. 北京：中国铁道出版社，2001；王子平等著. 资源论［M］. 石家庄：河北科学技术出版社，2001；彭补拙等编著. 资源学导论［M］. 南京：东南大学出版社，2007.

② 当时占主流的经济思想是以边际效应为基础的新古典经济学，20 世纪 30 年代世界性经济大危机发生后，凯恩斯的有效需求管理理论占据主流，熊彼特的创新理论真正得到重视是在 20 世纪 80 年代以降。

创新特别是技术创新的重要性。创新资源是创新活动的基础和必备前提，自此引起了广泛的关注和重视，特别是 20 世纪 90 年代知识经济的到来，使创新资源的研究掀起热潮。

时至今日，创新资源的概念尚未形成确切性一致观点。国外对创新资源的探寻始于 20 世纪 70 年代，罗马俱乐部成员德内拉·梅多斯、乔根·兰德斯和丹尼斯·梅多斯在《增长的极限》一书中指出，驱使人类经济增长的各种自然资源面临不断枯竭，除非有一种能替代自然资源的新资源，否则人类社会将发生突然而无法控制的崩溃。[3] 遗憾的是，该书并未赋予这种"新"资源确切的内涵。究竟有没有一种"可替代"自然资源的"新"资源维持人类社会可持续性发展呢？以卡恩和西蒙为代表的乐观学派认为，技术进步将创造出资源的无限可利用性，人类的创造力是保证资源无限利用的"最后资源"①。美国经济学家萨缪尔森在其《经济学》一书中提出一种可替代"自然资本"的"其他形式资本"，如科学家、图书馆等[4]；事实上，早在 1960年，美国经济学家舒尔茨（Theodore W. Schultz）在其《人力资本的投资》一书中就谈到人力资源是引起经济增长的一切资源中最重要的资源。1962 年，美国经济学家丹尼森（Edward Fulton Denison）在其《美国经济增长因素和我们面临的选择》一书中提到知识的进展与应用对经济增长的重要性，由此他特别关注教育的贡献度。随后，阿罗（Arrow，1962）的干中学、罗默（Romer，1986）的技术外溢、卢卡斯（Lucas，1988）的人力资本、格罗斯曼和赫尔普曼（Grossman & Helpman，1991）的横向创新及阿杰翁和霍伊特（Aghion & Howitt，1992）的纵向创新论，使人们逐渐认识到一种可替代传统资源的"新"资源正在驱动着经济社会持续前行，而这种"新"资源实际上就是以新技术、新知识和富有创造力的人才等为主要内容的创新资源[5]。

蒂斯（Teece，1986）首次提出核心技术与互补资产配套是企业完成技术创新的关键，获取专用性资产对企业创新优势的保持尤为重要[6]。

卢德·史密斯（Ruud Smits，2002）指出，技术创新资源研究范畴广泛，包含所有与技术创新活动有关的经济、社会及其自然资源[7]。

国内关于创新资源的研究始于 20 世纪 90 年代，基于不同的视角先后提出过科技资源、科技创新资源、技术创新资源、创新资源及区域创新资源等，

---

① 参见美国乐观学派代表人物卡恩《下一个 200 年》（1977）及西蒙《人口增长经济学》（1977）、《最后资源》（1981）。

对其内涵界定较具代表性的观点有以下几个方面。

（1）科技资源。周寄中（1999）在《科技资源论》一书中，首次明确给出了科技资源定义：科技资源是科技活动的物质基础，是创造科技成果，推动整个经济和社会发展的要素集合，从内容上可分为科技财力资源、科技人力资源、科技物力资源和科技信息资源四个方面[8]。朱付元（2000）认为，科技资源是由科技资源各要素及其次一级要素相互作用而构成的系统，是科技人力、财力、物力、信息等资源及组织资源五要素的总和[9]。孙鸿烈（2000）在《中国资源科学百科全书》中指出，科技资源有广义和狭义之分，广义科技资源是指一般意义上的科技财力、人力、物力、信息等资源，而狭义科技资源仅包括科技人力资源与科技财力资源[10]。师萍、李垣（2000）引入新制度经济理论，认为科技资源由四个部分组成：科学与技术、专业技能系统、技术市场与制度界面[11]。刘伶俐（2007）认为，科技资源包括七大类，即在传统的人力、财力、物力、信息四要素基础上，增加了市场、制度和文化三种资源要素[12]。孙绪华（2011）认为，科技资源主要是指科技活动中所涉及的人力、财力、物力以及信息、组织和管理制度等软、硬件要素的总称或其中某些要素的集合[13]。张贵红（2013）认为，科技资源是开展科技活动的主要条件，是直接或间接推动科学研究与技术进步的一切生产要素集合，包括普通劳动者、专门科研人员、研发资金、科学技术知识存量、研究所需基础条件、信息资源、研发环境等[14]。由此可见，学者们对科技资源概念界定经历了内涵延伸和要素扩展的演化，提出了"两元论""四元论""五元论"及多元要素组合等说法。

（2）科技创新资源。陈宏愚（2003）是较早对科技创新资源下定义的学者，他认为，科技创新由科学创新和技术创新构成，科技创新的过程实际上是全要素综合集成和优化配置的运动进程，由于科技创新资源包括科技资源，科技资源只是其一部分，因此，科技创新资源涉及范围更广泛，包括基本要素、主体要素、体制要素、投入要素和环境要素5大类[15]。王雪原（2008）将科技创新资源界定为各种有形资源和无形资源的总称，这些有形无形资源既能用于科技创新活动又能为其提供保障。按职能划分为人力资源、财力资源、物力资源和信息资源四大类，而科技人力资源和财力资源最重要[16]。可见，科技创新资源不仅强调对科技创新过程的直接作用，而且需同时具备科技资源与创新资源的双重属性，与科技资源相比，科技创新资源更强调创新过程的要素适用性、选择性及动态性。

（3）技术创新资源。徐二明等（2011）认为，技术创新资源是技术创新活动中所利用的各种类别和形态的多种资源的有机结合，目的是提高企业技术创新产品的竞争力。这些有机结合的资源包括人才、资金、技术成果、信息等[17]。罗震世（2011）认为，技术创新所需的多种资源有机结合中最重要的应为人力资源和财力资源，前者分布在各创新主体中，后者表现技术创新活动的投资、能力和水平[18]。吴波（2011）基于技术创新的三大职能部门 – 研发、生产和市场营销，从创新能力的视角即研发、生产、市场三方面界定技术创新资源，并将技术创新资源投入分为技术创新投入强度、合作化开放度、市场化开放度、技术/互补资产投入比例四个维度[19]。由于技术创新被赋予新产品或新工艺的首次商业化应用，相对于科技资源及科技创新资源，学者们更强调加入市场因素及制度因素，以突出技术创新的市场化和商业化问题，但学者们并未厘清技术创新资源与科技创新资源的区别和边界，现实中往往混淆使用。

（4）创新资源。周宏（1992，1993）在国内较早提出"创新资源"一词，但他并未区分创新资源与技术创新资源的区别[20][21]。曲然（2005）认为，创新资源是创新活动所涉及的全部资源，是产生创新成果，推动经济社会发展的要素总和，随创新活动的内容与范围扩展其应用范围和深度不断提高。从创新活动的投入要素来看，包括创新人力资源、创新财力资源、创新物力资源和创新知识资源[22]。张震宇、陈劲（2008）把创新资源分为广义和狭义，广义创新资源是物质和非物质资源的统称，这些资源对技术创新的构思、过程、实现、成果转化发挥重要作用，包括直接参与和服务于创新过程各阶段的各类资源及其创新成果的保持、转化、扩散所需的各类资源。狭义的创新资源仅指直接参与技术创新活动并对创新成果的形成起关键作用的各类资源，包括技术创新活动所依赖的人、财、物、技术和信息[23]。张永安（2010）把创新资源视为一种新的资源形态，是技术创新主体依靠自主、协同、合作等创新技术，所开发和利用的可再生与可共享的物质资源及人力、技术、知识、信息等各种非物质资源的组合，其目的是为了成功实现创新、提高组织绩效和增强竞争能力[24]。刘凤朝等（2011）认为，所有直接或间接推动科技进步，促进经济发展的资源都是创新资源[25]。陈菲琼（2011）从区域要素禀赋差异视角把参与知识生产过程的人力资源、知识、技能和机器设备等都称为创新资源[26]。金中杰（2012）将创新资源视为创新活动的物质基础条件，并区分广义和狭义概念，广义是指人力、财力、物力、信息及组织要素的总和，是各要素相互作用而构成的系统；狭义仅指创新人力资源和创新财力资源[27]。

由上述对各类资源的概念界定，本书发现：第一，对创新资源的提法不一，但都认同创新资源应包括创新人力资源、创新物力资源、创新财力资源及创新信息资源，只不过对要素归属有差别，范围有异议；第二，从范围大小及延伸程度看，由大到小依次为：资源、创新资源、科技创新资源、技术创新资源、科技资源；第三，从重要性及影响看，都认可"创新资源"是"第一资源"地位，是实现创新，推动经济社会发展极其重要的战略资源。

关于创新资源的特征，除具有传统资源的生成性、过程性、社会性、稀缺性、价值性、连带性①等特征外，学者们从"可替代"的全新资源形态进行了多性质、多形式、多属性的全方位描述，本书通过系统梳理周寄中（1999）、晋胜国（2004）、张震宇和陈劲（2008）、王雪原（2008）、金中杰（2012）、赵昱（2014）[28]等观点，将创新资源的特征总结如下。

（1）新颖性。创新资源不同于自然资源，它往往是后天学习而形成的，如科技研发人员、技术、知识等。它的价值表现为新颖性和创造性，即对创新过程、实现及扩散的支持与衔接。一系列新的或重大改进产品、工艺、营销方式或组织方式的出现无不体现着创新资源的新颖性与创造性。

（2）共享性。创新资源是人类智力劳动的结晶，其内含的知识、技术与信息资源具有公共物品特性，不具有很强的排他性，可被反复利用、多主体共享。同时，创新资源具有先天的外溢性，其非市场性扩散可被无成本复制与传播。某种程度上，创新资源不受时空限制，是一种可再生资源，无法被创新主体独占，与其他资源结合，极具共生性和共享性。

（3）时域性。创新资源本身虽不受时空限制，但创新资源的传播和价值实现却有时效性。创新资源的区域分布不均衡，随市场机制配置向创新活动最活跃、创新效益最高的区域聚集，这种聚集性塑造了创新资源独特的地理分布格局。从某种意义上讲，一国或地区可通过提升自身的吸纳、配置能力及创造优惠的政策等为创新资源的空间转移提供了条件。

（4）流动性。开放的市场经济条件下，各类创新资源随创新活动的开展在地域内外频繁、灵活地流动。随着交通、通信、网络等技术的迅猛发展，技术、知识和人力资本更具较强的流动动机。创新资源合理流动，有助于区域内经济、科技发展和环境的变化，并对区域科技创新资源配置系统产生重要的影响。

---

① 王子平. 资源论 ［M］. 石家庄：河北科学技术出版社，2001.

（5）衰退性。创新资源的形成往往需要较长的时间和较大的投资，但其作用的发挥也具有"高杠杆"效应，产生倍增的经济效益。同时，创新资源价值在创新的快速扩散中逐渐衰减，为迎接下一个创新周期的到来，创新资源处在不断更新的状态中。可见，创新资源具有时效性、衰退性及替换性，这就要求创新主体在创新活动中注意把握创新资源的新颖性、适用性及挖掘利用潜力和提高利用效率。

2.1.2 创新资源配置、整合与共享

创新资源是资源的一种形态，一般来讲，创新资源的配置与资源的配置所遵循的规律和原则一致。创新资源的配置体制有计划经济体制、市场经济体制及计划与市场混合体制。但即便是同为市场经济国家或地区，其市场发育状况、经济发展阶段、资源禀赋差异等也会对创新资源配置起到不同的影响。

2.1.2.1 创新资源的配置内涵

周寄中（1999）指出，所谓科技资源配置是指各种科技资源在不同时间与空间上的分配和使用。这一概念有宏观和微观两层内涵，宏观层面体现在不同科技活动主体、过程、不同学科领域、不同地区和不同部门之间的分配；微观层面体现在某一具体的科技活动主体（如一所高校、一家企业或一个研究机构）在其内部如何匹配各种科技资源，以便高效率地产出科技成果。科技资源配置内容涉及规模、结构和方式；关键指标是科技人力资源和科技财力资源①。

丁厚德（2001）指出，科技资源配置是各类科技资源在不同科技活动主体、领域、过程、空间、时间上的分配和使用，其配置能力受配置规模、配置强度、配置结构、配置方式及运行模式等因素的影响[29]。

曲然（2005）认为，创新资源配置是指创新活动中各种创新资源在不同时空、不同行为主体间的分配、组合与使用。它包含微观、中观和宏观三层，微观层次是具体某一创新活动主体在其内部匹配与运用各种创新资源；中观层次是创新资源在部门和地区层面上的配置；宏观层次是指国家调控管理职能部门对全社会的创新资源在地区间、部门间、行业间、创新活动主体间、

---

① 周寄中. 科技资源论［M］. 西安：陕西人民教育出版社，1999.

不同创新活动过程、不同学科领域间的分配。三个层次各自运作而又密不可分，是一个统一的有机运行整体①。

2.1.2.2 创新资源配置方式

国内外学者大多认可创新资源配置的基本方式有计划配置和市场配置两种。但由于市场和政府在创新资源配置过程中的程度、地位和作用范围的不同，又进一步引申出四种方式：纯政府配置方式、以市场为辅的计划配置方式、宏观调控下的市场配置方式及纯市场配置方式（曲然，2005；陈才华，2007[30]）。事实上，纯政府和纯市场配置方式在现实中并不存在，而中间两种则广泛存在。基于上述方式，当今国际社会主要有以下几种发展模式：美国的"自由市场经济"模式、日本的"社团市场经济"模式、德国的"社会市场经济"模式、韩国的"集中协调型"模式及中国的"社会主义市场经济"模式（周寄中，1999；陈才华，2007；赵晓华，2014[31]），这些模式本质上都是市场经济，但政府的干预程度和范围明显不同，由低到高依次是：美国、德国、日本、韩国、中国。此外，花建锋、赵黎明（2003）通过分析影响创新的串行模式、并行模式、互动模式和协同模式，提出了针对不同模式的资源配置方法[32]。吴贵生等（2004）认为，自建型、外借型、利用型、衍生型是科技资源配置的四种主要模式[33]。李应博（2008）研究了科技创新资源配置的三种方式：自由配置方式（在信息不对称、盲目闭塞、诚信缺失时局限性大）、政府指令方式（有制度优势，但易造成下级信息失真、上级信息闭塞、积极性受压等问题）及有效制度安排下的协调互动方式，他认为，有效制度安排下的协调互动方式更适合我国科技创新资源配置，并从资源平台、制度环境、机制政策及技术市场提出相应对策[34]。李瑶（2014）根据市场和政府在科技资源配置中的不同地位和作用，提出"强市场、弱政府""强政府、弱市场"及"强市场、强政府"的模式组合[35]。

2.1.2.3 创新资源配置效率评价

创新资源配置效率是指在一定的时空范围内，选择、组织、协调、分配和使用创新资源，使创新资源达到最佳整合，发挥其最大效能。有狭义和广义两个层次，狭义是指创新资源投入与创新资源产出比率，即创新系统自身的内在运行（投入产出）效率。广义是指一定比重的创新资源对经济社会的

---

① 曲然. 区域创新系统内创新资源配置研究［D］. 长春：吉林大学，2005：36－37.

贡献度，即创新系统对经济社会系统的贡献程度大小，体现社会效用水平与福利大小（曲然，2005[22]；陈才华，2007[30]；孙凤鹏，2016[36]）。创新资源配置的目标是满足帕累托最优，实现高效、集约、优化的经济效益和社会效益。国内外对创新资源配置效率的研究主要采用定性分析法和定量分析法。

定性分析方面有：市场结构与创新资源配置（周宏，1993[21]）；政府研发投入、科技政策及执行效果对创新资源配置影响（Michael Porter，2002[37]；Lederman & Maloney，2003[38]）；企业规模、创新回报率、市场结构、创新意识对企业研发资源配置行为的影响（Matthew Rafferty & Mark Funk，2004[39]；Yasuda & Takehiko，2005[40]）；专利制度对技术创新资源有效配置的作用（佟延伟、朱江岭、杨颖，2000[41]）；政府主导的科技资源配置机制效能降低原因及对策（叶儒霏等，2004[42]）；产学研联盟的科技资源优化配置方式（王雪原、王宏起，2007[43]）；开放式创新范式与企业技术创新资源配置（陈劲、陈钰芬，2006[44]；邓峰，2011[45]）等。

定量分析法包括：线性加权法、主成分分析法、因子分析法、灰色关联分析法、数据包络分析即 DEA 法、Matlab 数值模拟仿真及系统动力学等，其中非参数法中数据包络分析法（DEA）是前沿效率中应用最广的研究方法。张永安（2010）从网络结构统计变量出发，建立了创新网络结构对创新资源配置的影响模型，通过仿真模拟研究发现，网络结构的变化会引起创新主体资源利用机制的改变，影响创新资源利用率[46]。陆建芳、戴炳鑫（2012）利用因子分析法，从技术创新资源配置潜力、配置强度、配置效益和配置环境四个维度建立了技术中心技术创新资源配置能力评价模型，并对省级企业技术中心（分行业）技术创新资源配置能力进行评价、排序，探讨其在不同行业上的优劣[47]。黄燕婷（2013）运用系统动力学分析了武汉市创新资源动态演化与配置效果[48]。郑珊珊等（2010）利用数据包络分析（DEA）法，探讨我国 15 个高技术产业在 2004 ～ 2007 年期间的技术创新资源配置效率并进行评价。陆建芳、戴炳鑫（2012）利用 DEA 评价法探讨了浙江省工业企业技术中心的技术创新资源配置效率[47]。

2.1.2.4　创新资源的整合与共享

创新资源整合共享是通过市场机制、政策法规、管理体制等，实现资源的整合、开放、共享，最大限度地利用有限资源，提高资源使用效率的创新资源配置方式（吴家喜，2012[49]）。学者们大多认同创新资源整合共享是资源配置方式的一种形式，但就当前研究整体看，学者们没有很好地区分科技资源整合共享与创新资源整合共享的区别，更多的是混用。在研究视角上主要从：（1）机理，包括创新资源整合共享的模式、战略、目标、路径、对策、激励制度等（Garud & Karnoe，2000[50]；李正风、张成岗，2005[51]；刘丹鹤、杨舰，2007[52]；邓辉，2013[53]；郭玉德等 2010[54]）。（2）影响，分两种情况，一是创新资源整合共享影响，如对企业技术创新绩效，高新产业优化升级，协同创新绩效，地域经济发展等（Henderson & Clark，1990[55]；张公一、孙晓欧，2013[56]；李志远，2012[57]）；二是对创新资源整合共享的影响，如科技计划、地方政府、高新技术产业化等（吴建南，2006[58]）。（3）地域。分区域、省域、城市、园区等研究创新资源整合共享的差异性、问题与对策、路径选择、模式对策、绩效评价等（胡树华等，2005[59]；窦丽琛等，2015[60]；张明，2014[61]；陈晓玲，2012[62]；李兴江、赵光德，2009[63]；厉伟等，2016[64]）。此外，戚湧等（2013）构建了创新资源整合共享系统，并运用 DEA 模型对江苏省创新资源整合共享体系进行 Malmquist 指数测算，进而从统筹投入渠道、优化配置结构、搭建服务平台及推进协同创新四个方面提出建议，以提升江苏省创新资源整合共享效率[65]。刘贻新等（2014）在演化博弈论的分析框架下，研究了纯市场模式和政府监管模式下各创新主体资源共享的动态演化博弈模型和动态决策方程，运用 Matlab 对两种模式下的博弈轨迹进行数值模拟仿真与分析[66]。

图 2－2 为创新资源整合共享系统。

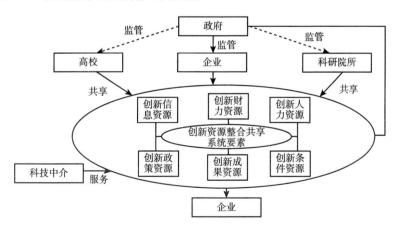

图 2－2　创新资源整合共享系统

资料来源：戚湧，张明，李太生 . 基于 Malmquist 指数的江苏创新资源整合共享效率评价 ［J］. 中国软科学，2013，（10）：101－110.

2.1.3 区域创新资源相关研究

国内外关于区域创新资源的研究主要从概念界定、配置能力、整合共享、空间集聚、网络平台、区间差异及绩效评价等视角展开探讨，国外学者侧重区域企业的微观视角研究在市场配置创新资源的背景下，区域企业的技术创新能力问题；国内学者侧重区域（或省份）的中观视角研究中国各区域的创新资源配置能力及绩效问题，无论是微观视角还是中观视角，市场与政府对创新资源的配置与引导问题始终是探讨的重点，而将创新资源配置纳入区域创新系统分析则是目前研究的热点领域。

2.1.3.1 区域创新资源概念

谭清美（2002，2004）将创新资源纳入区域创新系统中，认为区域创新资源包括人才资源、金融资源、信息资源、权威资源、人文资源和条件资源（基础设施）等，从排他性到共享性，可依次排序为：金融资源、权威资源、人才资源、条件资源、信息资源、人文资源[67][68]；陈健、何国祥（2005）认为，区域创新资源是区域内带动区域经济超越简单再生产和扩大再生产的创新经济要素、制度要素和社会要素的总和[69]；陈瑶瑶、池仁勇（2005）结合创新主体要素及资源本身特点将区域创新资源分为有形资源（人力、财力、物力）及无形资源（创新环境、创新制度及技术支持系统)[70]；刘玲利（2007）从内容特点及相互作用关系的角度将区域创新资源分为基础性核心创新资源和整体功能性创新资源两大类，其中，前者包括创新人力资源、创新财力资源和创新信息资源，后者主要是对前者进行调整与配置的创新制度资源[71]。

2.1.3.2 区域创新资源的配置

区域创新资源配置是指某一区域内，创新资源在不同创新活动主体、领域、过程、空间和时间上的分配、组合和使用。研究涉及区域创新资源空间布局（谭清美，2004）、区域创新资源配置能力（陈建、何国祥，2005）、区域创新系统内创新资源配置（曲然，2005）、区域创新资源配置系统的差异性（孙凤鹏，2016）、区域创新资源配置效率（金中杰，2012）、省域创新资源配置问题（陈才华，2007；陈瑶瑶，2006[72]）及东北老工业基地创新资源配置（张丹丹，2007[73]）等。徐建国（2002）在分析中国科技资源配置能力时，以系统论的视角，从科技资源的配置规模、配置强度、配置结构、配置效果四个层面构建区域科技资源配置能力评价指标，采用加减法评价[74]。周勇、李廉水（2006）采用"非线性"主成分法，从科技资源的配置强度、结构、成效、环境四个方面，构建区域科技资源配置能力评价指标体系，对区域科技资源配置能力进行评价[75]。

2.1.3.3　区域创新资源整合

区域创新资源整合是区域创新资源配置的高级形态，通过有意识的理性设计和精心培育创新机制和创新环境，促进区域不同创新资源的合理流动、高效结合，激发其创新潜能，提高创新绩效。吴建南等（2006）提出科技资源整合模式有大学资源开放模式、孵化器整合资源模式、行业资源集聚模式以及政府下设中介机构整合资源模式等[76]；刘丹鹤和杨舰（2007）认为，科技资源的整合模式有官产学研联盟模式、技术与资本联盟模式、资本与产业联盟模式和跨区域联盟模式[77]；李兴江和赵光德（2009）立足区域创新系统，从区域创新资源整合主体、客体和驱动力的维度，设计市场、政府与社会三大机制，通过三者间相互配合、分工合作实现区域创新资源高效整合。此外，学者们还从省际创新资源整合绩效评价（厉伟等，2016）、京津冀区域创新资源整合路径（窦丽琛等，2015）、西部城市科技资源整合（吴岚，2011[78]）等角度研究。

2.1.3.4　创新资源集聚

创新资源集聚研究建立在产业集聚理论基础上，可看作是在高技术领域内高技术企业或产业特定地理位置上的集聚，形成结构完善、外围支持、系统健全、充满创新活力的体系。静态看是一定时期内创新资源的存量及及其在各创新主体间的配比状态；动态看是创新资源在地区积累、优化、整合的动态过程（陈菲琼、任森，2011[79]）。区域间要素禀赋、发展水平及政策环境存在差异，创新资源分布不均，受开放市场环境及政策诱致影响，处在不断流动而产生空间集聚，形成集聚效应（Su Yusshan & Hung Lingchun[80]），其集聚能力已成为判定地区整合各类科技资源的评价指标（Jiang He & M. Hosein Fallah[81]）。区域创新资源聚集通过地理因素、主体因素、网络因素、功能因素及环境因素提升区域创新力（陈菲琼、任森，2011），可通过区位商评价其集聚水平（王萌萌等，2015[82]）形成以知识链为发展路径的平台式集聚模式和以价值链为发展路径的链式集聚模式（严建援等，2016[83]），可提升高技术产业创新绩效（王萌萌，2015[84]），优化区域创新环境和区域创新体系（刘友金、王记志，2001[85]）。当前，国内外关于区域创新资源聚集研究尚未形成体系化的研究框架，对政府的功能定位和政策支持、创新资源与产业的对接与转移及创新资源聚集对区域整体创新能力提升的动态路径、机制、模式等研究明显不足。

综上所述，我们发现：第一，尽管国内外学者对创新资源概念莫衷一是，但都普遍认同创新资源不同于传统的自然资源，是一种可替代自然资源的后天动态变化和可培植的"全新"资源形态，具有稀缺性、分布不平衡性、可转移流动性、溢出共享性及价值衰替性等。第二，创新资源是当前乃至未来经济社会发展的"第一资源"，其拥有的存量及流量，通过配置、整合、共享、集聚及高效利用管理是一国或地区提升创新能力的关键和重要基础。而如何在不同创新主体、不同领域、不同时空配置、整合及采取何种手段及策略实现创新资源利用的高效率和高效益是学者们研究关注的重点。第三，国内外学者都认识到政府在创新资源配置中的重要作用，但侧重点不同。国外学者侧重于国家科技计划和科技政策对创新资源的鼓励和扶植，而配置由企业根据市场状况自主决定，政府不存在倾向性；国内学者侧重于政府制度与政策对创新资源的引导、调控与整合，是政府宏观调控下的市场配置制，且往往赋予不同区域不同的政策，政府倾向性明显，这就使得国内学者对区域创新资源配置研究非常感兴趣。第四，国外研究侧重单一创新资源对创新绩效的影响，如微观企业的研发投入资源对创新绩效的影响，各类指标、评价、政策、措施围绕企业展开；国内研究侧重多重创新资源的绩效研究，且企业、区域及国家皆有涉及，但由于指标设计偏差，评价标准不一，结论尚未取得一致性。

创新资源的研究起步晚，发展快，领域广，空间大，尚未形成完整体系化的研究范式。国外对微观研究日臻成熟，但中观、宏观领域明显不足。国内微观、中观、宏观皆有涉及，但明显不够深入，区域层面发达省份研究多，而相对落后省域研究少。国内外学者过于关注现有创新资源的配置与利用问题，而忽视受创新资源短缺约束下的后进地区如何克服瓶颈，走出困境的相关研究。事实上，后进区域正面临着严重的创新资源短缺，这种短缺一方面是由于本身存量不足，另一方面是创新资源"倒流"入发达区域所致。如何吸引创新资源流入,如何配置、整合与共享,形成创新资源在后进区域的空间集聚、高效利用是提升后进区域创新能力、增强增长后劲及赶超发展的必由之路。可见,研究创新资源约束下的后进区域问题有着更现实更广阔的研究空间。

2.2　技 术 创 新 研 究

学术界对技术创新的研究要从创新说起。创新的说法由来已久,它的历史和人类的历史一样悠久。起源于拉丁语"innovare"的"创新"一词,原意是指更新、制造新事物或者改变。早在 400 年前,西方科技曙光初露之时,英国哲学家弗朗西斯·培根向世人庄严宣告:凡不应用新良方者,必将遇到新的邪恶,因为时间是最伟大的创新者[86]。培根或许是最早具有创新思维的伟大先哲,虽然后来的亚当·斯密、马克思甚或马歇尔等经济学家都曾阐释过创新的观点①。然而,创新成为一种理论并为人们所接受却是 20 世纪初的事。美籍奥地利人、哈佛大学教授熊彼特最早从经济学角度系统地提出了创新理论。其创新思想的形成体现在他的创新三部曲:1912 年德文版的《经济发展理论》一书首先定义了创新概念,该书 1934 年被翻译成英文时使用了"创新"(innovation)一词;1928 年英文版《资本主义的非稳定性》一文中首提创新是一个过程的概念;1939 年《商业周期》一书较全面地阐释了创新理论。

熊彼特理论不仅在技术创新领域上具有开拓性,也是非均衡经济分析和制度学派的奠基石,在整个西方经济学界有着极其重要的地位。但在当时,带有社会主义倾向的熊彼特创新理论似乎被同期的"凯恩斯有效需求"理论所淹没,在学术界并没有得到广泛的重视②[87]。20 世纪 50 年代,以微电子技术为核心的科技革命兴起,使西方资本主义国家实现长达近 20 年的高速

---

①　斯密在《国富论》(1776)中阐述过机器的改进及劳动力分工对于专业性发明的促进方式;马克思在《资本论》中说到资产阶级不经常改革生产方式就无法生存;马歇尔在《经济学原理》中将知识描述为经济进步的发动机。

②　按照克里斯托弗·弗里曼的说法,取决于三方面的原因:首先,经济学家一般不了解科学技术,没打算进入这一陌生领域;其次,没用统计资料可引导;最后,30 年代的经济大萧条导致经济学家们主要关注周期波动问题及相关的失业问题。

增长"黄金时期",人们认识到科技的迅猛发展及技术变革对经济社会的极大影响,开始从技术与经济相结合的角度,探讨技术创新在经济社会发展中的重要作用,这一时期代表性的成果当属美国经济学家索洛在 1956 年发表的《对经济增长理论的一个贡献》[88] 和 1957 年发表的《技术进步与总生产函数》[89] 两篇论文。经测算,索洛发现,只有存在技术进步,经济才可能持续地增长。20 世纪 60 年代,创新研究作为一个独立的研究领域开始出现,学者们开始有针对性研究创新某一专门领域,对创新提出种种观点①。20 世纪 80 年代以来,系统化研究创新理论兴起,创新的研究呈现"百花争艳"的局面。

2.2.1 技术创新概念、特征及分类

2.2.1.1 技术创新概念

根据韦氏词典的解释,创新一词起源于 15 世纪,具有两层含义:(1)引入新东西或新概念;(2)制造变化或革新。按照创新理论鼻祖熊彼特的观点,创新是指建立一种新的生产函数,也就是说,把一种从来没有过的关于生产要素和生产条件的"新组合"引入生产体系中,而引进"新组合",实现创新是企业家的职能。创新表现为:(1)引入新产品;(2)引进新工艺;(3)开辟新市场;(4)控制原料的新供应来源;(5)实现企业的新组织(如图 2-3 所示)。其中,(1)(2)属于技术创新,(3)(5)适应技术创新,(4)依赖技术创新(赵玉林,2005[90])。之后,曼斯菲尔德(M. Mansfield)、厄特巴克(Utterback,1974)、彼得·德鲁克(1989)、彼得·圣吉(1994)、欧盟(1995)、弗里曼(C. Freeman,1997)、傅家骥(1998)、冯之竣(1999)、经合组织(DECD,2000)、康德瓦拉(2005)等都从不同角度对创新进行定义。时至今日,学者们关于创新概念莫衷一是。

以技术为主的创新是熊彼特创新理论的核心内容,随着 1956 年麻省理工学院新古典经济学家索洛开创性地验证了技术进步对经济增长的关键作用,学者们掀起了对技术创新研究的兴趣。索洛、莫尔、弗里曼、诺思、曼斯菲

---

① 值得一提的是,1965 年,第一个专门研究创新的机构——英国萨塞克斯大学的科学政策研究中心成立,该中心研究发现,科学仅仅是决定创新成功的诸多因素之一,从而使创新研究领域发生改变。

尔德、P·斯通曼、林恩、纳德·瓦茨、缪尔赛、德鲁克、傅家骥、许庆瑞、
陈昌曙等国内外学者相继从经济学、管理学、社会学及哲学等不同视角提出
了技术创新的定义。

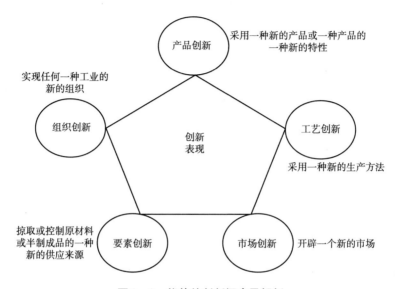

图 2 – 3　熊彼特创新概念及解析

表 2 – 1 为熊彼特之后学者们关于技术创新概念的界定。

表 2 – 1　　　　　　熊彼特之后学者们关于技术创新概念的界定

视角	学者或机构	主要观点
经济学	索洛	新思想来源和以后阶段的实现发展
	莫尔	技术制品的创始、演化和开发过程
	曼斯菲尔德（1971）	创新就是一项发明的首次应用
	厄特巴克（1974）	创新就是技术的实际采用或首次应用
	弗里曼（1982）	新产品、新过程、新系统和新服务的首次商业性转化
	P·斯通曼	首次将科学发明输入生产系统；并通过研发，努力形成商业交易的完整过程
	林恩	始于对技术的商业潜力的认识而终于将其完全转化为商业化产品的整个行为过程
	纳德·瓦茨	企业对发明或研究成果进行开发并最后通过销售创造利润的过程
	缪尔赛	构思新颖性和成功实现为特征的有意义的非连续性事件
	OECD	产品创新和工艺创新，及在其上的显著技术变化

续表

视角	学者或机构	主要观点
经济学	傅家骥	企业家抓住市场的潜在盈利机会，以获取商业利益为目标，重新组织生产条件和要素，建立起效能更强、效率更高和费用更低的生产经营系统，从而推动新产品、新的生产（工艺）方法、开辟新的市场、获得新的原材料或半成品供给来源或建立企业的新的组织，它是包括科技、组织、商业和金融等活动的综合过程
	许庆瑞	新思想的形成得到利用并生产出满足市场用户需要的产品的整个过程
管理学	彼得·德鲁克（1989）	赋予资源以新的创造财富能力的行为
	彼得·圣吉（1994）	新的构想在实验室被证实可行时，只有当它能够以适当的规模和切合实际的成本，稳定地加以重复生产才成为一项"创新"
	康德瓦拉（2005）	创新是形成创新性思想并付诸实践的过程
哲学	陈昌曙、远德玉	技术本身创新的体系化和社会化
	陈其荣（2000）	创新主体在创新环境下使创新客体转换形态、实现市场价值的一种实践活动
	肖信华（2000）	创造性破坏及否定之否定
	李兆友（2003）	创新主体借助于技术手段的中介，认识、利用、变革创新客体，使创新客体成为合乎人的目的和需要的实践活动过程
社会学	伊诺思（1962）	几种社会行为的集合如：发明的选择、资本投入保证、组织建立、制定计划、招工及开辟市场
	冯志鹏（1997）①	创新主体（企业）所启动和实践，成功市场开拓为目标导向，新技术设想的引入为起点，经决策、研发、转让和扩散等环节，在高层次上实现技术和各种生产要素的重新组合及其社会化和社会整合，最终达到改变技术创新主体的经济地位和社会地位的社会行动或行动系统

注：本文整理绘制②。

由此可见，学术界对技术创新概念尚未有统一的认可，争论的焦点集中于：技术的理解与限定；技术变动幅度与程度；首次商业化的"首次"理

---

① 冯志鹏. 论技术创新行动的环境变量与特征———一种社会学的分析视角 [J]. 自然辩证法通讯，1997（4）.

② 主要参阅：傅家骥. 技术创新学 [M]. 北京：清华大学出版社，1998；牛莲芳，费良杰，庞娟. 有关技术创新的文献综述 [J]. 甘肃科技，2006，（09）：16-18；欧阳建平，曹志平. 技术创新定义综述及定义方法 [J]. 中南工业大学学报（社会科学版），2001，（04）：349-351；师国君. 关于技术创新问题的观点综述 [J]. 兰州商学院学报，2001，（04）：116-119。

解；市场化成功的标志等。目前，在经济管理领域，人们普遍认为，狭义的技术创新包括产品创新和工艺创新，是指技术引起的新成果首次商业化应用；而广义的技术创新则包括产品创新、工艺创新、市场创新、组织创新及制度创新等。

2.2.1.2　技术创新特征

从技术创新本身看，技术创新具有两大属性，一是市场属性，表现为技术的"新奇性"和"市场价值的实现性"（王缉慈，2002[91]），侧重新技术及其带来的市场价值；二是系统属性，表现为技术创新主体及客体根植于创新社会系统，受资源匹配、知识整合、协同互动、反馈改进的约束和推动，侧重技术创新的依托平台及过程转化（杜斌、张治河，2016）。依据张黎夫等（1999）[92]、李红松等（2000）[93]、赵玉林（2005）的研究，技术创新呈现高风险、不确定性、不可逆性、创新过程的可获得性及可累积性、复杂性、市场性、收益的非独占性、非对称性、与经济社会环境的动态关联性及系统性等特征。

2.2.1.3　技术创新分类

傅家骥等（1998）[94]指出，技术创新分类基本有两个范畴：一是宏观与微观分类法，如 SPRU 宏观分类法及厄特巴克微观分类法；二是创新主体与客体分类法，如弗里曼客体分类法及帕维特（K. L. R. Pavitt）主体分类法。实际上，学者们往往根据研究的需要从对象、层级、程度、创新源、模式、战略、理念等角度划分各种类型的技术创新，如表 2 - 2 所示。

表 2 - 2　　　　　　　　技术创新分类标准及类型划分

标准	类型
产出/应用分类（SPRU）	渐进性创新、突破性创新、技术系统的变革、技术 - 经济范式的变更
技术变化强度	渐进性创新、根本性创新
技术创新对象	产品创新、过程（工艺）创新
生产要素节约程度（希克斯）	劳动节约型技术创新、资本节约型技术创新、中性技术创新
创新的模式	原始创新、集成创新、引进消化吸收再创新
创新战略及创新源	自主创新、模仿创新、合作创新、协同创新

续表

标准	类型
创新的主体（层级）	企业创新、产业创新、区域创新、国家创新、跨国创新
创新理念的分类	包容性创新、朴素性创新
斋藤优（1989）①	补充性技术创新、组合性技术创新、飞跃性技术创新、巨大技术创新、科学技术革命
组织学习（马奇，1991）	探索性创新、开发性创新

注：笔者搜集整理。②

2.2.2　技术创新理论研究进程

熊彼特的创新理论可以概括为：一个概念，两个模式，三种观点。其中，"一个概念"是指创新概念并赋予五个层面内涵；"两个模式"是指企业家创新模式（熊彼特创新模式I）和大企业创新模式（熊彼特创新模式II）；"三种观点"是指垄断有利于技术创新说，经济周期的长波源于技术创新说和技术创新集群说。

继熊彼特之后，技术创新研究大致沿着两条路线展开：一是沿袭新古典范式从宏观角度探索技术创新与经济发展关系的技术创新新古典学派和新制度学派；二是秉承熊彼特传统从微观视角研究技术创新机制（技术创新起源、过程、转化、扩散）的新熊彼特主义和结构视角研究创新环境体系的创新系统学派（如表2-3所示）[1]。大致过程为以下几方面。

表2-3　　　　技术创新研究路线、流派、观点及代表人物

两条路线	四个学派	研究成果（观点）	代表人物
新古典范式：宏观角度探索技术创新与经济发展关系	技术创新新古典学派	技术外生：从索洛余量、技术资本等角度揭示外生的技术进步对经济增长所起的关键作用	索洛、阿伯拉莫维奇、丹尼森和约根森等
		技术内生：从知识的外部性、人力资本积累、产品品种增加、产品质量升级、技术模仿、专业化分工加深等角度，论证了内生的技术进步是实现经济持续增长的决定因素	保罗·罗默、R. 卢卡斯、G. 格罗斯曼、E. 赫尔普曼、R. 巴罗、P. 阿格亨、P. 克鲁格鲁、阿文尔·杨、G. 贝克尔等

① ［日］斋藤优. 技术经济与世界经济［J］. 世界经济评论（日），1989.

② 主要参阅：傅家骥. 技术创新学［M］. 北京：清华大学出版社，1998；赵玉林. 创新经济学［M］. 北京：中国经济出版社，2006；柳卸林. 技术创新经济学［M］. 北京：清华大学出版社，2014.

续表

两条路线	四个学派	研究成果（观点）	代表人物
新古典范式：宏观角度探索技术创新与经济发展关系	新制度学派	制度与创新结合，从制度及其变迁角度解释经济增长原因，认为外生的制度是经济增长的关键因素，构筑了"制度－技术创新－经济增长"的研究范式	诺斯、兰斯·戴维斯、罗伯特·汤玛斯、拉坦等
熊彼特传统：微观视角研究技术创新机制（技术创新起源、过程、转化、扩散）	新熊彼特学派	深入微观领域，注重技术创新过程研究，意在揭示技术创新"黑箱"运行机制，形成对许多现实问题的解释模型	戴维、爱德温·曼斯菲尔德、莫尔顿·卡曼、南赛·施瓦茨、埃伯纳西与厄特巴克、内森·罗森博、格罗斯维尔等
	创新系统学派	把技术创新放在战略地位，意在通过不同组织层面的资源有效整合构建适宜的技术创新环境	国家创新系统：弗里曼、伦德瓦尔、理查德·纳尔逊等
			区域创新系统：阿歇姆、库克等
			部门创新系统：布雷斯齐、马勒尔巴等
			技术创新系统：休斯、凯森和斯坦基维茨、卡伦等

注：本文整理绘制。

（1）20世纪50年代，传统的资本、劳动力因素解释西方国家经济飞速发展的黄金期已不合时宜，索洛（S. C. Solow）、斯旺（Swan）、阿伯拉莫维奇（Abramovitz）、丹尼森（E. F. Denison）和约根森（D. W. Jorgenson）等分别从索洛余量、技术资本等角度揭示外生的技术进步对经济增长所起的关键作用，一定程度解释和检验美、日、德等发达国家战后飞速发展的黄金期，开启技术创新研究的浪潮。80年代中期以来，保罗·罗默、R. 卢卡斯、G. 格罗斯曼、E. 赫尔普曼、R. 巴罗、P. 阿格亨、P. 克鲁格鲁、阿文尔·杨及G. 贝克尔等人分别从知识的外部性、人力资本积累、产品品种增加、产品质量升级、技术模仿、专业化分工加深等角度，论证了内生的技术进步是实现经济持续增长的决定因素（李永波、朱方明，2002）[95]。

（2）20世纪60年代起，诺斯（D. G. Norch）、兰斯·戴维斯（Lance

E. Davis)、罗伯特·汤玛斯（Robert P. Thomus）、拉坦（V. W. Latan）等将制度与创新结合，从制度及其变迁角度解释经济增长原因，认为外生的制度是经济增长的关键因素，构筑了"制度－技术创新－经济增长"的研究范式。

（3）延续熊彼特传统的新熊彼特学派深入微观领域，注重技术创新过程研究，意在揭示技术创新"黑箱"运行机制，形成对许多现实问题的解释模型，代表性成就包括：爱德温·曼斯菲尔德的技术推广理论、莫尔顿·卡曼、南赛·施瓦茨等的最有利于技术创新的市场结构模型、埃伯纳西（N. Abernathy）与厄特巴克（Utterback）解释产品创新与工艺创新动态演变的 A-U 模型、埃弗雷特·罗杰斯的创新扩散理论、戴维·蒂斯的从技术到创新获利及动态能力理论[96]、内森·罗森博格（Nathan Rosenberg）与斯蒂文·克莱恩（Steven Kline）的链条联结创新模型、罗斯维尔（R. Rothwell）五代技术创新模型等。

（4）技术创新系统论把技术创新放在战略地位，意在通过不同组织层面的资源有效整合构建适宜的技术创新环境。包括克里斯托夫·弗里曼、伦德瓦尔、理查德·纳尔逊等的国家创新系统，阿歇姆（Asheim）、库克（Cooke）等区域创新系统，布雷斯齐（Breschi）、马勒尔巴（Malerba）等产业（部门）创新系统，休斯（Hughes，1984）、凯森和斯坦基维茨（Carlsson & Stankiewitz，1995）、卡伦（Callon，1992）等的技术系统，安德森（Anderson et al.，2002）分布式创新系统[97]。

可见，国外关于技术创新研究大致从概念、动力、过程、影响、绩效、条件、环境及政策等角度全面展开探讨。

国内对技术创新的研究起步较晚，最早从介绍和关注熊彼特创新理论开始①。1973～1974 年，北京大学经济系的内部刊物《国外经济学动态》开始专门介绍熊彼特的创新理论。1978 年，全国科学技术大会在北京召开，邓小平提出"科技是第一生产力"的著名论断，中国迎来了科技的春天。1979 年译著熊彼特创新思想的书籍首次在国内出版②，但当时关注度不高。1981 年中国社会科学出版社出版了《国外经济学讲座》一书，再次详细介绍熊彼特的创新理论及其发展。此后，我国的技术创新实践及技术创新理论研究引起

---

① ［美］熊彼特的著作最早在 1965 年被译成中文作为内部刊物出版，见：［美］熊彼特. 从马克思到凯恩斯十大经济学家［M］. 宁嘉风译. 北京：商务印书馆，1965.

② ［美］熊彼特. 资本主义、社会主义和民主主义［M］. 绛枫，译. 北京：商务印书馆，1979.

广泛关注。而真正的中国技术创新本土化研究是在 1989 年，该年，国家自然科学基金委资助了由傅家骥主持的"我国大中型企业技术创新研究"项目[98]。1993 年，由邓寿鹏、傅家骥、贾蔚文、许庆瑞承担的国家自然科学基金"八五"重大项目"中国技术创新研究"则将我国技术创新本土化研究推向阶段性高潮[99]。同年，我国学者汪应洛等主编的《技术创新》被视为国内最早的关于技术创新方面的论著[100]。依据雷家骕等（2007）[101]、杨德林等（2009）的研究，我国的技术创新研究大致分三个阶段：1993 年之前是导入期，以导入国外技术创新思想，运用中国传统学术思维—逻辑推演，学习消化吸收国外技术创新理论；1993 ~ 2000 年是本土应用期，研究问题"国情导向"，研究内容细化，涉及机制模式、政策环境及技术创新能力、扩散和体系等，并开始关注研究方法和管理工具；2000 年至今是全面扩展、持续深入期，研究问题更加集中，研究内容更加广泛，主要包括技术创新与经济增长、创新扩散与绩效评价、创新系统与创新网络、创新机制模型与研究方法、创新管理与政策等。当前，国内学者对技术创新的研究尚存在如下争论：企业的创新主体性问题；产业创新路径问题；区域创新模式优劣问题；国家创新系统构建问题及自主创新的相关问题。总体来看，我国的技术创新研究以微观领域居多，中观次之，宏观最少；基础性、原创性研究不够（马卫华等，2014），重思辨性，轻学理性；实证性研究多，而理论性研究少；研究工具与研究方法多"移植"，少"嫁接"，更缺创造。

表 2 - 4 为国内技术创新研究的部分学者及主要领域。

表 2 - 4　　　　　国内技术创新研究的部分学者及主要领域

创新研究学者	主要研究领域（观点）
傅家骥	基于中国国情的技术创新理论
许庆瑞、吴晓波	"二次创新—组合创新—全面创新"理论体系
贾蔚文	科技创新政策
陈昌曙、远德玉、夏保华	创新哲学
吴贵生	技术广义轨道及技术创新赶超
陈劲	自主创新、开放式创新及创新系统等
谢伟	技术学习
官建成、刘凤朝	创新测度
池仁勇、党兴华	创新网络

续表

创新研究学者	主要研究领域（观点）
柳卸林、张米尔、张治河	产业创新
李纪珍	产业共性技术
魏江、郭斌	技术能力
马驰	技术创新数据库
胡树华	产品创新

注：本文整理绘制①。

2.2.3　技术创新相关实证研究

国内外有关技术创新的实证研究主要体现在技术创新能力评价、技术创新绩效评价及技术创新的影响上，分国家、区域、产业、企业、产品等从技术创新的创新对象、投入产出关系、创新效率与效益、R&D 过程、创新网络、创新系统等视角展开探讨，采用主观的如专家咨询法和同行评议法及较客观的前沿分析法、综合加权评价方法、统计与数学方法和组合评价法等研究方法。

技术创新能力评价实证研究：国内外学者们首先对技术创新能力进行界定②，目前较多采用的是创新资源投入能力、创新管理能力、创新倾向、研发能力、制造能力及营销能力 6 个要素构成。希尔（Hill，1979）指出，由于创新过程的不确定性与复杂性，决定了直接衡量技术创新的质量和数量的困难性，需采用替代办法，他提出 4 种间接衡量技术创新能力的指标：R&D 预算经费，R&D 的科学家，测度中间产品的指标如专利授权、技术论文，测度某种产品或过程性能的指标如速度、耐用性和成本等，测度生产某种产品所需投入要素数量的指标[102]。罗斯威尔和泽赫菲尔德（Rothwell & Zegveld，1981）对希尔的技术创新能力指标进行筛选，认为可利用专利活动和单位价

---

① 主要参阅：雷家骕，施晓江. 中国技术创新学术研究 18 年述评［J］. 中国青年科技，2007（9 - 11）：51 - 57，41 - 47；马卫华，李雅雯，许治. 中国技术创新研究——基于国家科学基金资助课题分析［J］. 科研管理，2014，（07）：1 - 12；主要依据历年国家科学基金资助课题（自然科学与社会科学），注重原创性及连续关注性以及对经济社会的影响性等。

② 国内外对技术创新能力概念性界定的学者主要有：Hill（1979）、Burgelman and Maidigue（1988）、Barton（1992）、Elson（2000）、Furman，Porter and Stern（2002）、远德玉（1994）、周良毅（1995）、魏江（1996）、高建（1996）、傅家骥（1998）、陈力田（2014）等.

值两种指标，从技术先进性衡量技术创新能力[103]。魏江等（1995）认为，度量技术创新能力必须解决两个问题，一是指标选择是采用全面还是核心评判指标；二是参照系的选择问题[104]。基·瓜和恩·玛（Gua J & Ma N，2003）指出，技术创新能力包括 6 个衡量指标即：知识、经验、技术、组织、产品和工艺等[105]。当前，在技术创新能力的实证研究中，学者们大多侧重核心评判指标，如 R&D 指标、专利指标、生产率指标、技术系统测度指标等[106]。许志晋等（1997）[107]、常玉等（2003）[108]、杨德林等（2004）[109]、陈芝等（2010）[110]、宁连举和李萌（2011）[111]、朱霞和朱永跃（2012）[112]、吴延兵（2014）[113]、李玥等（2017）[114]分别从模糊综合评判、解释结构模型（ISM）、中国航空工业企业、BP 神经网络、因子分析法、小波神经网络、不同所有制企业、知识整合等方法或视角实证分析了技术创新能力。

　　技术创新绩效评价实证研究：技术创新绩效评价主要有两个视角，一是广义与狭义视角，二是技术创新过程与技术创新结果视角。哈格多恩和克劳德（Hagedoorn J & Cloodt M，2003）从广义的发明、技术及创新实现三个阶段效益及狭义的新技术引入市场程度测度技术创新的投入与产出的效率和效益[115]；高建等（2004）从技术创新过程绩效和产出绩效界定技术创新绩效，认为产出绩效表现创新成果的效益及影响，过程绩效体现创新活动的管理水平，并构建了企业技术创新绩效评价的概念模型[116]；陈劲、陈钰芬（2006）在此基础上，分产品创新和工艺创新，从创新产出绩效（经济效益、直接技术效益、技术积累效益）和创新过程绩效构建指标体系，从而将投入与产出指标、产品创新和工艺创新分开，解决了现行评价指标仅反映显现创新绩效而忽视创新过程绩效的问题[117]。依据向坚、刘洪伟（2011）的研究，自 1957 年法雷尔（Farrell）利用生产前沿面测量技术效率以来，技术创新绩效评价的实证研究大致可分 4 个阶段：（1）20 世纪 50 年代是初步研究阶段。提出了技术效率的概念并初步建立指标体系和评价模型。（2）20 世纪 70 年代是技术创新绩效评价规范化、科学化的阶段。涌现出 DEA 等新型综合评价方法，突破了多投入单产出的指标评价局限。（3）20 世纪 80 年代是技术创新绩效评价理论体系迅猛发展的阶段。这一阶段出现了大量的、多角度、综合性的新型评价方法，突破了以往评价指标侧重财务指标的局限。（4）20 世纪 90 年代至今是全面综合阶段。指标设计突出技术创新的网络化、系统化特征，评价方法更具针对性及综合性，指标体系更趋完善[118]。

　　技术创新影响的实证研究：一般来讲，技术创新的影响体现技术创新的扩散与转移带来的经济效益与社会效益，主要涉及技术创新与经济增长、技术创新与企业竞争力、技术创新与产业竞争力及产业结构升级（高新技术产业）、技术创新与区域创新系统、技术创新与就业、技术创新与经济追赶、技术创新与国际贸易等。学者们大多采用计量统计的分析方法研究。代表性有：朱勇、张宗益（2005）利用 2000~2003 年的相关数据，采用微观计量经济学综列数据研究方法，对中国八大经济区技术创新水平对区域经济增长的影响差异进行实证研究，发现欠发达地区的技术创新水平及其对经济增长的贡献度均低于发达地区[119]；陈晓红等（2009）基于 414 家中小上市公司数据，实证分析了技术创新对科技型和非科技型中小企业成长性的影响，发现技术创新对科技型中小企业成长性呈显著正相关，而与非科技型中小企业相关性不明显[120]；封伟毅等（2012）利用 1995~2010 年的统计数据，实证研究了技术创新对高技术产业竞争力的影响，研究发现，技术开发能力明显大于技术转化能力对高技术产业竞争力的影响，而创新环境起到间接调节影响方向的作用[121]；汪素芹、周健（2012）利用协整检验和脉冲响应函数，实证分析了技术创新对 1990 年以来中国外贸发展方式转变的影响，发现技术创新是影响中国外贸发展方式转变的最主要因素，而其中的 R&D 投入强度解释程度最大[122]；唐国华（2011）基于我国 1991~2007 年的时间序列数据，运用 C-D 生产函数对技术创新的就业创造效应和就业破坏效应进行分解和测度，研究发现，技术创新的同期就业创造效应大于破坏效应[123]。

综上所述，学者们对技术创新的相关实证研究涉及范围广、研究方法杂、同一问题研究结论不一致，尚未形成统一的研究评价标准。究其原因有三：一是未考虑技术创新的类差，不同企业类型及性质技术创新的表现不同（帕维特等人就曾指出创新活动的重点与企业的属性有很大关系），不同产业对技术创新的要求有区别，不同发展水平国家间（区域间）技术创新的实现途径各异，因而技术创新的指标设计亦存在差异；二是评价尺度不一，指标设计片面，数据来源不同（统计口径不一），学者们往往根据自己研究需要人为制造或加工虚假数据，套用现成模型，根据已设计好的结论去找数据及方法来支撑，岂不本末倒置？三是对技术创新的学理性研究不够深入，技术创新活动是复杂多变的，而实证研究重技术创新结果（产出）轻技术创新过程，技术创新过程受外在环境如网络、系统、政策等影响，这些指标主观性强，权重设计随意（专家评级法、同行评议法皆具有主观性），有些学者干脆忽视，从而造成实证结果失真。因此，将主观的定性方法与客观的定量方法有机结合，采用较全面的指标及综合性的方法可在一定程度上克服上述缺憾。

2.2.4　区域技术创新研究进展

区域技术创新是由库克（Cooke，1992）教授最早提出，他认为，区域技术创新是由在地理上相互分工、相互联系的企业、研究机构和高等院校等构成的区域性组织体系，这一体系支持并产生技术创新。[124] 随后，基于弗里曼（Freeman，1987）、伦德瓦尔（Lundvall，1992）、纳尔逊（Nelson，1993）提出的国家创新系统，库克（1992）、阿斯海姆（Asheim，1995）[125] 从不同角度提出了区域创新系统①。1994 年，国务院研究中心课题组编写出版的《中国区域协调发展战略》一书，指出区域技术创新是区域内企业应用新知识、新技术、新工艺、采用新的生产方式和经营管理模式，提高产品质量，提供新的服务，提高市场占有率或开辟市场，实现市场价值。区域技术创新的主体是政府、企业、科研院所、高等院校及中介服务机构[126]。随后，刘立志（1998）[127]、方旋等（2000）[128]、吕永波等（2000）[129]、池仁勇、唐根年（2004）[130] 等都从不同角度阐释过区域技术创新。一般认为区域技术创新是指一国一定区域范围内，一定社会经济文化背景下，由企业、地方政府、高校、科研单位等部门共同组成的一个技术开发活动整体，并将这种开发活动应用于实现商业价值的经济过程。它处在中观层次，是承接国家技术创新体系与企业技术创新的桥梁，其目的是提升区域产业竞争力，发展区域经济。

学者们对区域技术创新的研究集中于以下几个方面：（1）地理空间集中化对技术创新的重要性。研究涉及区域创新环境、产业集群、区域创新系统、生态系统、高新区、环境规制、外资涌入等（黄鲁成，2003[131]；张宗益，2008[132]；曹琪格，2014[133]）。（2）区域技术创新的绩效评价及能力提升问题。涉及区域技术创新效率（现状、影响因素、原因）模型、测度、评价、比较、变动（池仁勇等，2004[134]；虞晓芬等，2005[135]；王锐淇等，2010[136]；孙建，2012[137]；庞瑞芝 2013[138]），能力提升评价、路径、措施等（刘中文等，

---

① 参见［美］G. 多西等著. 技术进步与经济理论［M］. 北京：经济科学出版社，1992：377 – 450；［挪］詹·法格博格等著，柳卸林等译. 牛津创新手册［M］. 北京：知识产权出版社，2009：287 – 306.

2009[139]；白嘉，2012[140]。鲁钊阳，2012[141]）。（3）区域技术创新影响及作用。涉及经济增长（万勇、文豪，2009[142]），制度变迁（宋跃刚、杜江，2015[143]），政策选择（傅利平，2013[145]），动力机制（于晓曦，2011[146]）、扩散能力与效率（刘璇、刘军，2010[146]），产业转移、竞争力水平（马永红等，2016[147]）等。（4）区域技术创新研究方法。SFA 模型（张宗益等，2006[148]；龚雪媚等，2011[149]），DEA（数据包络分析）交叉效率模型（郭磊等，2011[150]），因子分析法（张经强，2011[151]），空间计量法（王锐淇，2012[152]），网络 SBM 模型（尹伟华，2012[153]），DEA 的 Malmquist 指数（陈国宏等，2009[154]），灰色关联法（徐辉、刘俊，2012[155]），演化博弈等。

综上所述，国内外学者对区域技术创新的研究侧重地理空间集聚及能力绩效评价，研究方法多元化，而理论研究薄弱，多趋同于一般技术创新理论及国家创新系统理论，尚未形成独具特色的区域技术创新理论体系。研究涉及国家间区域内的比较较少，国内区域间比较多侧重绩效评价，且评价指标单一，未考虑区间差异及区间的相互影响问题，而深层次原因分析不足，政策措施针对性不强。落后区域的技术创新依托的经济社会发展条件及水平不同，外在环境、政策机制、模式选择、路径轨迹与发达区域存在明显差异，自然绩效评价指标亦有所区别，从而统一的评价体系对比，结论多不具有可信性。事实上，结合转轨经济背景，依据后进区域的独特性，重新界定其技术创新的内在本质，内撑外开聚拢技术创新资源，并优化配置和高效利用创新资源，找到适宜其提升技术创新的战略、模式、路径（从路径依赖到路径优化）及相应政策激励和配套措施更具研究价值和扩展空间，这也是国内学者研究区域技术创新的趋势和焦点。

2.3 市场导向研究

2.3.1 市场导向内涵与划分

市场导向（market orientation）问题的研究有着深刻的历史背景，一直是营销学关注的兴趣点。最早介绍市场导向的学术文献是在 20 世纪 20 年代，50 年代引起高层管理关注，60 年代中期出现市场导向概念性研究及经验性衡

量，70 年代中后期，薪酬评价体系的实施使得市场导向的衡量成为可能，90
年代始，柯利（Kohli）、贾沃斯基（Jaworski）、纳维（Narver）、斯莱特
（Slater）的突破性研究掀起了学术界对市场导向研究的热潮[156]。目前，对
市场导向概念的界定有以下几种观点：（1）决策的观点。海斯（Hise）、马
克纳马拉（McNamara）、劳顿（Lawton）、帕拉修拉曼（Parasuraman）、夏皮
罗（Shapiro）、韦伯斯特（Webster）等学者在 1988 年集中于市场导向的组织
决策探讨，强调企业对于市场营销观念的执行、企业对于顾客的关注以及市
场营销部门对于整个组织的战略重要性[157]。（2）行为观点。柯利和贾沃斯
基（1990）将市场导向定义为三种活动的集合：组织范围内与现有和将来消
费者需要相关的市场情报的产生，这种情报在部门间的传播与扩散以及组织
层面上对市场情报的反应能力[158]。由于该种定义集中于特定的营销活动，
因此，接纳这一定义使执行营销观念更富操作性。（3）组织文化观点。纳维
和斯莱特（1990）从概念上界定市场导向为一种组织文化，这种文化能最有
效地诱发为创造对买方的较高价值所必需的行动。市场导向的实施是纯粹的
行为主义，显示了战略性经营单位（SBU）在消费者导向、竞争者导向和职
能之间协调方面相关活动中的参与程度[159]。（4）战略中心的观点。卢克特
（Ruekert，1992）指出，企业单元获取和利用来自顾客的信息，开发满足顾
客需要的战略，通过响应消费者需要和欲望来执行上述战略[160]。（5）顾客
导向的观点。德什潘德（Deshpande，1993）等认为，市场导向是顾客导向的
同义词，排除竞争者导向，但与职能间协调一致[161]。（6）二维观的视角。
纳维等（2004）认为，市场导向从本质上包括两套行为模式，"应答性"（或
反应型）的市场导向及先导性（或先动型）市场导向，前者强调企业应该满
足顾客当前显性需求，后者强调企业试图去发现、了解和满足顾客的潜在
需求[162]。

　　目前，国内学者对市场导向的概念界定并未突破上述观点，虽然学术界
对统一的市场导向定义仍未达成共识，但柯利及贾沃斯基的定义和纳维及斯
莱特的定义是当前应用最为广泛和得到较普遍认可的观点。

2.3.2　市场导向理论、衡量与评价

　　市场导向理论自 20 世纪 90 年代初发展至今，逐渐形成了三个主要研究
领域：一是市场导向的界定问题；二是市场导向的绩效问题；三是市场导向

的执行问题。纳维、斯莱特、特纳（Turner）、斯宾塞（Spencer）、哈里斯（Harris）等组织文化观涉及顾客导向、竞争者导向和部门间沟通、长期观点及利润目标五个方面，开发和验证了包括 15 个题项 7 点的 MKTOR 量表（采用李克特 7 级刻度法）；柯利、贾沃斯基的行为观包括市场情报产生、情报传播与情报反应三个方面，开发了包括 20 个题项 5 点的 MARKOR 量表，用以评价企业实施市场导向的程度；简·贝克尔（Jan Becker，1999）、克里斯丁·洪堡（Christian Homburg，1999）的系统观认为，企业的市场导向实质是以市场为中心的管理系统的设计与运作，包括组织系统、信息系统、计划系统、控制系统、人力资源管理系统五项基本管理子系统[163]。

（1）从市场导向实证方面看：学者们利用或改进 MKTOR 量表及 MARKOR 量表，通过问卷调查或访谈、抽样等方式，构建结构方程，运用统计软件，分国别、行业、企业等实证检验市场导向与组织绩效的关系。大致从市场导向水平与组织绩效的直接关系、不同市场导向类型与组织绩效、引入变量（前因变量、中介变量、调节变量）、市场导向的影响后果等角度实证探讨，代表性文献包括：鸿鼐吉马等（Atuahene-Gima，2005）[164]、蔡等（Tsai，2008）[165]、李等（Li，2008）[166]、王广平等（Guangping Wang，2015）[167]、科林·程等（Colin C. Cheng，2012）[168]、埃尔坎·奥兹凯等（H. Erkan Ozkaya，2015）[169]、欧菱宝·雷赛拉（Olimpia C. Racela，2014）[170]、张婧等（2010）[171]、杜运周等（2012）[172]等。

（2）市场导向的执行问题：市场导向的执行问题是动态考察企业采用何种具体模式实施市场导向，即企业如何变得更加以市场为导向。涉及三方面问题：一是执行市场导向的具体模式及差异；二是不同模式下的企业绩效（创新绩效、财务绩效、效益表现）；三是影响因素及支持、保障手段。利希腾塔尔和威尔逊（Lichtenthal & Wilson，1992）认为，组织必须灌输和传递正确的价值观及制定行为规范来执行市场导向[173]，这是较早从社会规范的视角阐释市场导向执行问题。随后，纳维等从计划性与市场支持、盖巴哈特（Gebhardt）等从变革过程、潘德里卡（Pandelica）从价值链视角探讨了市场导向的执行问题①。格里利（Greenley，1995）将市场导向分为顾客焦点导向、不发达的市场导向、间断的市场导向、综合性市场导向和竞争焦点导向

---

① 见：段艳玲. 中国企业市场导向战略的实施路径研究 [M]. 武汉：华中科技大学出版社，2014（3）：22.

五种形式，在对 240 家英国企业的调研中发现，不同形式的市场导向既无绩效的显著性差异也无明显的环境感知差异[174]。梅森（Mason，2006）将市场导向分为高度市场导向、低度市场导向、顾客焦点导向、竞争者焦点导向、职能间协调导向及动态竞争者导向六种表现形式，通过对 50 多家英国企业 114 个半结构化的深度访谈得出企业对市场导向不同维度的强调具有动态演进性，不同形式的市场导向与环境因素密切相关[175]。国内学者唐以明等（2000）[176]、张婧和段艳玲（2011）[177]、陈静（2012）[178]和赵红等（2014）[179]分别考察了 155 家天津企业、227 家制造型企业、辽宁省生产性服务业，得出实施全面市场导向的企业绩效表现最优，不同市场导向执行模式与内外环境因素密切相关①。这种基于转轨经济国家背景研究所得结论与国外学者有着明显不同，说明不同经济社会文化环境下企业市场导向的表现存在差异性。

　　由于市场导向理论产生时间较短，学者们对市场导向理论的研究尚不成熟，并未形成公认的理论体系及规范的研究范式。学者们对市场导向的理论研究尚停留在企业的微观领域且着重于概念的探讨及内容的总结，处在争鸣与探索阶段。实证研究以微观企业领域为主，向中观产业延伸，而衡量指标多改进或套用 MKTOR 量表及 MARKOR 量表，结合国情背景、企业实际及行业特征的较少，以总体评价市场导向绩效为主，分维度具体考察较少，加上指标权重设置具有较强主观性（信度与效度值得商榷），由此所得结论不一致且无法有效进行对比分析。市场导向的执行研究尚处在起步阶段，在框架设计、具体模式、影响途径及提升改革方向上都处在探索阶段。值得注意的是，市场导向执行问题已触及不同国家、不同产业、不同企业实施市场导向的程度、差异及影响，对于构建完整的市场导向理论体系形成有效填补和拓展深化。

2.3.3　区域市场导向相关问题研究

　　目前，尚未有文献发现学者直接以区域市场导向为题进行研究，区域市场导向的研究多与其他主题相结合。与其相关的研究主要包括：区域市场化

---

　　① 其中，唐以明等区分了全面市场导向、竞争与顾客导向两种形式的市场导向；张婧等划分了全面市场导向、顾客主导型市场导向、竞争主导型市场导向、选择型市场导向、一般市场导向和不发达市场导向六种形式；赵红、陈静等采用了全面市场导向执行模式和竞争主导型执行模式。

进程、衡量、评价、差异（傅允生，2003[180]；阎大颖，2007[181]；王丽英，2010[182]，王雅莉、宋月明，2016[183]）；区域市场化与创新能力（党文娟等，2013[184]）、与出口技术复杂度（刘洪铎等，2013[185]）、与区域收入差距（阎大颖，2007[186]）、与经济效率（惠树鹏、郑玉宝，2014[187]）的关系等；区域市场结构与地方政府行为（杨灿明，2000[188]）；区域市场整合与中央对地方政绩考核机制（皮建才，2008[189]）、与内陆地区全要素生产率提升（毛其淋、盛斌，2012[190]）、与ODI逆向溢出效应（顾雪松、韩立岩，2015[191]）的关系研究；区域市场分割成因（张松林，2010[192]；张超、王春杨，2013[193]）与中国各区域工业全要素生产率（郭勇，2013[194]）、与经济增长效应（林志鹏、龙志和，2012[195]）、与产业集聚及产业技术创新能力关系（李真、范爱军，2008[196]；余东华、王青，2009[197]）的研究；区域市场进入战略、模式（任颋等2014[198]；黄宇驰2007[199]；汪秀琼2011[200]）；区域市场一体化的水平测度与进程分析（杨凤华、王国华，2012[201]）、与财政分权及经济增长的实证研究（刘小勇，2012[202]；林志鹏，2013[203]）。此外，谷永芬、洪娟（2008）研究了区域市场导向下，长三角都市圈现代服务业的竞合发展问题，指出上海优先驱动模式下，二级城市与之错位发展，形成水平分工。在该竞争合作发展模式下，通过制定相应战略加速圈内现代服务业的快速发展[204]。王娟娟（2014）针对西部民族地区经济发展条件，考虑到经济转型背景、空间异质性及环境约束，提出西部民族地区经济发展方式转变的方向应是市场导向下的内生式发展，但并未提出具体的发展路径及明确的发展措施[205]。

由此可见，学者们关于区域市场导向的相关研究，从研究角度看主要涉及区域市场分割、进入、整合及一体化等与市场演化进程和市场体系的构建相关的问题；从研究内容看涉及区域市场不完善的原因如财政激励、地方官员政绩考核机制、地区资源禀赋环境、区间竞合博弈、对外开放度等，区域市场化进程如政府战略布局、企业进入模式、产业集群、区间差异等，区域市场影响如区域贸易、分工、收入、生产率、经济增长、环境、创新系统等；从研究结果看，学者们似乎更关注生产单位——企业（产业）市场导向对区域经济发展的重要性，却不能很好地从中观视角处理地方政府与区域市场在区域发展中的定位、边界和作用路径，特别是对转轨经济的发展大国区域发展差距拉大的现实，更没有提出一个区域市场导向的理论体系或研究框架及相应的实施区域市场导向的具体路径或可操作性的建议。区域经济发展以市场为导向的条件是区域市场体系的建立与完善、市场规则的执行及市场秩序的监管等，统

一、开放、竞争、有序的大市场无疑是有效实施市场导向的关键，如何从众多分散的研究中理出一条主线，总结出适用转轨发展大国的区域市场导向理论及可资借鉴的实证检验，是摆在国内外学者面前的重要命题。

2.4　技术创新与市场导向关系研究

2.4.1　技术创新与市场导向的理论与实证探讨

自 20 世纪 90 年代柯利、贾沃斯基及纳维、斯莱特对市场导向的突破性研究以来，学术界对技术创新与市场导向的关系产生浓厚兴趣，形成了许多备受争议的话题。焦点集中在：市场导向是否有利于（阻碍）技术创新；市场导向对技术创新的作用机理及影响程度；是否市场导向强的企业越倾向于技术创新；何种市场结构更有利于技术创新；市场导向类型与不同技术创新间的匹配关系；市场导向、技术创新及组织绩效三者间的关系如何等。实际上，市场导向对技术创新的影响可从市场导向本身构件和影响或制约市场导向的要件两个维度加以考察。

从市场导向本身构件看，学者们分别从组织文化观的三个维度 – 顾客导向（Peters，Deshpande，Day & Wensley）、竞争者导向（Barnes，Deshpande）和部门间沟通（Zmud，Kitchell），行为观（Argyris，Kwaku，Atuahene & Gimal），顾客中心（Ruekert，Atuahene & Gimal，Lukas，Ferrell），竞争战略（Porter，Cooper，Kleinschmidt），系统观等角度探讨。王强（Wang Qiang，2016）探讨了用户需求 – 创新 – 绩效三者间的关系[206]；奥兹卡亚（Ozkaya，2015）认为，用户与竞争者信息通过杠杆效应传导至企业，形成市场导向下驱使企业技术创新的动力[207]；斯米尔诺娃（Smirnova，2011）探讨了职能协调 – 持续竞争力 – 创新绩效间关系[208]；拉普等（Rapp，2008）指出，市场导向通过技术创新的中介作用影响组织绩效[209]；勒里克等（Lewrick，2011）指出，竞争导向与后进企业的渐进型创新高度相关，而用户导向则与原有企业的突破型创新关系紧密[210]。达乌达（Dauda，2010）指出，市场导向将驱动企业持续采用一种先动性行动来满足顾客需要，因此，可以提高组织的创新性和新产品绩效[211]；弗兰克等（Frank，2015）基于巴西 34 个工业部门的 PCA

和 2SLS 计量回归分析发现，优先考虑内部和外部研发活动以及商业化和产品发布活动的市场导向战略对创新产出产生积极影响[212]。

任峰、李垣（2003）认为，市场导向有利于企业在创新过程中规避风险，满足顾客当前需求，有利于渐进性技术创新，但抑制了根本性创新行为，造成"短视"[213]；谢洪明等（2006）以我国珠三角地区企业为样本通过实证研究发现，市场导向通过组织学习促进组织创新，进而影响组织绩效[214]；史江涛等（2007）提出"市场导向 - 组织学习 - 技术创新"理论模型，该模型包含顾客与竞争者导向 - 单环学习 - 渐近式技术创新和部门间协调 - 双环学习 - 突破式技术创新两种途径[215]。张婧、段艳玲（2010）实证得出，市场导向对技术创新（产品创新）起关键作用，是企业实现竞争优势和为顾客提供独特价值的首要前提[216]；伍勇等（2013）以 201 家企业数据为基础，实证探讨了双元技术创新和两套市场导向的不同组合对企业绩效的影响，得出：探索性技术创新与前瞻性市场导向组合及应用性技术创新与反应性市场导向组合能够显著提高企业绩效，而应用性技术创新与前瞻性市场导向组合会显著降低企业绩效，探索性技术创新与企业绩效之间的关系不显著[217]。阳银娟、陈劲（2015）探讨了市场导向、开放度与企业创新绩效的关系，研究表明，市场导向通过开放度的中介作用有效提高了企业创新绩效，并且环境动荡性在其中起着正向调节作用，初步构建了"市场导向 - 开放度 - 创新绩效"研究范式[218]；李斌等（2016）利用 2007～2013 年国家高新区的数据，运用系统动力学分析了市场导向对国家高新区技术创新能力的影响机制，研究表明，市场导向的三个维度对国家高新区技术创新能力均存在正相关性，而竞争驱动效果最佳[219]。

从影响或制约市场导向的要件看，学者们主要从市场体系、市场机制、市场化程度、市场结构及市场失灵等角度探讨市场导向对技术创新的影响。市场体系主要指产品市场、中间品市场及要素市场等相互联系的有机统一体；市场机制主要包括供求机制、价格机制、竞争机制及风险机制等；市场化是指市场经济体制演进或改革进程（包括发展和转轨两个层面），涉及市场机制运行水平及市场体系发育程度；市场结构包括完全竞争、垄断、不完全竞争等，涉及市场集中度、企业规模、产品差异程度及进退壁垒等；市场失灵源于垄断、公共品、外部性及信息不完全不对称。市场体系的发育程度直接关系到要素自由流动难易程度、技术品交易成本、创新效率、创新收益及国家或地区间技术创新差距等（田原等，2013；赵成真，2013；杨洋等 2015；

戴魁早、刘友金，2016；白俊红、卞元超，2016）。毛荐其、杨海山（2006）从进化论的角度分析了技术创新的进化过程，认为主要是市场选择机制导致技术创新的成败[220]。万西尔佐夫等（Васильцов，B. C & Vasiltsov，V. S，2011）从功能、资源及复杂性三方面研究了市场机制对发达国家创新能力发展的有效性[221]。王玉柱（2014）系统回顾了自改革开放以来中国政府与市场关系的变革历程，从市场机制决定的角度阐释了创新驱动发展的路径[222]。吕薇（2015）简要介绍了主要发达市场经济国家如何利用市场机制促进技术创新的案例，提出中国应从增强政策稳定性和透明度、重视市场培育和技术推广、形成公平竞争的激励机制等角度促进技术创新[223]。在我国，发挥市场机制对技术创新的调节作用关键在于理顺政府与市场的关系，让市场对技术研发方向、路线选择、要素价格、各类创新要素配置起到决定性导向作用（王志刚，2013[224]）。

　　技术创新市场化的研究大多集中在技术不确定性和市场不确定性两个维度（Heiko，2002）。一是技术创新实现市场化的难易性风险；二是市场化程度对技术创新效率的影响。就风险性而言，牛全保（1999）[225]、刘逸初等（1999）[226]、包国宪（2010）[227]分别从不同角度阐释了技术创新市场化的技术风险和市场风险，并提出了合理规避风险的策略及建议。为帮助企业快速识别技术创新机会或危险信号，缩短危机反应时间，李永先（2016）构建了企业技术创新风险管理的竞争情报预警模型[228]；罗小芳（2015）通过改进的 FMEA（failure modes and effects analysis，失效模式与影响分析）方法提高企业技术创新风险管理效率[229]。就市场化对技术创新影响而言，市场化意味着交易成本高低、激励机制扭曲程度、市场经济制度完善水平等，高市场化水平可提高竞争程度、信息共享率及创新资源流动性，并激发 R&D 投入。扬等（Yang，2009）指出，在市场化程度较高的地区，竞争机制作为市场向企业传递的置信承诺，激励企业更加关注 R&D 的质量与效率，提高技术创新水平[230]；相反，安德里亚和安德里亚诺（Andrea L E. & Adriano A，2008）认为，在市场化程度较低的地区，受非市场化因素的制约，企业技术创新较难吸引域外技术转移及创新成果的外溢[231]。冯宗宪等（2011）应用森马（Simar）和威尔逊（Wilson）提出的两阶段半参数 DEA 方法估计了中国 30 个省区市大中型工业企业技术创新活动的技术与规模效率，发现市场化程度对创新的技术效率具有显著的正向影响，对创新的规模效率影响显著为负[232]。申朴、刘康兵（2012）基于 System GMM 估计法的实证研究发现，市场化进程超过某个临界水平，FDI 的溢出效应对本土企业技术创新发挥积极作用[233]。阚大学（2013）基于 1997 ~ 2009 年中国省级大中型工业企业面板数据，利用系统广义矩估计方法实证发现，进出口与市场化进程具有显著的互补效应，提高市场化于某一临界水平，则市场化对外贸的技术外溢效应及内资企业的技术创新均具有正向作用[234]。李后建（2014）运用空间动态系统广义矩的估计技术发现中国金融市场化自由化阻碍了技术创新效率的提升[235]。李新功（2011）认为，采用政府和金融相结合的混合信贷体制促进企业技术创新市场化运作是破解我国企业技术创新瓶颈的重要手段[236]。

自熊彼特提出垄断市场结构有利于技术创新以来，学术界关于市场结构与技术创新的关系一直争论不休。目前主要形成三种观点：一是继承和验证熊彼特的垄断（大企业）有利于技术创新；二是认为完全竞争性市场结构有利于技术创新；三是介于垄断与竞争之间的不完全竞争市场结构有利于技术创新。学者们主要从市场集中度、企业规模、倒"U"型关系、差异化、进出壁垒及技术溢出等角度加以探讨。市场集中度对技术创新的影响体现在企业规模效应与市场力量效应上，早期的研究主要在于对熊彼特断言的关注，麦克拉里姆（Maclarin）在 1954 年发现高度垄断性的企业技术进步快于一般企业。阿罗在 1962 年《经济福利和发明的资源配置》一文中首次明确提出完全竞争比垄断的市场结构更有利于技术创新，但无论何种市场结构其创新数量都低于社会最优状态[237]，从而引发了对熊彼特断言的第一次挑战；尼克尔（Nickell1，996）、奥卡达（Okada，2005）的研究支持了阿罗的观点。曼斯菲尔德在 1963 年调查发现，垄断与技术创新因产业类型而不同；舍勒（Scherer）在 1965 年通过分析美国 448 家大企业的专利数据质疑熊彼特的观点；马卡姆（Markham）在 1965 年评论到熊彼特观点只是一个阈值理论，偏离竞争程度与创新数量并非线性递增；随后，纳尔逊、曼斯菲尔德等证实存在企业规模的一定阈值，超过阈值临界点，企业规模与技术创新不相关。随着研究深入，市场结构与技术创新间的非线性倒"U"型关系浮出水面。格拉波斯基（Grabowski，1968）、豪沃和迈克菲特里奇（Howe & Mcfetridge，1976）分别发现医药产业、电子产业存在企业规模与 R&D 强度间的倒"U"型关系①；科马诺（Comanor，1967）发现，中间层次的技术进入壁垒对创新

---

① 参见：柳卸林著. 技术创新经济学 [M]. 清华大学出版社，2014：P48 - 63；吴延兵. 企业规模、市场力量与创新：一个文献综述 [J]. 经济研究，2007（5）.

的激励远大于两端；凯米恩和施瓦茨（Kamien & Schwartz，1982）进一步证实企业规模与 R&D 强度间存在一致性的倒"U"型关系，据此提出介于垄断与竞争间的不完全市场结构最有利于技术创新的结论；阿杰翁和霍伊特（2005）认为，产品市场竞争存在逃避竞争效应（水平相近）和熊彼特效应（水平不一），二者随竞争强度彼此消长使得产品市场竞争与技术创新呈现倒"U"型关系[238]。此外，斯宾塞（1984）、格林斯坦和雷米（Greenstein & Ramey，1998）、格林斯坦（2002）、维维斯（Vives，2008）、申和施瓦茨（Chen & Schwartz，2010）[239]、格特勒和戈登（Goettler & Gordon，2012）[240]分别从创新外溢、产品差异化、产品专用性、进出壁垒、产品可替代性等角度探讨了市场竞争与技术创新的关系，但结论不一①。

　　实际上，市场结构与技术创新的关系是相互的，技术创新同样影响或改变市场结构。近年来，学者们主要从信息不完全不对称（博弈论）、产品差异、产品生命周期、技术标准及技术轨道、技术创新外溢等角度加以探讨。伦恩（Lunn，1989）利用美国 179 个四位数制造业产业数据实证研究发现，研发强度与市场集中度相互促进[241]；格罗基和庞罗伊（Geroki & Pomroy，1990）建立了市场集中度的动态模型，利用英国 1970 ~ 1979 年间 73 个产业数据，得出技术创新会降低市场集中度，但二者是相互增强、螺旋式升降的动态变化关系[242]；多西等（Dosi，1995）认为，技术体制影响市场集中度[243]；桑德拉 - 戈特沙尔克和诺波特 - 扬兹（Sandra Gottschalk & Norbert Janz，2001）研究发现，创新活动对市场集中度具有长期的正向关系[244]；埃伯纳西和厄特巴特（1975）[245]、克莱伯（Kleeper，1996）[246]、吴义刚（2006）[247]认为，创新导致了产品生命周期的存在，进而引起市场结构的变迁；李平、张庆昌（2007）基于 Nickell 模型动态刻画了创新对市场结构的影响，认为短期看创新加剧市场竞争程度大于垄断趋势，长期看创新降低市场竞争程度[248]。杨蕙馨等（2015）构建了"技术创新 - 技术标准 - 市场结构"的互动关系模型[249]。余东华（2006）认为，由于信息不对称导致风险不确定，在位垄断企业与潜在进入者间存在技术创新投入的不同选择，后者更高的研发投入打破前者垄断性市场结构[250]。杜斌等（2017）认为，基于市场导向的创新者与模仿者由于技术创新溢出效应的作用而在同一技术产品生命

---

① 参见：徐幼民，徐小康. 论技术创新的最优市场结构——关于熊彼特猜想的研究 [J]. 财经理论与实践，2013，(03)：2 - 5.

周期内引发市场结构的更替[251]。可见，学者们对技术创新与市场结构的关系研究虽结论不一，有时甚至互相矛盾，但仍然澄清了许多关系，得出有价值的结论。目前，技术创新对市场结构的研究起步晚，不成体系，尤其是技术创新对市场结构的作用机理及深层次的原因、效果尚需进一步深入探索。

市场失灵不仅表现为市场机制配置资源缺乏效率，而且体现市场机制本身无法解决的社会问题。技术创新的"市场失灵"现象为政府干预技术创新的合理性及创新政策工具的选择提供理论依据。阿罗早在 1962 年就认识到技术创新的市场失灵是私人边际价值小于社会边际价值而使自由市场配置资源不能达到最优，从而社会所要求的最优创新数量是不足的。由于存在技术创新的公共品特性、创新收益非独占性、创新外溢性等使技术创新过程及结果出现市场失灵，学者们基于不同的视角分析了技术创新的市场失灵现象及其修复问题。安沃·沙赫（2000）认为，R&D 项目实施者与资助者之间的信息不对称限制了对 R&D 项目的资助，是技术创新市场失灵的主要表现之一①。胡卫（2006）分析了技术创新市场失灵的五种表现形式，即技术创新的公共性、不确定性和风险、溢出效应、信息不对称、路径依赖与锁定[252]。孙南申、彭岳（2010）分析了技术创新中的市场失灵和体制缺陷，将政府干预分成直接介入和间接修正，前者包括激励性措施和制约性措施，后者关键在于构建完善的知识产权、行政管理、财政、投融资等法律保障制度[253]。陶爱萍等（2013）认为，技术标准锁定与技术创新的市场失灵存在相关性，并从标准持有者、非标准持有者及全社会角度系统分析了技术标准锁定的消解效应、强化效应、正负激励效应[254]。考虑到技术创新的重要性，为弥补市场失灵，许多学者提出了技术创新系统、技术联盟、多主体协同创新等方式提升技术创新能力，如弗里曼、伦德瓦尔、纳尔逊、多西、波特、陈劲等。但有些学者据此提出"政府失灵"及"系统失灵"问题。虽然政府与市场对技术创新的态度上存在两难之争，但近年来各国政府对技术创新的干预却有所加强，只不过干预以间接为主，形式呈多样化。

由此可见，学者们对技术创新与市场导向的关系研究侧重微观的实证研究，且多以发达市场经济国家为主，而宏观方面则以定性研究为主。尽管在市场结构、市场化、市场失灵等研究角度存在诸多分歧，但学者们一致认可

---

① 参见：［美］安沃·沙赫著．匡小平等译．促进投资与创新的财政激励［M］．北京：经济科学出版社，2000（6）．

技术创新以市场为导向的内在性及政府干预和法律制度保障的必要性，只不过在干预的方式、范围、程度上存在分歧。一个毋庸置疑的事实是，构建健全的技术创新市场导向机制对各创新驱动型国家来讲越发紧迫和必要。

2.4.2　中国区域技术创新与市场导向的相关研究

中国的市场化改革始于 1978 年，经历了一条市场排斥论——市场辅助论——市场结合论——市场主体论（田广研、李仙娥，2002①）——市场决定论的艰难道路，目前进入相对成熟市场经济时期②。然而，中国的渐进式市场化改革依然并存了诸多难题，从区域层面看：（1）市场发育不全、不对称，地区封锁、市场分割、国内外市场区别对待（Poncet，2003[255]；洪银兴，2014[256]）。郑毓盛和李崇高（2003）认为，地方市场分割严重恶化省际间资源配置，带来省内技术效率、产出结构的配置效率和省际要素配置效率的巨大损害[257]。（2）要素市场化滞后于产品市场化进程，要素资源扭曲、错置、流动障碍等现象严重（杨光等，2015[258]；盖庆恩等，2013[259]；Brandt et al.，2009[260]；Hsieh & Klenow，2009[261]；Song，2011[262]；Chen et al.，2012[263]）。张杰等（2011）实证考察了不同企业类型在要素市场扭曲下的研发投入状况，认为要素市场扭曲产生土地财政、金融抑制、劳动力二元分工、寻租泛滥等，不仅对本土企业研发投入具有抑制效应，而且对外资企业研发投入同样有抑制作用，要素市场扭曲是造成本土企业和外资企业竞争力差距的重要因素，是中国企业自主创新能力不足与滞后的重要原因[264]；罗德明等（2012）在一个随机动态一般均衡模型框架下，定量考察了要素市场政策扭曲下资源错置导致国有及私营企业高昂的效率损失[265]；杨洋等

---

① 参见：田广研，李仙娥. 中国市场经济理论与运行 [M]. 西安：西安交通大学出版社，2012：15.

② 关于市场化程度的判定学术界观点不一，一般认为市场化在 0～15% 为非市场经济，15%～30% 为弱市场经济，30%～50% 为转轨中期市场经济，50%～65% 为转轨后期市场经济，65%～80% 为欠发达市场经济或相对成熟市场经济，80% 以上为发达市场经济或成熟市场经济。目前中国总体市场化指数超过 70%。根据樊纲、王小鲁、马光荣（2011）考察的省际市场化指数及其经济增长的贡献可知，我国的市场化水平地区间差距较大，产品市场发育水平相对较高，而要素市场化水平低，城乡间、行业间差异明显，市场化对经济增长贡献较大，尚存在进一步释放的空间，中国的市场化转型尚未完成。另据全球权威的经济自由度评价指标之一，《华尔街日报》和美国传统基金会发布的年度报告，在涵盖全球 155 个国家和地区中，2014 年，中国排名 137，2015 年，中国排名 139 位，处在不太自由的等级中。

（2015）采用2003~2007年中国工业企业数据库的面板数据，从资源获取及信号传递角度剖析了不同所有制企业如何利用政府补贴进行创新以及要素市场扭曲对政府补贴有效性的调节效应，指出要素市场扭曲程度低的地区，政府补贴对企业创新绩效的促进作用更大[266]。由此可见，我国市场化尤其是要素市场化滞后不仅严重影响了我国经济增长的效率和质量，更抑制了技术创新能力，迟滞了经济发展方式的转变及产业结构的优化升级。（3）区域市场机制的发挥过多存在各级政府干预及控制，地方保护、寻租活动、挤占现象、政绩导向、默许腐败行为此起彼伏（Young，2000[267]；于良春，2007[268]；王永钦等2007[269]；周黎安、陶婧2009[270]）。陆铭、陈钊（2009）认为，市场分割与经济增长呈倒"U"型结构，实证解释了由于地方政府利用国际贸易的规模经济效应替代国内市场的规模经济效应，使得经济开放反而可能加剧地方保护和区域市场分割[271]。（4）区域市场化程度不一，发展不平衡。由于各地区市场化改革起步时间不同，资源禀赋、区位条件、产业结构、贸易方式、经济传统和体制状态存在差异，中国的区域市场化存在明显不均衡性，表现为东部沿海地区的市场化水平高，而中西部和东北地区的市场化水平低（孙晓华、李明珊，2014[272]）。樊纲等（2011）连续11年从政府与市场的关系、非国有经济的发展、产品市场的发育程度、要素市场的发育程度、市场中介组织发育和法律制度环境五个方面对全国各省份的市场化相对进程进行跟踪和综合评价。这套指数体系不仅对各省份的市场化进程进行横向比较，而且也做到了沿时间序列基本可比，从而提供了一套比较完整的测度市场化方法。以2007年为例，市场化指数最高的三个省市——上海、浙江和广东分别为11.71、11.39和11.04，而最低的三个省份——西藏、青海和甘肃依次为4.25、4.64和5.31，各省区差距明显[273]。王雅莉（2016）设计了涵盖经济主体、生产要素、法制环境三方面的市场化指标体系，测度了全国31个省（区、市）的市场化指数，研究表明，中国市场化水平整体呈上升趋势和地区间市场化水平不均衡，否认了"相邻区位市场化水平也近似"及"国进民退强化"的观点[274]。

对应于中国市场化改革和发展的不同时期，区域技术创新之路呈现出"三步走"的阶段性特征。一是"重整套技术引进，轻消化吸收"。关注引进技术的可行性和成本，而对技术转移和学习的重视不足，外来技术对国内开发技术的挤出效应远大于溢出效应，技术依赖现象严重。二是"国家科技计划引领高新技术，市场换技术政策招致外资涌入"。973及863等科技计划的实施，推动了我国高科技产业的发展，然而跨国公司的引进并未通过其"溢出效应"实现获取关键核心技术和创新能力的初衷，外资通过本土化战略展现出强大的技术创新优势，相当数量的产业被外资所垄断，关键核心技术依附性并未减弱。三是实施"自主创新"，建设创新型国家。这一战略于 2006年1月确立，国务院发布了国家中长期科学和技术发展规划纲要（2006 -2020），将"自主创新，重点跨越，支撑发展，引领未来"作为我国未来 15年科技发展的指导方针。值得注意的是，正如市场化在区域间发展程度的非均衡，技术创新同样呈现非均衡性的"东强西弱"态势[1]。

　　目前，尚未发现关于区域技术创新与市场导向的直接研究，与此相关的实证研究主要有：张宗和、彭昌奇（2009）认为，市场化程度并不直接影响技术创新，而是通过市场竞争使创新主体调整创新投入和改变激励制度影响技术创新的条件和产出。该研究将中国 31 个省市区市场化程度分为高中低三等级，结合大中型企业、高校、科研院所三大技术创新主体实证研究了中国区域技术创新能力，提出提高区域技术创新能力需要优化 R&D 配置和创新技术创新主体的体制机制[275]。余东华（2009）利用 2000～2005 年 29 个制造业数据，实证探讨了地方保护、区域市场分割与产业技术创新能力的关系，研究发现，地方保护、市场分割限制了企业生产可能性边界的扩展，扭曲了企业的技术效率，制约了区域制造业技术创新能力的形成与提升，摒弃诸侯经济，消除贸易壁垒，提高市场化水平，形成全国统一的大市场和规范有序的市场竞争秩序势在必行[276]。万勇（2010）利用 1997～2006 年 30 个省级区域数据，采用面板数据模型实证检验了中国东中西三大区域的技术创新能力、贸易开放度、市场化水平与经济增长的关系，研究表明，技术创新能力具有区域空间维度差异，贸易开放度、市场化对经济增长的效应在时间维度上要比技术创新发挥得快，但同样具有区域空间维度差异性[277]。孙云浩（2013）利用中国 31 个省（自治区、直辖市）的统计资料，把研究开发经费支出、市场化发展程度、人力资源、外国直接投资规模、国有企业的研究开发活动设为内生变量，对影响区域创新体系效率的要素进行了实证分析。研究发现，研究开发经费支出、市场化水平越高，区域创新效率越高，而人力资本的影响效果并不大[278]。

　　由此可见，对于转型期的中国市场经济来讲，学者们更多关注市场化进程及由此带来的影响，在此分析过程中会涉及技术创新效率及其创新能力，这关乎区域经济增长质量和水平。对于实施赶超战略的区域来讲，有学者提出"赶超特征越强的省域，地方保护和市场分割越严重"的假说①。而在当前经济发展背景下，后进区域实现赶超是否仍然要地方保护，保持市场分割，走一方"诸侯经济"的老路？如此，如何提高技术创新能力及实现赶超？明确地方政府保护权限及制衡、打通阻碍市场的藩篱，以统一的大市场为导向提升技术创新能力或许是当前后进区域实现赶超的有效途径。

2.4.3 国外技术创新的市场导向模式对比研究

学术界依据实现工业化和现代化的方式不同，把世界各国分为三类：一是资源型国家，主要依靠自身自然资源增加国民财富，如中东国家；二是依附型国家，主要依附于发达国家的资本、市场、技术，如拉美国家；三是创新型国家，主要依靠科技创新形成强大的竞争优势驱动经济发展，目前公认的国家（或地区）有20个左右（李元元，2006）[279]。创新型国家普遍将创新视为长期的国家发展战略，并从体制机制、路线选择、政策协调等建立健全国家创新体系。"他山之石，可以攻玉"，通过比较分析典型创新型国家技术创新导向模式及经验，可以对我国区域的技术创新市场导向机制的完善有所借鉴[1]。

依据资源禀赋、发展路径及水平不同，选取创新领先发达大国美国，"二战"后迅速崛起的德国、日本，后进奋起赶超先进的韩国以及创新特色鲜明的芬兰、瑞典及丹麦作为分析对象（如表2-5所示）。

表2-5　　　　　典型创新型国家技术创新导向模式及政策对比

国家 （创新排名）	创新类型	技术创新 导向模式	制度 （法律、政策）	重大举措 （技术创新重点领域）
美国（具有自然资源及科技优势的发达国家）排名：5	崇尚和奉行市场机制，依靠市场进行资源配置，依法建设科技创新体系	典型市场导向型，以企业为主体，以产业界自律、以自制、自愿、自由竞争为运行形式	中小企业倾斜政策；健全的风险投资机制；建有整套知识产权法律体系；《史蒂文森-韦德勒技术创新法》《拜杜法案》《小企业创新发展法》《联邦技术转移促进法》等	建立创新思想库，实施重大科技计划（纳米计划、网络与信息技术研发计划）；政府和企业携手共同科技开发；科技园区；重要领域：生物、纳米、氢能源

---

① 参见林毅夫，刘培林. 地方保护和市场分割：从发展战略的角度考察 [D]. 北京：北京大学中国经济研究中心工作论文，2004，该文实证得出，技术选择指数越高的省份，市场一体化指数越低，市场分割越严重。

续表

国家 （创新排名）	创新类型	技术创新 导向模式	制度 （法律、政策）	重大举措 （技术创新重点领域）
德国（自然资源较贫乏、高度发达的工业强国）排名：6	社会市场经济模式，寻求市场、政府两者间的平衡	支持中小企业技术创新，企业是技术创新决策主体、投入主体和风险承担主体	健全的科研管理部门（教育科学部和研究技术部）；注重建立及完善技术创新市场管理体制，保证技术创新资金的投入，重视对技术创新人才的培养，加强国际合作	重视终身教育和双元制职工教育；实施纳米技术征服市场、微系统技术、可持续发展研究等计划；重要领域：信息通信技术、生物、新材料、现代制造、激光、微系统、纳米、交通等
日本（自然资源贫乏的赶超型发达国家）排名：4	政府主导型、"官、产、学、研"合作互动机制为主的国家创新体系	模仿创新——引进消化吸收再创新——集成创新 - 自主创新模式	直接干预企业研发活动，高度重视知识产权保护工作；加大研究经费的投入；采用信贷、税收优惠和政府补贴等手段，鼓励和扶持高新技术产业化；制定了《科学技术基本法》《产业技术力强化法》等	实施科技五年计划；产业群计划；科技创新立国战略；重要领域：生命科学、信息通信、能源环境、材料、制造技术等
韩国（后进奋起赶超先进的典型国家）排名：17	政府主导的国家创新体系"技术引进 - 技术消化吸收 - 技术创新"	路径追随型技术赶超→路径跳跃性技术赶超→路径创造型技术赶超	政府加大研发支出、管理、监督；打造优秀中心；建立全球研发网络；有效实施知识产权战略；制定了《科学技术创新特别法》《发明促进法》等	贯彻"科技立国"战略；实施科技创新五年计划；国家战略领域人才培养综合计划；韩国2025 年构想，重要领域：生命科学、信息通信、能源环境、材料、制造技术
芬兰（自然资源禀赋较差的发达国家）排名：1	完善、高效的国家创新系统	政府引导，企业为主，产学研合作	政府直接支持企业研发，创新支持覆盖整个创新链；特别鼓励产学研结合；制定了电信法、数据法、商务电子通信法、电子签名法、信息社会保护法等	创建国家卓越研究中心；设有技术发展中心（TEKES）；优先发展信息与通信产业，完善的服务创新中介机构，科技园；重要领域：信息、生物、环保
瑞典（北欧富有的"福利型"高研发投入国家）排名：7	企业与高校合作的"二元"创新结构体系，能力中心形态的创新系统	市场导向，政策调节，企业为主，企业与高校合作模式	政府支持高校创新；重视教育，大力发展各类中介机构，高科技产业；税收减免，信贷优惠政策；公共采购法；改革教育体制，培养创新人才，健全风险投资市场	创新中继中心；能力中心计划；科技园；注重开放性，加强国际合作；重要领域：汽车、生物医药、信息、环保

续表

国家 （创新排名）	创新类型	技术创新 导向模式	制度 （法律、政策）	重大举措 （技术创新重点领域）
丹麦（自然资源禀赋较差的发达小国）排名：11	以企业为主体，风险投资为催化剂，人才为核心，设计创新为特色	重设计，少制造的创新导向模式	营造创新文化，为各类企业提供公平有效的创新支持，财政税收政策支持企业重大技术问题；制定商标法、版权法、专利法，重视知识产权的保护；	公私创新伙伴行动计划；研究和企业相互结合的新措施－从科技到企业行动计划；技术企业孵化器（许多在大学内）；重要领域：纳米、生物、信息

资料来源：根据程津培、吴忠泽编，科学技术部《主要创新型国家科技创新发展的历程及经验》(2006)、中国科技部《国际科学技术发展报告 2010》、［美］罗伯特·阿特金森，［美］史蒂芬·埃泽尔（Robert D. Atkinson，Stephen Ezell）著，王瑞军等译《创新经济学——全球优势竞争》(2014) 及世界经济论坛 2015 年公布的全球竞争力指数中创新能力排名等相关材料整理。

2.4.3.1 技术创新导向模式

美国属于典型的市场导向型，日本、韩国属于政府主导型，德国政府属于市场协调型，丹麦、瑞典市场以导向性为主，芬兰政府属于引导型。值得注意的是，无论哪种模式，都是动态变化的，近年来政府战略上的宏观干预与政策上的协调普遍有加强趋势，而应用型技术创新普遍放活，以企业为主，由市场决定。

2.4.3.2 技术创新类型及领域

美国偏重根本性创新，掌控研发环节，注重产品创新；日本、韩国偏重渐进性创新，注重再创造性创新；德国注重工业创新及新型创业创新；芬兰为完善的国家创新系统，产学研三位一体合作机制；瑞典为服务型、知识型创新，企业高校合作模式；丹麦偏重设计型创新。美、日、德几乎涵盖所有创新领域，韩（机械电子、信息、材料、能源与环境）、芬兰（信息、生物、环保）、瑞典（汽车、生物医药、信息、环保）、丹麦（纳米、生物、信息）侧重在电信、环保等高新技术和新兴产业。

2.4.3.3 政策协调与重大举措

美国有思想库及完善的法律法规；德国有高素质人才及终身教育体制；

日、韩有强大的政府推动及创新文化环境；芬兰有国家创新体系及完善的服务创新中介机构；瑞典有开放的国际合作机制；丹麦有融技术企业于大学的孵化器策略。

比较发现，各创新型国家尽管技术创新模式有所差别，但企业作为创新的主体地位不变；创新瞄准市场需求，以市场导向为主线，政府及附属机构起着辅助服务之功能；重视自主创新和建立国家创新系统，注重与创新对应的体制机制设计、政策协调及配套保障是各国普遍做法。

2.5 研究总体评述：不足及进一步研究空间与趋势

通过对创新资源研究、技术创新研究、市场导向研究及技术创新与市场导向研究的文献梳理与综合考察，我们可以发现：当前国内外关于技术创新与市场导向机制方面的研究基本沿着两条不同的线路展开。就各自理论及实证研究本身而言，相对自称体系，较为完整，但从二者的结合角度看，研究明显不足，尚未形成完整的理论体系。主要表现在：其一，为什么技术创新要以市场导向？必要性及重要性的原因探讨不清；其二，技术创新以市场为导向的作用机理及运行机制，如何完善等方面研究不够深入，支离破碎，尚未有效整合，缺乏从技术创新全过程深入解析；其三，缺乏从不同经济发展阶段及不同经济制度背景角度理顺技术创新的市场导向机制原理，市场经济高度发达与市场经济欠发达的国家和地区，市场机制发挥作用的程度是不同的，转轨经济更有其特殊性；其四，同一国家，同一制度，不同的政策，不同的发展条件及发展水平，区域间存在巨大差距，落后地区的后进区域往往是研究的薄弱环节，而研究后进区域如何通过健全的市场导向机制提升技术创新能力，提振经济发展速率，破解区域协调均衡发展难题既是研究趋势，又具有巨大的研究空间。

第3章 后进区域技术创新市场导向机制的理论研究

技术创新以市场为导向的重要性和必然性不言而喻。为剖析创新资源约束下后进区域的技术创新市场导向问题，必须首先对研究所涉及相关概念进行科学界定，系统阐述相关理论基础，从而为下文的机理与机制分析奠定坚实根基。

3.1 相关概念界定

本章所涉及的相关概念主要有创新资源、后进区域、技术创新及市场导向机制等。为清晰地界定这些概念，本章还将辅助性地介绍与其相关的其他概念或常识。

3.1.1 创新资源

资源是人类赖以生存与发展的基本条件，与传统自然资源不同，创新资源被赋予特殊内涵和新意。创新资源的特殊性在于它不仅在一定时空范围内有限、稀缺、不均，而且可再造、可替代、可流动、可共用；创新资源之新在于它与创新活动紧密结合，与之共生共存，是后天学习、积累、塑造、转换而成的。由于经济社会对创新活动的无限追求，创新资源存量在一定时间与空间内总是表现相对稀缺，这就带来有限创新资源的配置问题，这种配置不仅表现在不同创新主体间、不同行业间、不同部门间，而且表现在一定地理空间范围内，即区域间的布局与配置问题。由于创新资源禀赋条件、资源间相对价格差引起的投资报酬率差异，自由市场机制总是倾向将有限的创新资源配置到既有效率又有效益的状态，以实现高效率和高福利，我们称这种状态为"帕累托最优状态"。而区域间的竞争与创新资源的趋利性，使得创新资源流向了发达区域，并形成区域空间集聚效应，这虽然带来了创新资源的高配置效率和高收益率，但也加剧了发达区域与后进区域的发展差距，产生了"马太效应"。

由此，后进区域创新资源的短缺来源于两个层面：一是静态绝对性短缺。这是由后进区域自身禀赋条件及后天培植能力决定的，后进区域往往有富裕的自然资源，但"资源诅咒"陷阱使其对创新资源的培育缺乏动力，表现为创新型人才匮乏、高端核心技术缺失、现代科研条件不足等，一定程度形成自然资源对创新资源的"部分替代"。二是动态相对性短缺。后进区域培育的创新型人才、积累的研发资金等在丰厚待遇、优越环境、高回报率的引致下，往往"倒流"向发达区域，产生极化效应和回波效应。

鉴于此，本章对创新资源的界定侧重区域视角，并充分考虑上述因素。创新资源是指在一定的地域范围内，特定的时间里，经济社会进行创新活动所拥有和利用的除自然资源以外的各种有形和无形资源的总称，包括核心要素、条件要素、辅助要素及环境要素等。创新资源是改进劳动条件、推进生产能力、改善生活水准、改变经济社会的要素集合，如表 3 - 1 所示。

表 3 - 1　　　　　　　　　　创新资源的类别与内容

创新资源类别	具体包括内容
核心要素	创新人力资源，创新财力资源，创新物力资源，创新知识、技术信息资源
条件要素	交通、道路、通信、网络、广电等完备的基础设施
辅助要素	各种与创新相关的机构、团体、组织、制度、体制、机制、法律、政策等
环境要素	市场环境、政治环境、文化环境、生态环境、社会环境、国际环境等

后进区域创新资源的短缺成为其通过技术创新提振经济赶超的"瓶颈"。正视创新资源短缺的约束，找寻破解途径，是后进区域技术创新能力提升的前提条件。

3.1.2　资源约束型后进区域

目前，学界对区域的概念界定比较宽泛和模糊，不同学科背景、不同研究视角和不同认知水平都导致对区域内涵和外延的不同解读。区域首先是一个地理空间概念，由自然地理划分出众多关联要素形成的立体结构和具有时序特征、边界相对模糊的地域空间结构。而根据历史沿革、人口分布、地质特征、国防需要等行政角度的区域则具有特定的地域空间范围和明确的管辖权限。经济意义的区域则往往根据内部同质性或功能一体化，在专业化分工和组织化生产下，经市场自发选择的结果，它具有要素相互作用实现经济功能的地域特性，但边界通常比较模糊。

从经济角度，依据经济发展水平，兼顾行政区划边界，通常把中国区域划分为东、中、西部地区，东部区域一般被认为是经济较发达区域，而西部则被认为是落后区域。基于比较程度的不同和区域发展的相对差异性，落后区域又被称为欠发达区域、后发区域、后进区域等。通过大量文献考证，学者们一般把落后区域和欠发达区域等同，是指相对于发达区域而言，以某一时点或时期为基准，处在科技水平、经济发展水平和人均收入水平都相对低的现实经济状态，这一经济状态是从短期静态的角度来看，并不否认长期状态的改变①。后进区域与后发区域等同，是指相对于先发或先进区域而言，从某一较长时期或某一技术变革周期看，追随先发（先进）区域的产业或技术发展路径，保持一定发展差距但持续发展的过程形态，现实表现为发展起步较晚、发展水平较低、发展阶段落后的经济发展形态，这一形态是从长期动态的角度看，既有发展差距拉大又有"变道赶超"的可能②。由此可见，后发区域与后进区域都具有发展程度和发展时序的范畴，但目前学者们并未进一步区分二者的关系。本书认为，后发区域与后进区域在内涵和外延上有着细微的差别，这一差别将导致其发展效率及发展轨迹迥异，由此带来的发展速度、幅度及时效上的巨大差异。二者的差别在于：一是就发展过程看，后发区域是就发展的先后顺序而言，强调的是后发展（既有迟后又有后期之意），而不是如何发展，存在不明确的多种发展路径选择；后进区域虽含有

---

① 从某种意义上讲，区域发展程度的划分源于对国家发展程度的划分标准，主要依据经济发展水平、科技发达程度及居民生活水准等，而人均GDP通常被直接用作衡量标准。由于人均GDP本身受物价、汇率波动影响，加之无法衡量科技、文化等，目前普遍采用联合国开发署制定的"人类发展指数"衡量，其值大于0.9即为发达国家。

② 从文献资料看：1954年，美国后进国问题专家尤金·斯塔利（Eugene Staley）的著作《后进国的将来》（The Future of the Under-developed Countries）可认为是较早一部系统阐述后进国的经济发展和政治发展问题的著作，但书中带有较强的意识形态倾向。1962年，［俄］格申克龙（Alexander Gerschenkron）区分了先进国家（advanced countries）与后进国家（backward countries），并首次提出了后发优势理论。陆德明（1999）在此基础上区分了先发区域与后发区域，并基于七个假说提出后发发展优势理论框架。王必达（2003）基于该理论系统分析了后发区域的后发优势问题。

发展的先后顺序，但更强调发展轨迹（既有跟随又有追赶之意），即跟随先
进区域的路径，保持了发展差距，虽前进了但进步较缓慢，有落入"经济依
附，路径依赖"陷阱的可能。二是就发展程度看，后发区域虽与先发区域发
展有一定的发展差距，发展整体水平低，但发展速度与发展幅度并未显现差
距，已呈现良好的发展势头。只要深挖区域特色，找准比较优势与发展路径，
注重技术创新和制度创新，发挥好后发优势，必将呈现后来居上的趋势；后
进区域发展速度慢于先进区域，进步幅度小，虽具有发展潜质但尚未显现快
速发展的迹象，与先发区域相比似有发展差距拉大之势，若不迅速求变，则
赶超遥遥无期。三是从发展动力和愿景看，后发区域有着强烈的发展意识和
劲头，在动态比较优势的基础上发挥后发优势，但后发优势效应递减，进入
发展优势调整转换的选择期，正经受着上升的困惑；后进区域虽有发展意识
但行动迟缓，发挥着静态比较优势，又徘徊于自然资源的比较优势而未显现
后发优势，处在"出路寻找的困惑"，如表 3 - 2 所示。

表 3 - 2　　　　　　　　　　**区域划分及比较**

视角	落后区域	欠发达区域	后进区域	后发区域	发达区域
划分范畴	短期静态	短期静态	长期动态	长期动态	短期静态
发展条件	制度落后 科技落后	制度不完善 科技不发达	制度移植 技术模仿	制度变迁 模仿创新	制度优越 科技创新
发展驱动力	原料型比较优势	初级产品静态比较优势	静态比较优势向动态转换、触及后发优势	动态比较优势、后发优势	科技型竞争优势
发展速度	不确定	低速徘徊	中低速	高速	不确定
发展程度	低	低中	中低	中	高
发展阶段	传统社会转型 （工业化前）	经济起飞准备阶段（工业化初期）	经济起飞准备阶段（工业化中期）	经济起飞阶段 （工业化中后期）	高消费阶段 （后工业化期）
发展愿景	起步	跟随	追赶	赶超	保持

注：根据相关资料绘制①。

（说明：区域划分以发达区域为参照，从落后的程度、层次、时序等依次划分落后、欠发达、后
进、后发区域等，各视角的研究界定及对应只是大致情况，并不具有严格意义。）

――――――――――

① 发展阶段参考：罗斯托的区域（国家）经济增长阶段论，即传统社会阶段、经济起飞准备阶
段、经济起飞阶段、向成熟推进阶段、高额群众消费阶段及追求生活质量阶段；钱纳里的工业化阶段
理论，即不发达经济阶段、工业化初期、工业化中期、工业化后期及后工业化阶段。

基于上述分析,本书认为,后进区域是一个动态相对概念,相对其他区域(尤其是先进区域)而言,是指在一定时期及一定地域范围内,发展条件较差、发展起步较晚、发展进程缓慢、发展水平较低及发展阶段较落后而发展潜质较大和发展意识较强的技术创新输入型欠发达区域。其表现为:自然资源相对富裕、创新资源匮乏、市场化水平低、劳动力素质不高、科技水平落后、企业效益较低、创新能力不强、经济总量较小、经济结构初级、产业层次较低、基础设施落后等[280]。

鉴于后进区域显著表现在经济规模、发展进程、市场表现及技术进步等方面,本章将选取人均GDP、年度经济增长率、市场化程度及技术创新能力四个方面作为衡量指标。考虑到地方政府的发展权限及政策实施空间,本章选取省级层面作为区域单位。后进区域创新资源匮乏严重制约其技术进步方式及经济发展方式,本章将之称为创新资源约束型后进区域。

3.1.3 技术创新

技术是提升区域经济发展的关键。导致技术进步的途径有多种,如技术引进、技术合作、技术进化、技术溢出、技术共享、技术模仿及技术创新等,而技术引进与技术创新是最基本形式。通常后进区域资本积累不足、对外贸易和外商直接投资规模较小,由此引致的技术购买和技术溢出不足以支撑后进区域的发展需求,况且单纯的技术引进极易陷入"技术引进 – 落后 – 再技术引进 – 再落后"的漩涡,不符合后进区域长远发展战略。因此,技术创新是后进区域摆脱贫困、走出发展困境的关键。那么,后进区域的技术创新应如何界定,有何特殊性,如何实现?按照传统的观点,技术创新是新技术的首次商业化实现,包括产品创新、工艺创新及一系列相关的连带创新。这里的"新技术"和"首次"将技术创新严格限制在首创和第一次上,即技术的新颖性、根本性变革和市场价值性、商业化。显然这对于转轨期的中国后进区域过于苛刻,难于达到。后进区域的技术差距、市场化水平、创新能力及自身经济发展需求无法与国际技术创新水平相比拟,后进区域有着自身的实际需求和特征,这就决定了后进区域的技术创新应立足自身要素禀赋结构,优化配置创新资源,通过技术引进、学习,探寻适宜性技术,通过模仿创新与制度安排,实现后进区域产品创新和工艺创新,通过市场化运作,实现商业价值,通过技术扩散,加速赶超步伐。

因此，本章界定的技术创新侧重狭义概念，即技术创新仅指产品创新和工艺创新①。技术创新空间范围界定于区域中观层面，强调技术对特定区域的适应性、新颖性、效益性和延续性。适应性要求区域技术创新与本地创新要素禀赋结构相适应，与产业结构优化升级相适应；新颖性表现为技术创新对原有技术的"替代"及对前沿技术的突破性创造；效益性表现为生产效率的提高及经济价值的实现（由新技术带来的递增收益率所决定）；延续性表现为技术创新随区域经济波动和制度变迁的动态演变而持续不断产生。这就要求区域技术创新必然涉及创新资源的配置问题、创新主体的界定和协同问题、创新模式的选择及创新路径的优化问题、创新过程的实现与创新结果的转化问题、区域创新环境及创新制度的构建问题等。由此，我们定义区域技术创新为一国内部区域（尤其指省域），为发展本区域经济，提高经济效率及经济效益，增强整体竞争力，而由企业、地方政府、高校、科研院所及用户等多主体构筑的技术研发体系，并将其新技术首次实现商业价值及扩散转化为现实经济效益的过程。

3.1.4 市场导向机制

导向指事物向某方向发展，即引导的方向。市场导向，顾名思义就是市场行为主体的一切行动抉择要与市场指引的方向相向而行，按市场制度和市场规律行事。要清楚市场指引的方向，首先必须清楚市场②本身，传统意义的市场是指买卖双方交易的场所（交易的前提是分工与私有产权，交易的结果是产权关系发生转移），这种表象的解释并不能让我们理解市场的本质及其运行机理。实际上，市场是一种自发形成的制度安排，在自由、平等、开放、信任的法治环境中，通过市场固有的运行机制包括供求机制、价格机制、

---

① 技术创新有广义和狭义之分，广义技术创新即是经济学意义的技术创新，不仅包括产品创新和工艺创新，还包括与之相关的管理创新、营销创新和市场创新等。狭义技术创新仅指产品创新和工艺创新。考虑后进区域实际，为更准确衡量和刻画，本章采用狭义定义。

② 自亚当·斯密以来，经济学界关于市场的争议就从未停止过。亚当·斯密关于"看不见"的手调节着经济的运行，实际上就是指市场；其后古典特别是新古典经济学在一系列严格假设下，试图运用效用、价格、均衡，借助数学模型构筑完美的市场理论体系，但其假设的苛刻及市场失灵的说法也引起诟病；奥地利学派将市场看作一个无数经济个体在不确定的环境下不断收集、加工分散信息并作出有目的的行动决策的动态过程，企业家是市场主要驱动力量，政府的人为干预会扭曲价格信号，导致无效率；国内学者张维迎教授认为，市场是好坏由别人说了算，不由自己说了算的制度，市场不仅有一只看不见的手，还有一双隐形的眼睛。

竞争机制及风险机制实现市场的循环运转，这就是抽象的一般市场运行实现机制。现实中，真正的市场运行受制于具体市场性质及内外环境，交易双方通常是在不确定的信息环境下，通过价格释放的信号决定交易行为，卖者获取利润，买者索取消费者剩余价值。由于市场通过市场机制配置资源是最公平和最有效率的方式，它决定了卖者"生产什么，怎么生产，为谁生产，生产多少"的决策问题，以市场为导向也就成为卖者一切活动的动机和归宿。

市场导向是市场行为者（主要指卖者，基本组织单位为企业）的主动选择。在营销领域中表现为企业对市场信息的搜集、传播和反应，即关注目标市场中消费者需求及竞争对手动态，并及时在企业内部部署、协调及行动。由此延伸的市场导向机制即是建立健全市场导向的各构成要件，明确其职能及相互关系，依据市场基本原理，通过相应的作用机理及具体的运行方式有机组织和协调各组成部分使其高效良性运行。可见，市场导向机制与市场机制既有联系又有区别。二者的联系在于市场导向机制以市场机制为基础，健全的市场导向机制是为了更好地实现市场机制的自发运行。二者的区别在于：（1）市场导向机制是人为主动构建的，市场机制是市场自发形成的（常受干预）；（2）市场导向机制通常是动态的调整适应过程，调整主体可以是国家、区域、企业等，市场机制是不受时间约束的相对静态的循环流转过程，但常受反市场的力量干扰而扭曲；（3）市场导向机制的建立健全侧重宏观领域，着眼长远但往往产生短期效应，政府发挥不可替代的作用，市场机制侧重微观领域，着眼短期但往往产生滞后效应，市场自发决定；（4）市场导向机制既可以以现实市场为导向亦可以以潜在市场为导向，存在市场驱动的"先导"和驱动市场的"后导"，即先验与预见相结合，市场机制是在市场建立的同时即时发挥作用，即只要有市场，市场机制就会自发作用（前提是人为干预）。

本章要构建的市场导向机制立足于后进区域的空间范围，围绕技术创新的发生、发展、结果及扩散的市场导向展开，充分发挥市场对技术研发方向、路线选择、要素价格、各类创新资源配置的导向作用，着眼于克服创新资源约束、培植企业创新主体、完善创新市场体系、明确政府功能定位、搭建法治创新环境及基础保障体系等。通过市场传导机制、激励机制、约束机制、保障机制的相互配合与制衡达到后进区域技术创新能力的提升与经济结构的优化升级。

3.2　资源理论：微观企业与宏观增长的视角

资源的配置和利用问题一直是经济学研究的核心。微观上，资源的配置主要集中在企业内及企业间，企业成为组织生产和经营的微观主体；宏观上，资源的利用效率直接关系一国或地区的经济发展水平及质量，成为塑造国家竞争优势及提高综合国力的关键。

3.2.1　资源基础理论

资源基础理论（resource-based theory，RBT）又称资源本位论或资源依赖论，是兴盛于 20 世纪 80 年代中后期，近 30 年来颇具影响的战略管理理论。新古典经济学将企业视为投入资源–产出产品的"同质性"微观组织单位，关注重点集中于如何投入和如何产出的资源配置问题，而将生产过程视为"黑箱"。这样，同质间企业的竞争源自市场、价格、行业等外在环境，是市场导向型竞争。演化经济学将企业视为异质性、遗传性及自然选择性的个体组织单位，其内生成长和市场选择共同决定了企业的竞争位势，是内生进化型竞争。前者产生了波特（1980）的五力模型，即企业竞争来源于行业中的五种力量：供应商的议价能力、购买者的议价能力、潜在进入者的威胁、替代品的威胁、同业竞争者的竞争能力；后者产生了以沃纳菲尔特（Wemerfelt，1984）[281]为代表的企业资源基础理论，并进一步分化出资源观、能力观及知识观。

企业的本质是什么？不同企业存在的差异及怎样拥有和保持竞争优势？以科斯、张五常、威廉姆斯等为代表的新制度学派将企业视为对市场的替代，以实现市场交易企业内部化而使交易成本最小。受其影响，根植于彭罗斯（Penrose，1959）倡导的企业内在成长论[282]，韦莫非尔特（Wemerfelt，1984）、鲁梅尔特（Rumelt，1984）[283]等将企业视为一组异质性资源①的集合，通过异

---

① 资源是资源基础理论的最基本概念，按照达夫特（1983）的观点，是指企业控制的所有资产、能力、组织过程、企业特质、信息、知识等；沃纳菲尔特（1984）认为，资源是企业现在但非永久拥有的有形和无形的资产；巴尼（1991）将企业资源分为三类，即物资本资源、人力资本资源和组织资本资源；格兰特（1991）将资源分为有形资源、无形资源和基于人员的资源。

质性资源创造经济租金①，以保持企业竞争优势。异质性资源具有哪些特征才能保持创造经济租金呢？巴尼（Barney，1991）[284]和彼得拉夫（Peteraf，1993）[285]分别基于资源分离和资源差异从四个条件给出了标准，巴尼的标准是：价值性、稀有性、不完全模仿性及不可替代性。彼得拉夫的标准是：产生租金的资源异质性、为确保成本低于租金而对竞争对手的事前限制、事后为维持租金对竞争的限制、保持租金拥有的异质性资源具有不完全移动性，如表3-3所示。

表3-3　　　　　资源基础理论：巴尼和彼得拉夫的观点及比较

资源观		巴尼观点	彼得拉夫观点
资源观		价值性、稀有性、不完全模仿性及不可替代性	异质性、事前限制竞争、事后限制竞争、不完全移动
不同点	研究视角	战略资源	竞争资源
不同点	分析方法	静态分析、存量分析	动态分析、流量分析
不同点	分析特色	企业层面竞争力分析	市场层面经济租金分析
相同点		存量的战略资源会形成竞争战略的流量，因而战略资源是竞争战略的源泉；竞争战略的流量会转化为存量的战略资源，因而战略资源是竞争资源的积累	

资料来源：马昀（2001）[286]。

巴尼和彼得拉夫初步搭建了资源基础理论的研究框架，企业可以依赖隔离机制或资源位势壁垒获取经济租金，赢得竞争优势。但拥有异质性资源优势并不等于具有利用资源优势的能力，在非均衡、动态演化的环境中，企业如何塑造自身能力保持竞争优势？普拉哈拉德和哈默尔（Prahalad & Hame，1990）的企业核心能力观认为，企业集体学习形成累积性学识，通过培育、整合形成独特的、不可模仿的核心能力，从而获得长期的竞争优势[287]。以科古特和赞德（Kogut & Zander，1992）[288]、格兰特（Grant，1996）[289]、斯彭德（Spender，1996）[290]等为代表的知识学派认为，异质性知识资产是形成组织能力的基础，企业的竞争优势在于创造、存储、移转、整合以及应用知

---

① 这里的经济租金可分为垄断租金、李嘉图租金及熊彼特租金。垄断租金是通过对市场竞争位势的保护构筑进入壁垒打击竞争者而形成的；李嘉图租金是企业异质性资源所创造的收益超出行业平均收益部分，是与竞争对手收益的差异比较来体现的；熊彼特租金来源于创新，通过企业家精神和冒险行动获得。

识资产。以蒂斯、皮萨诺和舒恩（Pisano & Shuen，1997）[291]、艾森哈特和马丁（Eisenhardt & Martin，2000）[292]、旺和阿伦（Wang & Ahrned，2007）[293]等为代表的动态能力学派认为，要实现可持续的竞争优势，企业需根据内部的实际条件，从自身卓越的管理和组织流程、特定资产构成的位势及固有的演进路径三个方面进行配置、整合、构建、重组内部及外部能力以适应动态环境的变化，如图 3 – 1 所示。

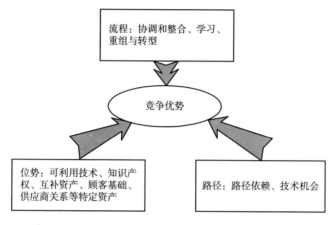

图 3 – 1　Teece 等动态能力

　　资源观、知识观、动态能力观的研究视角都集中于企业内部资源的整合与配置，然而，随着经济全球化、多元化、网络化的推进，竞争的本质和强度已逐渐趋向竞合共赢，企业边界越来越模糊，其异质性资源的获取越发依赖外部的网络化资源。在企业间网络关系中，捕捉和获取组织间各种网络资源，通过战略联盟和网络协同内嵌到企业特质资源中，形成长期竞争优势。由此，跨界管理及网络资源观便应运而生。古拉蒂（Gulati，1999）[294]和拉维（Lavie，2006[295]、2007[296]）是网络资源观的代表，前者将网络资源划分为网络结构、网络成员、联结形态和联盟能力，认为网络资源是一种信息优势，将影响企业的战略机会、行为和绩效；后者将网络资源分为共享资源和非共享资源，并深入揭示了关联企业间内部租金、占有的关系租金、内向的溢出租金、外向的溢出租金四种租金的生成机制及分配机制。

　　从资源观到网络资源观，探讨的对象都是企业的异质性资源与竞争优势的关系问题，对比从产业结构和外在市场力量角度分析企业产品竞争优势的五力模型，我们不难发现：（1）理论来源：前者在西蒙的有限理性前提下，遵循演化经济学的多样性（异质性）、遗传性（惯例、路径依赖）和自然选择（企业兴衰与市场选择）三大机制；后者在理性人假设前提下遵循新古典经济学的市场机制如价格机制、市场竞争、资源配置等。（2）分析角度：前者侧重企业内部，从资源投入角度分析；后者侧重外在环境，从产品产出角度分析。（3）针对市场：前者集中在要素市场，基于要素市场的不完全竞争性；后者面对产品市场，针对产品市场的有效竞争。（4）战略选择：前者重在塑造拥有专用性资源能力，采用动态能力、战略联盟、网络协同等战略；后者重在发觉市场机会和应对市场风险，采取成本领先、差异化及目标集聚战略。（5）租金或利润：前者的异质性资源可获得李嘉图式租金（比较利润），动态创新能力可获得熊彼特式租金（创新利润），后者获得暂时性垄断租金（垄断利润），如表3-4所示。

表3-4　　　　**资源观及扩展资源观与波特竞争优势理论之比较**

理论比较	资源观及扩展资源观	波特竞争优势论（五力模型）
理论来源	有限理性、演化经济学	理性人、新古典经济学
分析角度	企业内部、投入角度	外在环境、产出角度
面对市场	要素市场的不完全竞争	产品市场的有效竞争
战略选择	隔离、战略联盟、跨界管理	成本领先、差异化、目标集聚
租金或利润	李嘉图式、熊彼特式	暂时垄断式

　　资源论（包括扩展的资源论）以企业为研究对象，探讨资源特性对企业拥有和保持竞争优势的重要性，但对资源的定义及获得途径并未清晰界定和深入探讨。虽然动态能力观已提及创新能力是企业持续保持竞争优势的关键（旺、阿伦，2007）[①]，但仍是为了塑造企业的自身能力，而不是说明创新的重要性。实际上，学术界对资源的理解和把握始终处在探索和扩展中，不但用于分析微观企业竞争优势问题，而且用于分析宏观经济增长问题，用于后者的分析更早也更复杂。

　　[①] 旺和阿伦将动态能力分为适应能力、吸收能力及创新能力。适应能力聚焦企业整合、重组自身资源以应对环境的变化；吸收能力侧重企业学习外部知识，并转化为自身的新能力，创新能力强调企业自身的能力与新产品（市场）间的创新路径或过程。

3.2.2　从资源禀赋结构到资源诅咒假说

自重商主义经济理论诞生以来，学者们从未间断对经济增长或财富聚集的原因探讨。自然资源作为经济增长的基本要素，任何经济活动离开它的支撑都无从谈起，而人类对它的认知却颇有戏剧性、复杂性和矛盾性。重商主义者将对外贸易顺差视为财富的源泉，虽被后人讥讽但却带有朴素的资源基础观思想，因为当时用于交换的物品多出自自然资源的恩赐。英国古典政治经济学之父威廉·配第提出了"劳动是财富之父，土地是财富之母"的著名论断，开创了研究自然资源对经济增长理论的先河，土地作为自然资源的代表被正式视为重要的生产要素而提出①。之后，古典经济学家斯密、李嘉图及新古典经济学家赫克歇尔和俄林基于资源禀赋②构筑了比较优势假说阐释国际贸易根源及经济增长问题，认为一国或地区资源禀赋丰裕度的差异决定了要素相对价格差，要素相对价格差决定了产品相对成本差，进而决定国际产品的相对价格差，产生比较优势的不同，影响国际分工位次及所获经济利益，进而决定经济增长速度和潜力。后来的新古典经济学似乎抛弃资源禀赋问题，而将视线转移到资源稀缺前提下对资源配置的选择问题上，自然资源仅仅被视为生产成本的一部分，在经济发展中是"中性"的，甚至是可以被技术化的人力或资本替代的。由此产生的一系列经济增长模型如：哈罗德-多马模型、索洛-斯旺模型等外生均衡经济增长模型强调资本（来自储蓄率）的重要性；罗默、卢卡斯、霍伊特等内生增长模型强调知识、人力资本等"内生技术"对经济增长的决定作用，而诺斯等强调制度对经济增长的关键作用。值得一提的是，罗默增长模型中将资源加入其扩展的 C-D 生产函数中。罗默增长模型为：

$$Y(t) = K(t)^{\alpha} R(t)^{\beta} T(t)^{\gamma} [A(t)L(t)]^{1-\alpha-\beta-\gamma} \qquad (3-1)$$

其中，$K(t)$ 表示资本投入，$R(t)$ 表示可用资源，$T(t)$ 表示土地，$A(t)L(t)$ 表示技术进步，$Y(t)$ 表示总产出。虽然罗默论证资源给经济增长带来制约，

---

① 参见：王必达、高云虹. 自然资源与经济增长关系的理论演进 [J]. 经济问题探索，2009（11）：8-14.

② 资源禀赋又称要素禀赋，指一国或地区所拥有的各种资源的数量和质量状况。通常用两种要素资源的相对比例来表示丰裕程度。

但技术进步可弥补其对经济造成的负面影响。

以哈罗德·伊尼斯（Harold. Innis）和麦肯托斯（W. A. Mackitosh）为代表的大宗产品出口导向的经济增长理论，经沃特金斯（Watkins）和波特伦德（Bertramd）的完善，成为解释某些拥有丰富自然资源地区快速发展经济的重要理论。该理论认为，大宗产品的开发和出口具有直接投资与扩散效应，产生前向联系、后向联系、最终需求联系及金融联系，通过进口替代最终实现经济多元化的自主增长。大宗产品出口导向的经济增长理论需要配套的相关因素相互配合，如市场条件、组织环境、制度安排等，条件的苛刻及现实的反差，使得该理论进一步分化为两派，一是潜在优势论，认为自然资源丰富的地区具有优势转化动力，形成经济发展的潜在竞争优势；二是资源依赖论，认为自然资源依赖型经济增长模式带来"富裕的贫困"，呈现"资源诅咒"现象。

尽管自然资源绝非经济增长的决定因素，但古典、新古典经济学并不否认自然资源对经济增长的促进作用，只是不当配置和利用自然资源带来了资源枯竭、生态破坏、环境污染等现实问题。然而，20世纪50年代以来，相当数量的资源丰裕国家经济陷入困顿，而很多资源相对贫乏的国家取得令人瞩目发展成就这一有悖常理的现象使人们动摇了自然资源对经济发展具有促进作用的正统观点，而恰恰与之相反，自然资源对地区经济增长起阻碍作用，这被称之为"资源诅咒"。资源诅咒的概念由奥迪（Audy）于1988年正式提出，随后学者们围绕资源诅咒是否存在及资源诅咒效应的传导机制和破解进行了理论和实证研究。国外萨克斯（Sachs）和华纳（Warner）等对"资源诅咒"学说做了开创性检验，国内徐康宁和韩剑（2006）、邵帅和齐中英（2008）等都从不同侧面检验了中国区域资源诅咒现象的存在①。关于资源诅咒的传导机制有如下观点：（1）中心 – 外围论。处在工业化发达的"中心"国家与处在落后地位的"外围"发展中国家存在严重不等价交换关系，造就

---

① 参见：J. D. Sachs, A. M. Warner. Natural Resource Abundance and Economic Growth. NBER Working Paper No. 5398. National Bureau of Economic Research, Cambridge, MA, 1995; J. D. Sachs, A. M. Warner. Fundamental Sources of Long – run Growth. American Economic Review. 1997, 87（2）：184 – 188; J. D. Sachs, A. M. Warner. Natural Resources and Economic Development：The Curse of Natural Resources. European Economic Review. 2001, 45（4 – 6）：827 – 838; 徐康宁，韩剑. 中国区域经济的"资源诅咒"效应：地区差距的另一种解释 [J]. 经济学家，2005, 06：97 – 103; 徐康宁，王剑. 自然资源丰裕程度与经济发展水平关系的研究 [J]. 经济研究，2006, 01：78 – 89; 邵帅，齐中英. 西部地区的能源开发与经济增长——基于"资源诅咒"假说的实证分析 [J]. 经济研究，2008, 04：147 – 160.

外围依附中心的世界经济格局。（2）贸易条件恶化论。出口缺乏需求和收入弹性的大宗初级产品的资源丰裕国相对于出口工业制成品的资源贫乏国其相对价格走低，贸易条件恶化，发展差距拉大。（3）荷兰病理论。兴旺的资源部门通过资源转移效应和支出替代效应致使制造业部门萎缩，经济失去长足发展动力。（4）人力资本投入不足论。资源富足国家缺失研发投资和人力资源投资动力，产生挤占效应。（5）制度弱化。自然资源易造成垄断，催生寻租和腐败，弱化产权制度和自由市场机制的发挥，进而抑制经济增长。

诚然，"资源诅咒"现象大量存在，但仍有不少国家或地区并未陷入资源依赖的陷阱，如加拿大、挪威、澳大利亚，甚至非洲的博兹瓦纳等。也就是说，资源本身并不是导致经济恶化的元凶，而对资源的开发与利用的制度或环境扭曲了资源型经济结构。从市场经济原理看，无论是短缺资源的"资源约束"还是丰裕资源的"资源诅咒"，都可以通过自由的市场机制、技术创新及制度创新来实现经济结构优化升级，其中，自由市场的价格机制决定资源配置的方向；技术创新决定资源的充分和高效利用；制度创新协调资源、环境与经济的和谐关系，如图 3 - 2 所示。

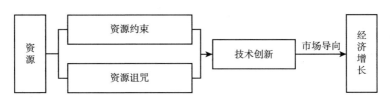

图 3 - 2 资源 - 技术 - 市场 - 增长关系

3.3 市场机制理论

资源问题的解决最终靠技术创新和市场机制，而技术创新的过程及实现同样依靠市场的作用。由此，我们不得不探讨市场的由来和基本理论，以廓清市场是如何实现对资源的优化配置及明晰技术创新以市场为导向的基本原理。

3.3.1 市场由来与流派

市场最早产生于原始社会末期剩余产品的交换，是一切交换关系的总和。

分工和私有制是市场产生的两个基本条件，随着分工的深化和社会化商品大生产的不断扩大，市场日益成为调节经济运行的主要方式。尽管研究市场的历史可追溯到古希腊柏拉图、色诺芬及亚里士多德等关于交换问题的讨论，但真正从经济学意义上讨论市场问题则起源于 18 世纪晚期亚当·斯密的"看不见的手"理论。该理论认为，市场（即市场机制）就像一只"看不见的手"，能自发地调节经济运行，使各种经济因素达到平衡状态。因而，不要对市场进行强制性干预，应由市场自发地配置社会资源，自动地协调经济运行。这一思想奠定了整个西方市场理论的基础。18 世纪末期，西斯蒙第最早认识到市场运动的盲目性造成分配不公及生产过剩等缺陷，打破了"市场万能论"的神话。随后，古典学派李嘉图、马克思逐步建立了劳动价值论，形成价值决定价格，价格随市场供求关系波动的市场价值理论①。马歇尔、瓦尔拉斯等新古典学派以边际效用价值论为基础建立了市场均衡的价格理论。20 世纪 30 年代，经济大危机的暴发使人们认识到自由市场机制调节经济的弊端，新古典学派进一步分化出众多学派，如主张国家干预的凯恩斯学派；反对政府干预、信奉经济自由主义的伦敦学派；主张自由市场机制调节和国家有限干预的弗莱堡学派；市场是基本制度安排，利用交易成本及产权界定说明企业与市场替代问题的新制度学派；信奉新自由主义哲学，强调市场机制调节的芝加哥学派；克服信息分散和不对称实现激励相容的市场机制设计学派等。

　　一般来说，关于市场的流派主要可分为自由派和干预派。自由派的主要观点是：斯密开创的"看不见的手"市场原理是正确的，资源只有通过市场机制配置才是最有效率的；尽管市场本身确实存在难以克服的缺陷，如垄断、外部性、公共产品、信息不完全不对称、分配不公、国民经济失衡、经济周期性波动、地区发展不平衡、无法甄别有害产品生产等，但纠正市场缺陷的唯一有效办法是采取各种措施来完善市场本身的机制，而不是依赖于市场以外的力量；市场失灵是政府过度干预的结果，政府自身的致命弱点致使政府也会失灵，只要减少政府干预，充分自由的竞争市场机制自然能发挥应有作用②。干预派的主要观点：市场不是万能的，由于存在不完备市场、不完全

---

　　① 李嘉图最早确定劳动时间决定价值思想；马克思认为，市场具有二重规定性，即流通的空间表现形式（交换场所）和交换双方的经济关系。

　　② 参阅王冰. 西方市场理论的演进［J］. 经济学动态，1997. 03：69－71；西方市场理论评述［J］. 经济学动态，1999，12：64－67.

信息、不完全竞争，市场机制不会自己达到帕累托最优状态（格林沃德——斯蒂格利茨定理）；市场运行具有迂回性、滞后性及风险性，是一种事后调节，对于公共产品、分配不公、经济周期波动、生态环境破坏等社会性问题需政府发挥经济职能来实现；政府不是万能的，但政府在纠正市场失灵方面具有明显相对优势，如征税权、处罚权、禁止权及节约交易成本等。

3.3.2　市场构成与运行机制

3.3.2.1　市场构成

市场被定义为商品交易的场所及其产生的一切交换关系总和，这就使得市场具有时空范畴和社会属性。因而，市场的构成必然包括交易主客体及交易载体等基本要素和其他辅助因素。

第一，交易主体。由所有参与市场交换活动的个人和组织组成，包括生产者（包含参与商品流通的中介者）和消费者。生产者在利润驱使下从事生产经营活动，提供产品或服务，其基本组织单位为企业，遵循成本最小，利润最大的生存法则。通常，生产者的数量多寡影响着市场集中度、价格水平及进退难易程度等，进而决定了完全竞争、垄断及不完全竞争等市场结构形态。消费者在满足欲望的驱使下购买商品实现消费，其群体包括个人、家庭及政府等，追求"物美价廉"的生活理念。通常，消费者的需求数量、购买欲望、支付能力决定市场机会和市场规模大小。

第二，交易客体。是指交换主体之间进行交易的对象（或称标的物），表现为有形的商品和无形的服务。交易客体是市场形成的基础和前提。随着工业化、产业化、城镇化、信息化、网络化等社会化大生产的推进，交易客体的范围和形态发生了翻天覆地的变化，由最初的有形商品为主发展成有形商品与无形服务平分秋色的境况，知识、技术、信息、网络、通信等众多服务产业脱颖而出。通常，交易客体如商品、服务、生产要素等构成各自市场，通过相互影响和联结形成统一的市场体系，而市场体系的整合状况和规模大小成为市场经济发达程度的重要衡量尺度。

第三，交易载体。是指交换双方交易标的物的平台，包括时间、地点、空间、场所及其他相关辅助设施等。其中，场所包括具体的地理空间场所和无形媒体、网络等交易平台；辅助设施如仓储、展览、运输工具、电信传导工具（广播、电视、手机、计算机等）等。交易载体是商品流通领域的重要"窗口"，关系到交易成本的大小及交易过程的通畅与否。作为交易平台的重要构成——商业运营模式的探索与创新正日趋成为市场主体角逐的主战场。

市场构成要素在市场机制的调节下，发挥各自作用的同时相互影响、相互协调配合共同促进市场正常有序的运行。

3.3.2.2　市场运行机制

"机制"一词，来源于希腊文，原指机器的装置、构成及其工作原理。引申为机器构成部分及其职能关系和工作机理及其工作流程。由此可见，机制体现了系统的自身构造、复杂结构、运行原理及内在规律。进一步拓展到市场领域形成市场机制概念，则是指市场运行的各构成部分及其相互关系、相互作用，协调一致对市场运行进行调节和制约。它决定着市场运行的轨迹，制约着市场功能的发挥和实现程度，是市场经济理论的核心内容和基本原理[297]。一般来讲，市场机制包括内在运行机制和外在调控机制，其中，内在运行机制包括供求机制、价格机制、竞争机制及风险机制；外在调控机制包括声誉机制、激励机制、约束机制及监管机制。

市场内在运行机制是指各种商品、服务及生产要素的供给和需求在竞争中围绕价值上下波动形成市场相对均衡价格，在优胜劣汰的风险机制作用下调节生产和消费。在这里，供求机制调节着供给和需求的矛盾运动；竞争机制调节着供给者间、需求者间、供给者与需求者间的竞争关系；价格机制依靠价格信号调节着供求关系，影响着竞争及其他市场行为；风险机制通过优胜劣汰决定着市场行为主体的命运。

市场内在运行机制的基本表现如图3-3所示：（1）商品供给大于需求，出现供不应求的卖方市场状态，此时买者间的竞争占主流。供求机制使价格上升，竞争机制使需求减少，风险机制淘汰部分买者（通常是购买力差及偏好强度小的消费者），随着均衡价格的确定，供求重新达到相对均衡。（2）价格上升使生产变得更加有利可图，在价格机制的作用下，生产者竞相生产，结果出现供过于求的买方市场状态，此时卖者间的竞争占主流。供求机制使价格下降，竞争机制使供给减少，风险机制淘汰部分卖者（通常是成本高及规模小的企业），随着均衡价格的确定，供求重新达到相对均衡。

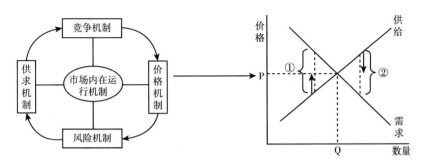

图 3 - 3　市场内在机制运行过程

市场内在运行机制是一个连续的、统一的、循环流转的过程，其中价格机制起到关键性核心作用，沿着"供求→竞争→价格→风险"的循环路线轨迹，市场机制自发的、动态的、连锁的、持续地调节着经济的生产、分配、交换与消费全过程。

市场内在机制的正常有序运行需要满足许多前提条件如产权清晰、自由平等、公平竞争、等价交换、诚实守信、公开透明等，现实中这些条件很难满足，由此市场的外在调控机制就显得尤为重要。市场外在调控机制主要包括声誉机制、激励机制、约束机制及监管机制，其中，声誉机制针对商誉、信用、社会责任及伦理道德而言，是一只观察和监管市场行为主体行动的"隐形眼睛"，通过失信惩罚和守信奖励的方式促使市场行为主体基于长期利益信守承诺，放弃短期行为；约束机制是指遵循市场规则，按市场规律行事，用市场标准规范市场主体行为；激励机制即指市场收益的物质激励亦指市场外在的第三方物质激励（政府奖赏、减税、补贴等等）和精神激励（如认可度、知名度及荣誉感）等，激励机制强化市场参与主体遵规守矩；监管机制包含市场行为主体相互监督和政府等第三方权力机构的监管，政府制定法律与制度，通过检查、披露、问责、追究、惩处等环节，维护市场秩序。

图 3 - 4 显示了市场机制的总体运行过程，从中我们可以看到，市场内在机制与外在机制的相互作用与共同配合实现了市场的自由、竞争、有序、循环运转。

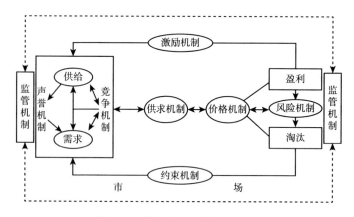

图 3 - 4   市场机制总体运行过程

注：图中虚线表示市场边界的模糊性，市场可创造、可扩大，亦可缩小甚至消失。只要有市场，市场的内在机制就自发起作用，但现实中，市场的构成要素及市场内在机制往往受干扰，既包括人为干扰亦有市场自身原因，这给市场的准入门槛和市场规则制定提供了空间；市场外在调控机制往往存在矫枉过正的现象，特别是监管方面，第三方的不当干预加重市场失灵。

3.3.3   技术创新的市场理论

技术创新不同于一般的产品或服务，它兼具抽象和具体，是过程和结果的统一。说它抽象，是指它是看不见、摸不着，是思维创造和科学研究的结晶。说它具体，是指所有技术创新都内化为产品创新或工艺创新，并通过新产品或新服务的首次市场价值实现来衡量其成败。说它是一个过程，是因为技术创新需经过新思维、新想法、研发、中试、生产、商业化等一系列过程，且环环相扣，紧密相连。说它是结果，是因为只有成果首次实现了市场化并进一步转化扩散为现实生产力才是真正的创新。由此可见，技术创新呈现出典型的高投入、高风险、不确定、非独占、外部性、价值难衡量性及不可控性。技术创新的每一步都离不开市场，而技术创新的自身特性及市场的不完善性又在现实运行中限制了市场机制的调节作用，市场机制设计与完善势在必行。

3.3.3.1   技术创新动因的市场理论

技术创新是由许多离散的决策和行为决定的动态、连续过程，包含若干阶段且受内源动力和外源动力驱动的。自 20 世纪 50 年代以来，技术创新的过程驱动理论先后经历了五代模型①，分别是：技术推动型、需求拉动型、技术与市场的耦合互动型、一体化与并行型和系统集成及网络化（如图 3 - 5 所示）。其中，前三种模式直接反映了技术创新的动力源；后两种则是技术创新常态化和特质性的体现。

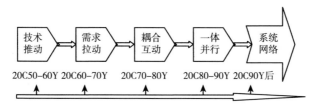

图 3 - 5　技术创新过程的五代模型

　　技术创新的终极目标是被市场接受并顺利实现产业化，坚持以市场为导向才能最大限度地使技术创新沿着正确的方向前行。依据新古典经济学理论，市场配置资源的最优化在于满足帕累托最优，即消费者实现效用最大化，生产者实现利润最大化（成本最小，产量最大），市场出清。而现实中，市场出清只是特例，经济的运行总是表现为动态的非均衡状态，主要由技术创新来驱动。狭义的技术创新表现为产品创新和工艺创新，其中产品创新带来的异质性新产品由于"新增效用"而抑制了边际效用递减速度，而且相比同类现存产品具有明显的价格优势；工艺创新表现在通过规模经济和范围经济使单位产品平均成本下降，进一步转化为竞争优势和利润效益。

　　关于新增效用和价格优势可用公式表示为：

$$\frac{MU_i}{P_i} > \frac{MU_1}{P_1} \qquad\qquad (3-2)$$

$$MU_i > P\lambda \qquad\qquad (3-3)$$

其中，MU_i 为新产品的边际效用，P_i 为新产品的价格；MU_1 为可显性比较的同类老产品的边际效用，P_1 为其价格；λ 为单位货币价格。

　　式（3 - 2）表示新产品的边际效用大于老产品的边际效用，这与新产品自身品质、特定阶段的刚性需求偏好及无实质性替代品有关。式（3 - 3）表

────────────

　　① 参见：R. Rothwell. Towards the Fifth-generation Innovation Process ［J］. International Marketing Review，1994（1）：7 - 31.

示用同一货币表示的价格，新产品的价格明显较高，这同样取决于新产品较高的边际效用[298]。

关于工艺创新导致的平均成本线下降的问题，我们可以将工艺创新分内嵌式（内生）和外联式（外生），内嵌式工艺创新是企业主动改进和采用技术创新，导致内在规模经济和范围经济；外联式工艺创新是全行业发展需要及企业外联网络系统对接需要而被动采用技术创新，导致外在规模经济和范围经济。我们借助图3-6加以说明，内在规模经济和范围经济导致平均成本线AC1沿着自身运行轨迹向左移动，外在规模经济和范围经济导致平均成本线AC1向下垂直平行移动至AC2线，二者合力导致平均成本线AC1由A点移动到平均成本线AC3线上的C点，可以看出，在保持产品数量不变的前提下，平均成本明显降低了[298]。

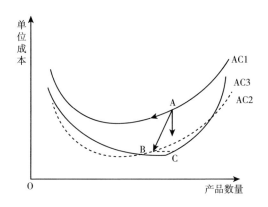

图3-6　工艺创新引起的单位成本变动曲线

显然，技术创新对于生产者而言，具有使成本下降及相对价格提升的竞争优势。对于消费者而言，产品创新带来更高的效用水平，致使消费者愿意支付更高的价格购买。对此，我们可以借助无差异曲线及消费者支付意愿线来加以刻画，如图3-7所示。

从图3-7的左图无差异曲线，我们可以看到，技术创新品形成对其他老产品的逐步替代，并使消费者效用水平从U1上升到更高的U2水平；从右图的消费者支付意愿线我们可以看到，创新产品支付意愿曲线随时间的推移以递减的速率呈递增态势，现存产品在无任何产品改进的情况下，其支付意愿曲线一直呈递减的下降趋势直至降到维持成本的水平线状态[298]。

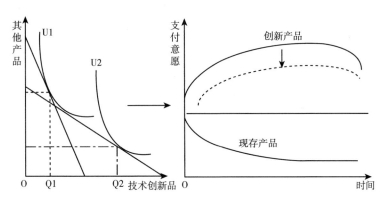

图 3 - 7　技术创新品的效用水平及消费者支付意愿线走势

注：（1）图中的支付意愿是指消费者愿意为产品支付的货币数量，通常市场价格高于消费者支付意愿，消费者不愿购买，低于则购买；支付意愿反映了消费者对产品的期望，一定程度上可衡量产品的价格走势，这里用来近似表明产品价格趋势。（2）图中虚线意在表明随技术创新的不断成熟、特殊优惠的税收补贴政策等内外因素，使单位新产品均摊的成本垂直下降，导致创新产品的实际成交价格亦呈垂直下降态势，但仍远高于同类现存产品价格[298]。

技术创新通过市场交易实现新产品价值，是否意味着生产者和消费者福利都提高了呢？生产者的福利提高意味着生产者剩余（PS）增加，消费者的福利提高意味着消费者剩余（CS）增加。由于工艺创新界定为通过规模经济和范围经济降低单位产品成本，进而增加产出，降低产品价格，自然可以增加福利；产品创新通过推出新产品增进效用水平，增加产量但同时引起价格波动（沉没成本的存在），因而对福利的影响是不确定的，需具体分析。

产品创新引致福利变化不确定的关键原因是它导致成本曲线及收益曲线都发生变动，而且成本曲线的变动方向不明确，因而价格也不确定。产品创新使收益曲线发生变动受需求弹性影响：（1）若需求弹性不变，则产品创新使收益线向右平行移动；（2）若需求弹性变动，则产品创新将使收益线向右上方移动。产品创新使成本曲线发生变动受创新的沉没成本①影响，进而使边际成本发生变动。由此需求曲线的斜率及成本曲线的斜率大小之比较就决定了创新引起的福利变动情况。

我们分两种情况从消费者剩余的变动角度加以探讨，一是成本线自身不变，收益线发生平移情形；二是成本线斜率变化，收益线因斜率变化而发生移动的情形。

————————————

① 这里的沉没成本主要指研发成本。

产品创新使得平均收益曲线（需求曲线）由 AR1 向右平移至 AR2，相应的，边际收益曲线由 MR1 向右平移至 MR2，在 MC 不发生变化的情况下，根据利润最大化原则：MR = MC，则变化后的均衡价格（B→B′）及均衡数量（Q1→Q2）明显提高了。对比看消费者剩余，变化前为 ΔABC，变化后为 △A′B′C′，前者面积明显小于后者，说明此种情况下产品创新使消费者福利增加了，考虑到变化后创新产品价格高而数量多且成本变化不大，则生产者福利亦随之增加，从而整个社会福利提高了，如图 3 - 8 所示。

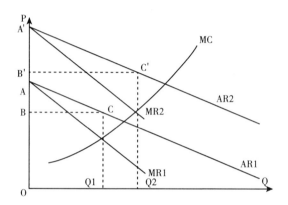

图 3 - 8   平移情形下产品创新引致消费者剩余变动情况

同理，产品创新使得平均收益曲线（需求曲线）由 AR1 向右上旋转至 AR2，相应的，边际收益曲线由 MR1 向右上旋转至 MR2，为分析方便，假定 MR2 = AR1，在 MC 不发生变化的情况下，根据利润最大化原则：MR = MC，则变化后的均衡价格（B→B′）及均衡数量（Q1→Q2）明显提高了。对比看消费者剩余，变化前为 ΔABC，变化后为 ΔAB′C′，前者面积明显小于后者。仔细观察图形发现，此时 MC 曲线相对较平缓，这是否意味着 MC 曲线的陡峭程度影响福利水平变化呢？我们将 MC 曲线设定为垂直的 MC′形式，此时消费者剩余变化前为 ΔABC，变化后为 △AB″C″，前者面积明显大于后者。当我们反复尝试 MC 曲线（左旋及右旋）转动，最终发现：只要平均收益曲线的斜率绝对值减小（使创新产品价格上升），边际成本曲线陡峭地向上倾斜（销售量增加引起消费者剩余增加量较小），则产品创新会带来消费者福利的净损失，虽然生产者剩余会增加，但整个社会的福利水平将变得不确定，如图 3 -9 所示。

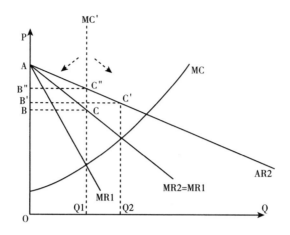

图 3 – 9　旋转情形下产品创新引致消费者剩余变动情况

3.3.3.2　技术创新实现的市场结构理论

上述的分析只是从技术创新的动因及市场价值的实现角度探讨产品创新和工艺创新对市场要素及福利水平的影响问题，这里的市场只是作为交易媒介，起到平台作用，并未深入探讨不同市场结构对技术创新的影响。现实中，不同的市场结构对技术创新的影响是不同的，依据产品差异程度、市场集中度、进出壁垒及价格控制力可将市场分为完全竞争市场、垄断竞争市场、寡头市场及垄断市场四种形态。我们分别从静态和动态的视角分市场结构形态和市场结构构成要素两个维度探讨市场结构与技术创新的关系。

（1）静态单向的市场结构与技术创新。市场结构是指构成市场的各种要素及其相互之间的联系与特征，如买卖双方的数量及规模分布、产品差异程度、要素自由流动程度、进退壁垒等综合状态。自熊彼特提出垄断市场结构和大企业更有利于技术创新的猜想以来，学术界从未停止过对怎样的市场结构更有利于技术创新的争论。学者们似乎深受产业组织理论中哈佛学派的 SCP 范式影响，即市场结构（structure）—市场行为（conduct）—市场绩效（performance）的分析框架，热衷于市场结构对技术创新的单向影响，而忽视技术创新与市场结构间的互动影响。

企业是技术创新的执行主体，企业的终极目标是实现利润最大化。因此，企业进行技术创新需要内在动力和外在压力，就其内在动力来讲，具备资金实力、研发能力、抗风险能力和维系创新垄断收益（阻止创新成果被他人模仿、侵占、分享）是垄断性大企业相比小企业来讲所拥有的绝对优势，而垄断市场结构恰恰是成功创新收益独享及支配的保证。垄断市场结构使创新企业具有市场势力和获得创新收益，自然起到示范带动效应，引发更多企业进行技术创新，以获得创新的垄断性收益，进而也推动了整个行业的技术创新水平。从外在压力来看，创新企业的技术创新活动带来"创造性破坏"，使技术效率低的企业面临退出威胁，迫于竞争压力，更多企业进行模仿创新，推动新一轮创新活动的开展，技术创新呈现层级递进态势。由此可见，最有利于技术创新的市场结构需要满足内在垄断性和外生竞争性的"二重条件"。

依据上述评判标准，我们分析四种市场结构形态：在完全竞争市场结构情形下，企业没有超额利润，资金的约束严重束缚了创新动力，若完全竞争是永久性的，则企业为创新支付的成本将因激烈的竞争而得不偿失，若完全竞争是暂时性的，则企业为打破当前状态而进行的创新将使企业可能赢来一定的潜在市场势力，但是否值得去做的忧虑使得完全竞争市场结构很少有机会或动力去创新。在完全垄断情形下，企业有超额利润，具备创新的资金实力，但是否会创新仍需分析垄断状态是没有潜在进入者的"永久性状态"还是可竞争市场上当前"暂时性状态"。如果是前者，一个没有威胁的垄断者即使有实力也没动机去创新（已独享市场份额）；如果是后者，潜在的威胁将迫使企业支付足够的创新资金去创新。正如微软总裁比尔·盖茨所说"微软离破产永远只有 18 个月"，即是指潜在威胁始终存在，迫使微软不断创新。不完全竞争（包括寡头垄断与垄断竞争）情形下，既有获得超额利润的内在创新资金实力和获取一定的市场支配力，又有抵御外在竞争压力的创新动机，因而在这种市场结构下技术创新活动异常活跃。市场结构与技术创新的单向关系如图 3 – 10 所示。

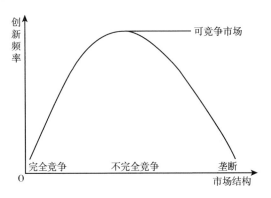

图 3 – 10　市场结构与技术创新的关系

（2）动态互动的市场结构与技术创新。前面的分析严格遵循了哈佛学派的 SCP 范式，将市场结构假定为外生的变量，事实上，市场结构对技术创新的影响并非严格单向，而是联合内生、互为依存的动态演变过程。技术创新作为企业行为或市场绩效可通过成本降低、产品差异、溢出效应、技术周期等途径影响市场结构构成要素如市场集中度、企业规模、进出壁垒等改变现存市场结构。

第一，成本降低。工艺创新改变生产要素组合，提高技术，改善工具，通过规模经济或范围经济，改善供应链、生产链甚至产业链，降低生产成本及交易成本，并进一步转化为低价格竞争优势，提高利润水平，积累资本，扩大企业规模，提高市场占有率，淘汰落后企业，提高市场集中度①，影响市场结构形态。图 3 - 11 为低成本改变市场结构的路径。

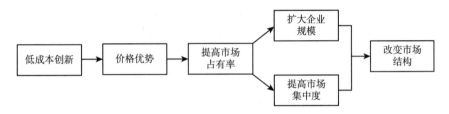

图 3 - 11　低成本改变市场结构的路径

第二，产品差异。产品创新增加了产品品种和特征，满足了消费者对多层次、多样化、组合型产品的需求。因此，产品创新有利于挖掘消费者隐性偏好，培养消费者忠诚度和满意度；有利于扩大企业市场份额，提高市场占有率和增强竞争优势；有利于做大做强企业，提高市场集中度，进而改变着市场结构形态（由竞争到不完全竞争过度，垄断程度增强）。图 3 - 12 为产品差异改变市场结构的路径。

---

① 市场集中度反映同一市场中卖者或买者对产品的垄断程度和控制能力，是大企业市场势力和垄断程度的重要衡量指标。其测算通常采用前四位（CR4）或前八位（CR8）企业的市场总产值占全行业市场总产值的比例。用公式表示为：

$$CR_n = \frac{\sum_{i=1}^{n} X_i}{\sum_{i=1}^{N} X_i}$$

式中，CR_n 为行业集中度，X_i 为行业中规模最大的前几位企业的有关产值，在实际计算中，一般取 $n = 4$ 或 8，来计算行业集中度。

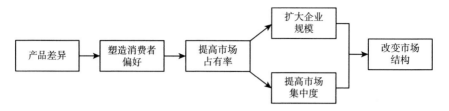

图 3 - 12　产品差异改变市场结构的路径

第三，溢出效应。溢出效应①是技术创新的重要外部性表现。一方面，溢出效应的存在，可能造成以市场为导向的技术创新的"短视"行为，不仅阻滞突破性创新的实现，造成创新动力不足，而且因创新无成本的复制，创新者因不能变现预期收益或弥补沉没成本而导致创新行为"夭折"，造成收益分配的不均；另一方面，溢出效应倒逼技术创新的阶梯演进，发挥着使垄断性市场结构重回可竞争性市场结构，使引领型市场层级进入新的普及型市场层级，创新者、模仿者、消费者福利重组，整个社会福利提高[251]。

借鉴胡映光（Kwang In Hur）、千寻－渡边（Chihiro Watanabe，2002）技术存量衰减模型[299]及斯塔芬·林德（Staffan B. Linder，1961）的重叠需求理论，我们构建了如图 3 - 13 所示的技术创新动力演化与市场结构层级的对应关系。

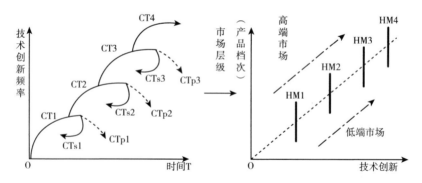

图 3 - 13　技术创新溢出效应与市场结构的关系

其中，CT 表示技术创新阶梯演进（CT1、CT2、CT3、CT4 分别表示不同的梯度层），CT_s 表示技术创新溢出效应（CT_s1、CT_s2、CT_s3 分别表示对应不同梯度

---

　　① 技术创新的"溢出"效应定义为未经市场交易行为而对其他行为主体产生正向影响却未付出任何代价的现象。从经济学角度看，这是一种典型的外部经济现象，它促进全要素生产率（TFP），提高社会创新水平，增加社会收益，增进社会福利。

的溢出效应），CT_p表示技术创新随时间 T 而衰退（CT_p1、CT_p2、CT_p3 分别表示不同梯度层的衰退），HM 表示因技术创新变换的市场层级（HM1、HM2、HM3、HM4 分别表示不同水平的市场层级），以 45 度线为界，各层级分低端市场与高端市场，其中低端市场竞争程度高，高端市场垄断程度高。技术创新及其对应市场层级因"溢出效应"的介入而呈现三阶段的显著特征。

第一阶段，率先技术创新冲击原"普及型"低端市场，新产品（新工艺）打破原竞争性市场，出现"垄断型"高端市场。

第二阶段，"垄断型"高端市场使创新者俘获高额利润，溢出效应的存在，致使模仿者跟进，更低的成本优势挤压新兴高端市场，使其变为可竞争性市场，原始性技术创新利润空间压缩。

第三阶段，技术创新随时间衰替因"溢出效应"由渐进式衰减变为加速式衰替（$CT_p{\to}CT_s$），高端市场渐变成普及型市场形态并向低端化递推，新的技术创新酝酿并随时颠覆原技术水平，技术创新及市场结构层级完成了第一次蜕变。

伴随技术创新由 CT1 进入更高级的 CT2，市场层次亦由 HM1 跃迁到 HM2，技术创新溢出效应加速了技术衰替，倒逼技术创新水平的梯度推进，也客观激活了市场竞争，推动了市场层级的递进，呈现技术创新→溢出效应→市场结构转变→市场层级递进→技术创新梯度跃迁的累积循环状态。

第四，技术创新周期。技术创新如同产品一样具有生命周期，可划分为研发、产品导入、中试、成熟、衰退等时期，大致呈 S 型变化趋势。通常，技术创新生命周期（0→T）可划分如图 3 - 14 所示的三个阶段。

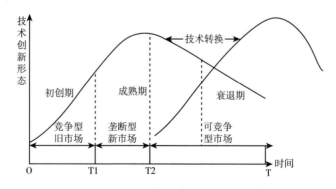

图 3 - 14　技术创新周期与市场结构关系

第一阶段：创新者的研发期（0→T1）。这一阶段属于旧技术的竞争型市场结构，其产品消费市场层级属低端必需型，创新者的研发不时冲击这一市场形态。

第二阶段：技术创新溢出期（T1→T2）。创新者创新成功后，把产品推向市场，形成技术创新产品的暂时性垄断市场结构，其产品消费市场层级属高端奢侈型，模仿者开始发现这一新兴市场机会并进行模仿，其模仿时滞的长短决定了创新者独享创新收益的时长及因生产率的提高、产品工艺的改进而带来消费者剩余的增加，技术创新的"放大"效应逐渐显露。

第三阶段：主导设计型成熟产品市场销售期（T2→T）。这一时期创新者优势丧失，模仿者优势凸显，模仿者与创新者的竞争使规模化、自动化、网络化、产业化的工序型创新成为主流，市场进入低成本低价格竞争型市场形态。随着利润空间的压缩，创新者开始谋划新的技术创新项目，一个潜在的、新的创新项目正在形成，当前的技术创新周期面临逐步终结[251]。

可见，技术创新周期改变着市场结构，使市场结构依次经历"竞争型市场→竞争中短暂性垄断市场→可竞争型市场→潜在垄断型市场→……"的循环状态。

3.3.4 技术创新的市场失灵与机制设计理论

技术创新不同于一般的商品，它虽可以清晰界定产权，具有排他性，但通常不具有竞用性，产权保护较难实施；它具有一定阶段的垄断性，但先天外溢性不可避免，价格失灵阻碍市场机制的发挥；它带来信息不完全不对称，使市场化扩散举步维艰，X低效率时时发生；这一切统称为技术创新的市场失灵现象。要发挥市场对技术创新的导向作用，就必须克服市场失灵，运用市场机制设计理论加以纠偏。

3.3.4.1 技术创新的市场失灵理论

新古典经济学将市场失灵现象概括为：垄断、外部性、公共产品及信息不完全不对称。从某种程度上讲，技术创新具备上述所有特征，技术创新的市场失灵可进一步概括为：技术知识的公共性、创新收益的垄断性、技术创新的外溢性、技术创新的信息不对称性与风险不确定性、技术创新的路径依赖与标准锁定等。从市场化表现看，一是市场价格难确定导致技术创新价值难衡量；二是技术创新数量不足导致社会福利最优难以实现；三是市场不匹配、运行低效率及收益分配不公平等社会问题。

（1）技术创新价格的难确定。由于技术创新的信息不完全、不对称，技术创新具有典型的"柠檬市场"特征①，即低质量的技术创新将高质量的技术创新驱逐出市场，出现市场交易的技术质量下降的现象。技术创新的市场交易可分为两种，一是技术创新的创新产品交易，二是技术创新的技术、工艺、专利、技法等交易。前者满足最终消费，后者用于再生产。在技术的交易中，由于技术需求方自身知识水平、学习能力、资产专用性及技术水平所限，并非盲目追逐技术的先进性，而是更关注技术的适用性，这使得高水平技术并非受市场追捧；高技术创新者处于垄断性收益目的而倾向"高技术保密"，流入市场的技术往往不具有先进性，而需求者往往预期到这一点而低评市场中交易的技术，这便造成技术市场的"柠檬现象"，引发市场失灵。

基于阿克尔洛夫的"旧车市场"，参阅谭开明的研究[300]，我们具体分析技术创新市场价格与品质间的关系。一般来讲，商品质量与价格成正比，即价格高的商品通常质量也高，质量的微小变化往往引起价格的大幅提升（质量与价格的关系如图 3 - 15 所示）。然而，在信息高度不对称的技术市场中，需求者往往不知道技术的品质，而只能根据有限的认知预测技术的平均质量分布，继而给出价格，供给者清楚自己的技术品质，却不愿将技术的关键信息告知需求者，信息的不对称造成逆向选择。

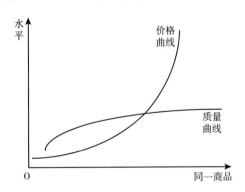

图 3 - 15　商品质量与价格对应关系

（说明：商品质量与价格的对应关系指同一时期，同类商品平均的价格水平与质量水平的一般关系；技术交易市场的逆向选择造成低质量的技术驱逐高质量的技术，高质量的技术难以拥有市场价格）

----

① 柠檬市场理论由美国经济学家阿克尔洛夫于 1970 年发表的《柠檬市场：质量不确定和市场机制》一文中提出。柠檬市场又称次品市场，是研究信息不对称市场的逆向选择问题的经典理论。

假定技术供给方为 S，需求方为 D，技术品质量为 L，其技术质量分布函数为 F(L)，技术供给方的最低接受意愿为 Us(L)，需求方的心理支付意愿为 Ud(L)，若买方出价 P，则成功交易需满足：

$$消费者剩余：D = Ud(L) - P > 0 \qquad (3-4)$$
$$生产者剩余：S = P - Us(L) > 0 \qquad (3-5)$$

也就是要求，至少 Ud(L) > Us(L) 交易才有成功的可能。根据"高质量，高价格"的一般规律，假定市场上有高低两种技术 L1，L2，价格分别为 L1 = P1，L2 = P2，则有 P1 > P2，但需求方不知道两种技术的质量差，凭经验给出"平均质量，平均价格"，即 P1 + P2/2，这样高质量的技术退出市场，低质量的技术留在市场，供需的反复博弈过程，必使均衡价格回落到 P2 上。以此类推，市场上只剩下水平较低的技术。极端情况下，技术质量分布函数是连续的，技术收益无法预测，供需间信任危机等可能导致技术市场价格严重扭曲，甚至无交易（如图 3-16 所示）。

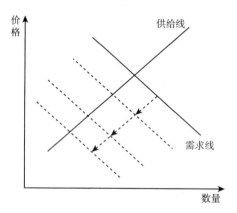

图 3-16   技术交易的逆向选择

(说明：商品质量与价格的对应关系指同一时期，同类商品平均的价格水平与质量水平的一般关系；技术交易市场的逆向选择造成低质量的技术驱逐高质量的技术，高质量的技术难以拥有市场价格)

由此可见，技术创新的市场价值存在难确定性问题，信息的不对称、声誉机制的缺失、可参考价格的缺失、市场的不完善造成了技术交易的困难。

（2）技术创新的数量不足。高水平的技术创新往往缺失市场价值（价值容易被低估），为获取技术创新的垄断性收益，创新者往往将高技术市场交易企业内部化，并通过新产品的规模化生产实现技术创新的产品价值。但首次成功商业化的技术创新却受到溢出效应的困扰，模仿者不需要花费高昂的研发成本往往就能实现对创新者的成功模仿，加上成本优势与低价格优势，足可击垮创新者创新的积极性和主动性，技术创新的这一外部性影响造成全社会所要求的最优创新数量明显不足。

我们借助福利经济学的知识，站在创新者与社会的角度，从成本－收益的视角加以分析（如图3－17所示），图中横轴表示技术创新水平（或数量），纵轴表示价格或成本，由于技术创新成本由技术创新者承担，因此，社会边际成本等于创新者边际成本（MCs＝MCp），由于社会包括创新者、模仿者、消费者等，因技术创新带来的收益明显是社会大于创新者，因此，边际社会收益大于边际创新者收益（MRs＞MRp），表现在图中是MRs在MRp之上。根据利润最大化条件MRp＝MCp，创新者技术创新水平为L1，根据MRs＝MCs，社会所要求的最优水平为L2，由于L1＜L2，现实中，技术创新水平存在明显的不足。

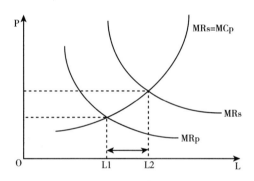

图3－17　市场外部性下的技术创新水平

（3）技术创新的社会问题。技术创新价格的难确定及数量水平的不足带来了市场配置技术创新的低效率和不经济，引发了一系列社会问题。一是竞争模仿者进行盗取新技术或新想法、高薪挖走创新者的前技术人员、反向工程模仿等侵犯创新者权益行为，使创新者宁可雪藏高新技术而非申请专利寻求自我保护，加上科技决策不当，缺乏协调机制及共享机制，造成技术创新分散、重复及浪费。二是技术创新本身固有的路径依赖及标准锁定[①]效应，

——————————

① 依据陶爱萍等（2013）的研究，标准锁定是指一项技术经用户选择成为事实技术标准后，由于网络效应、学习效应、沉没成本等因素的影响，其优势越积越大，从而使标准替代和转换难以发生或不可能发生（转移不经济）。这种技术标准锁定诱发标准在位者的垄断，抑制标准内含技术的外溢与扩散，阻止标准外技术的市场化，增加新技术进入市场的难度，提高新技术未来市场份额和收益回报的不确定性，可能加剧市场失灵或改变市场失灵的作用方式。

特别是由于初始环境约束、短期适用性及惯例习俗等影响形成的次优性技术范式，在技术标准锁定、原有路线轨迹下，沿着既定技术轨道①势必延续低水平及低效率，然而技术轨道的解锁又受到自然选择倾向、网络外部性、学习效应、随机涨落、沉没成本及转换成本与风险的多重合力叠加影响，困难重重。三是由市场和技术机会决定的企业技术创新在"利润"的诱惑下，往往存在"短视"行为，采取渐进性技术创新，而忽视对经济社会有着深远意义的根本性创新，其根源就在于根本性创新投资长、风险大、见效慢，内在"激励"不足，这在重大、战略、前沿、关键、共性技术创新上表现尤为明显。四是技术创新受益群体的分配不均问题，创新者、模仿者、政府及消费者等不同群体存在显著的福利差距，公平与效率的两难问题在技术创新市场表现得更为突出。

上述问题皆是技术创新市场机制本身造成的，为解决之，势必要求设计一套完善的市场机制加以纠偏，为此，我们必须清楚市场机制设计理论的基本原理及基本条件等。

3.3.4.2 技术创新持续的市场机制设计理论

技术创新通过市场化实现商业价值，通过产业化实现社会价值，但在技术创新市场化和产业化过程中存在着信息分散、隐藏、伪装、不完全、不对称和侵犯产权、恶性竞争、信任危机等扭曲价格信号、破坏市场交易规则的因素进而导致激励扭曲、信息失真和个体伪装等市场无效、低效及市场失灵等难题。针对信息失真及激励扭曲的市场机制设计理论为我们解决技术创新的市场失灵问题提供了借鉴。

传统的经济分析都把经济机制看作给定的，学者们运用给定的经济机制解释和预测经济前景及社会后果②。比如自由竞争的市场经济机制，学者们从市场的角度研究市场机制如何运行，有什么优越性及如何实现资源最优配置，达到帕累托最优状态，并将符合该状态的完全竞争市场作为标杆用以判断现实市场是否靠近或背离这一最优市场结构。与此相反的是，现实的市场

---

① 技术轨道理论由多西（1982）在纳尔逊和温特的"自然轨道"基础上明确提出，并将其定义为在一定技术范式范围内所进行的技术创新活动的模式。

② 如作为主流的新古典经济学理论基于"经济信息完全、交易成本为零、消费偏好和生产集都是凸出的等正则性条件"的假设，以理想状态下的经济作为基准点和参照系，论证了只要让个体逐利的自由竞争市场机制（最优性、唯一性、公正性、稳定性）发挥作用就会导致资源的有效配置。

环境及条件约束，既有的市场运行机制并不能保证帕累托最优配置的实现。
那么，有没有可能针对现实情景对市场机制进行重新设计使得帕累托最优得
以实现？如果存在，应怎样设计，其优越性体现、运行机制及如何与现有机
制进行比较？这一逆向思维由赫维茨（Leonid Hurwicz，1960、1972）开创，
经迈尔森（Roger B. Myerson）、马斯金（Eric S. Maskin）等发展完善而成为
机制设计理论①。

　　经济机制设计理论主要研究在自由选择、自愿交换、信息不完全及决策
分散化的条件下，能否设计一套经济机制（游戏规则或制度）来达到既定目
标（即参与者理性地实现最大化个人利益同时实现设计者设定的合意目标），
并且能够比较和判断机制的优劣性[301]。20 世纪二三十年代关于市场社会主
义经济机制可行性的大论战为该理论的诞生提供了灵感。当时，争论双方的
主要代表人物是支持市场社会主义有效性的兰格（Lange，1938)② 和勒纳
（Lerner，1937，1944）与否定社会主义中央计划核算可行性的冯·米塞斯
（von Mises，1920，1935）和哈耶克（Hayek，1935，1945)③。争论的过程
中，经济学家发现无论是市场还是计划经济都面临着信息问题和激励问题。
所谓信息问题就是经济参与者私人拥有的信息分散在社会上，追逐私利的动
机促使个人隐藏或虚报相关信息；所谓激励问题是指不同经济参与者有不同
的利益诉求，个人目标与社会目标不一致。由此，机制设计理论就是如何在
信息分散和信息不对称的条件下设计激励相容的机制来实现资源的有效配置。
延伸之，辨别机制设计优劣的标准就取决于：一是有效配置资源；二是有效
利用信息（信息空间维度小、信息真实、信息成本低）；三是激励相容（协
调经济参与各方利益）。如果存在满足条件的机制，如何找寻最优机制？迈

---

　　① 他们主要的学术论文为：Hurwicz, L. Optimality and informational efficiency in resource allocation
processes [A]. in Arrow, Karlin, and Suppes（Eds.）. M athematical methods in the social sciences [C].
Stanford, CA: Stanford University Press, 1960; Hurwicz, L. On informationally decentralized systems [A].
in Radner, and McGuire（Eds.）. Decision and organization [C]. Amsterdam: Elsevier Science, 1972;
Maskin, E. Nash equilibrium and welfare optimality [J]. Review of Economic Studies, 1977, 66: 23 – 38;
Myerson, R. Incentive compatibility and the bargaining problem [J]. Econo-metrica, 1979, 47: 61 – 73.
　　② 提出"兰格模式"即中央计划者可以用价格模拟市场达到对资源的有效配置。
　　③ 米塞斯 – 哈耶克认为，没有市场动态调整的价格信号，中央计划核算存在信息搜集及处理的
困难；没有激励，经济主体难以作出合理决策；即便中央计划能够搜集信息及计算能力，但经济信息
瞬息万变，其滞后性不可能导致资源合理配置。兰格认为，中央计划采用试错法模拟市场机制，以决
定生产资料价格，企业根据边际成本等于中央计划确定价格来决定产量，从而使供求均衡，资源合理
配置。

尔森（1979）在古巴德（Gibbard）提出的直接显示机制基础上提出了"显示原理"，并将其运用到规制和拍卖理论中[302]。显示原理将复杂的社会选择问题转化为可处理的不完全信息博弈，缩小了信息筛选范围，降低了机制设计问题的复杂程度。找到最优机制如何实施呢？马斯金（1977、1999）提出了"实施理论"，指出满足单调性和无否决权条件是可实施的充分条件[303]。表 3 - 5 展示了市场机制设计理论的主要内容。

表 3 - 5   **市场机制设计理论要点**

市场机制设计缘由	● 某些情形下，自由市场机制表现无效、低效或失灵
	● 20 世纪 30 年代关于市场社会主义经济机制可行性的大论战
判别机制设计优劣的标准	● 资源是否有效配置
	● 信息是否有效利用（低信息成本）
	● 各方利益是否有效协调（激励相容）
市场机制设计研究一般性框架	● 委托 - 代理理论
	● 拍卖理论
	● 市场匹配理论
	● 机制设计理论（显示理论和实施理论）
市场机制设计的研究工具	● 博弈论
	● 实验经济学
	● 计算机方法
市场机制设计解决的关键性问题	● 市场厚度（Market Thickness）
	● 市场拥塞（Market Congestion）
	● 市场行为的安全性和简易性（Safety & Simplicity）
市场机制设计应用领域	预测市场；金融衍生品市场；劳动力市场；拍卖市场；公共选择等

注：根据熊金武等、方燕等、田国强等研究整理①。

    由上述分析可知，自由竞争的市场机制有效性必须确保两个前提：一是大量的卖者和买者且不具有显著的市场控制力；二是不存在明显的外部性。只有满足这两个条件的竞争市场才能够使得个人理性和帕累托最优结

---

    ① 参见：熊金武，孙火军，王昉. 市场机制设计研究发展评述［J］. 云南财经大学学报，2011，06：22 - 28；方燕，张昕竹. 机制设计理论综述［J］. 当代财经，2012，07：119 - 129；田国强. 高级微观经济学（下册）［M］. 北京：中国人民大学出版社，2016：714 - 720.

果激励相容①。因此，市场设计者要充分了解市场状况，如市场厚度、市场拥塞及市场行为（有无策略性行为），同时要注意引致市场变异的其他因素如产权保护程度、信息聚合、世俗观念等，确保市场机制设计的安全性、简易性及良性运行。遗憾的是，技术创新市场无法满足自由竞争市场机制的两个条件，即便满足条件一，条件二始终不满足，更何况大多数条件下，技术创新既不满足条件一也不满足条件二，因此，只有通过机制设计理论来改进现有技术创新市场的自发运行机制。

3.4　区域技术创新的经济增长理论

　　研讨后进区域技术创新的最终目的是要实现其快速发展，而区域发展的关键是经济增长。因此，我们必须清楚技术创新与经济增长的关系理论。经济增长问题历来是经济学家关注的重点和令人兴奋的永恒话题。可以说，从重商主义提出"贸易顺差集聚财富增长"的思想以来，学术界就从未停止过对经济增长问题的探讨，从最初定性考察增长内涵、因素、路径、政策到定量分析增长模型、核算、结构等，经济增长理论经历了古典增长理论、新古典增长理论、再演进到内生新增长理论。其中，技术创新扮演了从最初被忽视到假定为外生再到内生性关键影响因素的蜕变，这使得经济增长理论越来越趋近于现实，不仅增强解释力和说服力，而且更具有现实的操作性和预测性。

　　经济增长一般被界定为一定时期，一定地理空间范围内 GDP 的增长或人均 GDP 的增长。由此，区域经济增长即指一定时期，一定区域范围内的 GDP增长或人均 GDP 的增长②。因此，决定 GDP 增长的因素也就是经济增长的"源泉"，由于 GDP 被界定为当年所生产的最终产品的市场价值，经济学家围绕"如何生产"的问题将决定生产的因素进行分解，并核算其贡献度大小，对影响因素的分析主要是定性的规范分析，对影响因素核算贡献度的分析主

---

①　20 世纪 70 年代，赫维茨等人严格证明了在自利性及凸性假设下，没有什么其他经济机制既能导致资源有效配置而又比竞争市场机制用到更少的信息，换言之，竞争的市场机制是唯一的利用最少信息并且产生有效配置的经济机制。

②　尽管单一的 GDP 衡量经济增长具有局限性如：无法计算非市场经济行为、无法衡量能耗环境、无法看出效率、经济结构等，绿色 GDP 等新的衡量标准尚处在探索中，学界目前依然用 GDP 作为最重要的衡量标准。

要是定量的实证分析。据此，我们分别从定性与定量两个视角，考察基于技术创新的经济增长理论与模型，进而分析区域发展的趋同与趋异理论，并从技术创新的视角总结后进区域的发展优势、战略及模式。

3.4.1 基于技术创新的经济增长理论：定性视角

经济增长理论关注经济的长期持续性增长，探讨其原因及影响因素的作用。作为经济增长因素之一的技术创新（作为生产要素表现为技术进步）随着人们的认知与经济增长理论的演进而日益成为最重要的研究对象。早期斯密的分工－经济增长理论暗含了技术创新促进经济增长的重要作用，而熊彼特的创新－经济增长理论则直接将技术创新作为引发经济周期性变化的原因。

3.4.1.1 斯密技术创新与经济增长的逻辑关系

古典经济学的创始者、经济学鼻祖亚当·斯密最早系统阐释了市场这只"看不见的手"理论，在其 1776 年出版的《国民财富的性质和原因的研究》一书中，他指出，创造国民财富的主要驱动力量是劳动分工，技术创新（发明）本身源于劳动分工，而劳动分工受市场规模的限制。由此，市场规模越大，分工和专业化程度越高，技术进步越快，劳动生产率越高，国民财富越多，收入水平越高，消费能力越强，市场规模进一步扩大，形成经济良性运行的正向循环往复状态（如图 3－18 所示）。可见，在斯密那里，已经开始涉及技术创新和经济增长以及技术创新与市场间的密切关系，并对技术创新的来源及对经济增长的作用进行了初步探讨。

图 3－18 斯密式技术创新与经济增长逻辑关系

3.4.1.2 熊彼特的创新－经济增长理论

熊彼特是创新领域的鼻祖，他在其创新三部曲中首次运用技术创新的"创造性毁灭"阐释经济增长和经济周期理论。他将经济增长模式分为两类：

一是经济循环，即静态均衡；二是经济发展，即动态均衡①。创新活动不断地使原有均衡状态被破坏和刺激新的均衡状态出现，以此促进经济的进一步发展。在熊彼特看来，技术创新引起经济动态发展的作用机理是：技术创新的出现造成了对生产资料和银行信用的需求扩大，引发经济高涨；当技术创新扩展到较多企业后，赢利机会减少，对生产资料和银行信用的需求减少，致使经济收缩；经济衰退又促使企业家进行技术创新，导致经济下一轮的高涨和收缩，形成经济周期的下一个阶段的循环②。因此，经济要发展，就必须要有持续的创新，对旧的经济结构的破坏或替代，引发经济高涨或收缩性波动。图 3－19 为熊彼特式技术创新与经济增长关系。

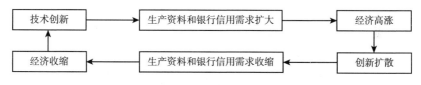

图 3－19　熊彼特式技术创新与经济增长关系

围绕斯密经济增长逻辑，华裔经济学家杨小凯运用超边际分析法构建了分工式经济增长模型。围绕熊彼特创新增长逻辑，发展和分化出索洛－斯旺的外生技术创新增长模型、阿罗的干中学模型、罗默的内生技术创新模型和卢卡斯的人力资本增长模型。

3.4.2　基于技术创新的经济增长理论：定量视角

古典经济学将土地、劳动力、资本视为经济增长的贡献要素，而新古典经济学则把土地、劳动力、资本及企业家才能视为经济增长的贡献要素，经济增长的要素从"三要素论"演变为"四要素论"。但直到索洛增长模型才真正考虑技术进步因素，尽管仍把它视为外生；而以罗默为代表的内生增长理论则将技术创新作为内生变量纳入模型，这样经济增长理论从新古典增长理论演变到内生增长理论。限于篇幅，本书仅简要论述索洛模型及罗默模型。

3.4.2.1　索洛的外生技术创新增长模型

假定总生产函数为：$Y = F[K(t), A(t)L(t)]$，其中，Y、K、L 分别为总

---

① 熊彼特并没有区分增长与发展的不同，在其著作中更多的是等同使用。

② 参见熊彼特所著的《经济发展理论》。

产出、资本投入、劳动投入，AL 为有效劳动（A 为技术进步），即技术进步是劳动增加型。

生产函数满足以下基本假设：（1）规模报酬不变；（2）除资本、劳动与技术外的其它投入相对不重要；（3）满足稻田条件。

令 $c = 1/AL$，$k = K/AL$，$y = Y/AL$，$f(k) = F(k,1)$，将总生产函数简化为：$y = f(k)$，且 $f'(k) > 0$，$f''(k) < 0$，$\lim_{k \to 0} f'(k) = \infty$，$\lim_{k \to \infty} f'(k) = 0$。

给定资本、劳动与技术的初始水平，劳动与技术以不变的增长率增长：

$$\dot{L}(t) = nL(t) \tag{3-6}$$

$$\dot{A}(t) = gA(t) \tag{3-7}$$

其中，n 与 g 是外生参数，变量上的点表示该变量关于时间的一个导数。

产出在消费和投资之间分割，设用于投资的产出份额为 s 且外生不变，投资的 1 单位产出可获得 1 单位的新投资，现有资本以速率 δ 折旧，则有：

$$\dot{K}(t) = sY(t) - \delta K(t) \tag{3-8}$$

运用链式法则经计算整理为：

$$\dot{k}(t) = sf[k(t)] - (n + g + \delta)k(t) \tag{3-9}$$

上式为索洛模型基本方程，该式表明每单位有效劳动的资本量变化率取决于如下两项之差：第一项 $sf[k(t)]$ 为每单位有效劳动的实际投资，第二项 $(n + g + \delta)k(t)$ 为持平投资（为使 k 保持在现有水平所必须进行的投资量）。

由于 $f(0) = 0$，实际投资与持平投资在 k = 0 处相等，稻田条件意味着在 $k = 0$ 处 $f'(k)$ 较大，因而 $sf[k(t)]$ 线比 $(n + g + \delta)k(t)$ 线更陡峭，故图形形状如图 3 – 20 所示，当且仅当 $sf[k(t)] = (n + g + \delta)k(t)$ 时，有 $\dot{k}(t) = 0$，$k = k^*$，经济处在稳定状态；如果 $k < \dot{k}$，则 $sf[k(t)] > (n + g + \delta)k(t)$，即有 $\dot{k}(t) > 0$，k 将增加并趋向于 k^*；如果 $k > k^*$，则 $sf[k(t)] < (n + g + \delta)k(t)$，即有 $\dot{k}(t) < 0$，k 将减少并趋向于 k^*。因此，无论 k 处何处，都必将向稳态的 k^* 收敛。在此情形下，模型中的每个变量都以不变的速率增长，即任何政策的实施仅影响资本和产出的稳态水平，而不影响长期均衡增长率。由于技术进步率 g 是外生的，在平衡增长路径上，人均产出增长率只由外生的技术进步率唯一决定。正是基于这个意义，索洛增长模型是外生技术创新增长模型。

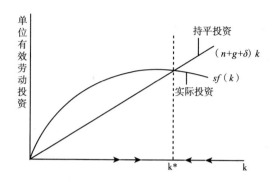

图 3 - 20　外生技术创新下有效劳动的资本存量动态调整

3.4.2.2　罗默的内生技术创新增长模型

在索洛（1956）、阿罗（1962）、宇泽弘文（Uzawa，1965）、谢尔（Shell，1966，1967）、菲尔普斯（Phelps，1966）的研究基础上，以罗默（Romer，1986，1990）、格罗斯曼和赫尔普曼（Grossman & Helpman，1991）、阿杰翁和霍伊特（Aghion & Howitt，1992）为代表的内生增长理论，将技术知识、人力资本积累内生化，探讨经济长期增长的驱动因素。罗默模型可以分为知识积累的 AK 模型和人力资本模型。

假设经济有三个部门：研发部门、中间部门与最终产品部门，投入四种要素：资本、劳动、人力资本及技术。其中，人口、劳动力供给不变，一种最终产品，由最终产品部门提供；人力资本总存量不变，用于市场份额不变；放弃的消费等于资源从消费部门转移到资本品部门①。

总产出函数写成扩展的柯布 - 道格拉斯生产函数形式：

$$Y(H_y、L、x) = H_Y^\alpha L^\beta \sum_{i=1}^{\infty} x_i^{1-\alpha-\beta} \qquad (3-10)$$

其中，Y 为总产出，H_y 为生产最终产品的人力资本，L 为以就业人数计量的劳动力，X_i 为耐用资本设备。

中间部门将产出耐用资本设备 $x(i)$，租给最终产品部门，收取租金 $P(i)x(i)$，其中 $P(i)$ 为租金率。

设 K 代表总资本，则 $K(t)$ 的变动遵从：

---

① 本部分主要参阅：柳卸林．技术创新经济学［M］．北京：清华大学出版社，2014：122 - 126.

$$\dot{K}(t) = Y(t) - C(t) \qquad (3-11)$$

其中，$C(t)$ 表示总消费，假定 δ 单位未消费的产品可生产一单位耐用设备，则有：

$$\frac{K}{\delta} = \sum_{i=1}^{\infty} X_i \quad K = \delta \sum_{i=1}^{\infty} X_i = \delta \sum_{i=1}^{A} X_i \qquad (3-12)$$

这里 A 为新设计的积累率。

假定产品品种变化是连续的，将总产出公式写成积分形式：

$$Y(H_y、L、X) = H_Y^{\alpha} L^{\beta} \sum_{i=1}^{\infty} X_i^{1-\alpha-\beta} d_i \qquad (3-13)$$

设 φ 为设计的生产率参数，新设计取决于人力资本 H 和知识存量 A，则：新设计为 φHA，考虑到现实存在的显性知识是非竞争性商品，则：$\dot{A} = \varphi H_A A$。

可见，知识以两种方式进入生产，一是通过设计生产新产品，二是增加知识存量，进而增加研发部门的人力资本生产率。由此，$H = H_Y + H_A$。

若以现期产出的单位衡量任何时点的现货价格，现货可一对一地折合为资本，资本的现货价格可设定为 1，其收益率为 r，P_A 为新设计的价格，W_H 为每单位人力资本租金率，则有：$W_H = P_A \varphi A$。

对研发部门而言，新设计的价格 P_A 将最终等于垄断者净收益的折现值，用公式表示为：

$$P_A(t) = \int_i^{\infty} e^{-\int_i^t r(s)d_s} \pi(t) d_t \qquad (3-14)$$

若保证均衡时的 P_A 不变，则可知：$\pi(t) = r(t)P_A$，即净收益恰能支付利息。

对最终产品而言，收益最大化可表示为：

$$\pi_1 = Max \int_0^{\infty} [H_Y^{\alpha} L^{\beta} X(i)^{1-\alpha-\beta} - P(i)X(i) d_i \qquad (3-15)$$

根据 $\partial \pi = 0$，可得耐用资本设备的反需求函数：

$$P(i) = (1-\alpha-\beta)H_Y^{\alpha} L^{\beta} X(i)^{-\alpha-\beta} \qquad (3-16)$$

对中间部门而言，收益最大化可表示为：

$$\pi_2 = Max[P(X)X - r\delta X] = Max[(1-\alpha-\beta)H_Y^{\alpha} L^{\beta} X^{1-\alpha-\beta} - r\delta X] \quad (3-17)$$

则最大化时：$P^* = \dfrac{r\delta}{1-\alpha-\beta}$，$\pi = (\alpha+\beta)P^* X^*$（当 $P(i) = p^*$ 时，$X(i) = X^*$）

对于均衡增长而言，当 A、K、Y 以一个不变的速度增长，假定这一增长率为 g，则：

$$g = \frac{\dot{C}}{C} = \frac{\dot{Y}}{Y} = \frac{\dot{K}}{K} = \frac{\dot{A}}{A} = \varphi H_A \qquad (3-18)$$

由 $H_Y = H - H_A$，则式（3-18）简化为：

$$g = \varphi H_A = \varphi H - \frac{\alpha}{(1-\alpha-\beta)(\alpha+\beta)^r} = \varphi H - Ar \qquad (3-19)$$

其中，$H_Y = \dfrac{1}{\varphi}\dfrac{\alpha}{(1-\alpha-\beta)(\alpha+\beta)}r$，$A = \dfrac{\alpha}{(1-\alpha-\beta)(\alpha+\beta)}$

基本结论：（1）人力资本对长期经济增长具有决定性作用，这种包含知识、技术性的人力资本存量的增加，会显著提高生产效率，加快经济的持续增长；（2）技术创新对贷款利息率 r 反应敏感，说明物质性资本对技术创新的重要性；（3）技术创新产生的外部性抑制要素投入边际效率递减，表现为递增的规模经济效应。基于此，罗默的增长模型是一个将知识技术内生化的技术创新增长模型。图 3-21 为内生技术创新经济增长的代表性理论。

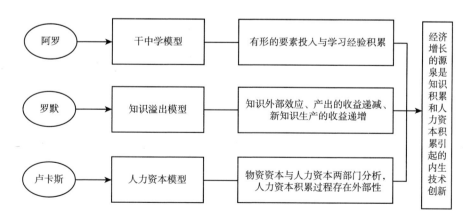

图 3-21　内生技术创新经济增长的代表性理论

3.4.3 区域经济发展不平衡：趋同还是趋异

在区域经济增长中，为何有些区域增长快而有些区域增长慢，甚至个别区域出现负增长？区域间经济差距会持续下去吗？这一问题的回答自然牵扯关于区域经济发展到底是趋同还是趋异的争论。自 20 世纪 80 年代中期开始，阿卜拉莫维茨（Abramovitz）、鲍莫尔（Baumol）开创了区域经济增长趋同的讨论，其中，巴罗和萨拉依马丁（Barro & Sala-I-Martin，1991，1992，1995）的研究最负盛名。区域经济增长趋同假说分为 β 趋同和 σ 趋同。β 趋同是指区域的相对人均收入增长速度与其初始条件呈负相关关系，即后进区域比发达区域有着更高的经济增长率。包括三种情况：（1）绝对 β 趋同，是指各国只在初始的资本存量上有差别，而经济结构、投资率、人口增长率、资本折旧率、生产函数、偏好、技术、制度等相同或相似，则落后地区比发达地区有着更高的增长率，从而所有区域最终趋向相同的发展水平；（2）条件 β 趋同，是指经济结构的异质性决定了经济体之间的发展差异，各经济体只会向各自所具有的稳态收敛，增长速度与距离稳态的距离成反比；（3）俱乐部趋同，是指经济结构相似且发展初始条件相似的经济体，经济增长和人均收入水平趋同，即各区域分别趋同于其所在俱乐部的现象。σ 趋同是指不同经济体人均实际收入水平的分散程度随着时间的推移而收敛。β 趋同是导致 σ 趋同的必要条件，但 σ 趋同时，未必 β 趋同，因为收入水平差距的减少往往会来自如制度安排等新的随机因素冲击。可见，β 趋同是 σ 趋同的必要非充分条件。

在实证检验中，绝对 β 收敛（趋同）用公式表示为：

$$\frac{\ln(y_{i,t+k}|y_{i,t})}{k} = \alpha + \beta\ln y_{i,t} + \mu_{i,t} \tag{3-20}$$

其中，式中 i 代表经济单位，t 和 $t+k$ 分别代表观察的期初与期末时间，K 为观察期的时间长度，$y_{i,t}$ 表示期初人均产出，$y_{i,t+k}$ 表示期末人均产出，α 为常数项，$\mu_{i,t}$ 为随机误差项，β 表示收敛速度，β 值越大，则向稳态收敛的速度越快。

条件 β 收敛（趋同）用公式表示为：

$$\frac{\ln(y_{i,t+k}|y_{i,t})}{k} = \alpha + \beta_1\ln y_{i,t} + \beta_2 x_{i,t} + \mu_{i,t} \tag{3-21}$$

其中，$x_{i,t}$ 表示控制变量。

σ 趋同通常用对数的人均收入的标准差来测度，用公式表示为：

$$\sigma_t^2 = \frac{1}{n} \sum_{i=1}^{n} \left(\ln y_{i,t} - \frac{1}{n} \sum_{i=1}^{n} \ln y_{i,t} \right)^2 \qquad (3-22)$$

若存在 $\sigma_{t+k} > \sigma_t$（$k \geqslant 1$），则存在 σ 趋同现象。

区域经济趋同假说建立在新古典经济增长模型（索洛 – 斯旺增长模型）之上，基于规模报酬不变、资本边际效益递减、生产要素自由流动及技术进步外生，新古典经济增长理论认为，人均收入和资本的边际收入都取决于资本 – 劳动的比率，而人均资本水平决定经济增长率，受资本边际报酬递减规律的影响，资本积累率不高于劳动力投入的增长速度，资本 – 劳动比率趋于稳定，不同经济体经济增长将收敛于稳态增长的路径上。人均资本高的经济体，资本产出水平低，驱使资本向后进地区流动，后进地区初始水平低，偏离稳态距离远，经济增长率快于富裕地区，不同区域经济增长最终收敛于稳态。可见，不同区域经济增长趋同的前提条件是初始水平的差异及稳态相同。

基于上述理论，我们可以得出以下结论：其一，要是区域经济增长趋同，必须要求要素自由流动，而要素自由流动的前提是自由、竞争、开放、统一的市场经济环境。其二，初始条件低，经济结构异质，偏离稳态远的区域经济体完全可以通过改变增长条件以更快的增长速度实现对发达区域的追赶甚至赶超[①]。其三，技术创新可使生产函数曲线上移，即使劳动 – 资本比率不变，人均产出和人均收入也能保持持续增长[②]。

然而，现实中并不像我们设想的那样出现发达区域增长缓慢，后进区域增长迅速，区域经济走向趋同的迹象，反而是发达国家有"俱乐部趋同"现象，而发达与发展中国家间差距进一步拉大，即便是发展中国家内部区域亦是如此。那么是什么原因造成区域经济不是趋同反而趋异呢？新古典经济增长假定条件过于苛刻也不现实，如规模收益不变、无运输成本、相同的生产技术、完全竞争市场形态、同质的资本 – 劳动投入等，"趋异假说"正是通

[①]　巴罗和萨拉·马丁（Barro & Sala-I-Martin, 1995）指出，一国内部区域间技术、制度、偏好等方面存在差异程度比国家间小得多，同一的中央政府、制度、法律，相似的技术、文化和消费偏好，国内区域间经济增长更容易趋同。

[②]　按照希克斯从生产要素的角度分类，技术创新分为中性的技术创新、劳动节约型技术创新及资本节约型技术创新，这里指中性技术创新。

过对这些现实条件的差异分析得出新的区域不平衡增长理论。

区域经济增长"趋异假说"涉及的理论包括：缪尔达尔的累积因果关系理论、佩鲁的增长极理论、弗农的梯度转移理论、罗默的内生增长理论及克鲁格曼的新经济地理学等。

（1）累积因果关系理论。该理论由缪尔达尔提出，经卡尔多、迪克逊等人完善，认为在一个动态的经济社会发展过程中，各种因素互相影响，互为因果，而出现累积循环形式。区域经济发展的不平衡是由回波效应和扩散效应决定的。由于各地区收益差异，回波效应使要素由落后地区向发达地区流动，扩散效应使发达地区经济增长向落后地区扩散，正是两种效应的反差造就了区域发展差异。针对此，赫尔普曼提出极化效应（落后地区劳动力向发达地区流动）和涓滴效应（对落后地区原料、劳动力的吸纳、提高其边际劳动生产率和人均消费水平）。

（2）增长极理论。佩鲁在《略论"发展极"的概念》一文中首提增长极概念，认为增长能形成一定势力范围的"经济空间"，对周围地区的发展产生支配作用，迫使周围地区发生相应变化，这种情况即是增长极现象。推进型产业或企业形成区域增长极，并通过乘数效应、极化效应和扩散效应实现增长效应，极化效应与扩散效应都受距离衰减规律制约，若极化效应小于扩散效应，则对后进区域有利，否则对后进区域不利。这一理论为政府倾斜政策培植主导产业形成区域增长极带动区域经济增长提供借鉴。

（3）梯度转移理论。梯度转移理论源于弗农的产品生命周期理论，该理论认为，区域经济发展取决于产业结构，产业结构主要由区域经济部门中主导产业所处工业生命周期阶段决定，若主导产业处在发展潜力大的创新阶段，则该区域为高梯度区域，否则为低梯度区域。在原有市场饱和、产业结构调整、政府推动及劳动力要素流动受限等条件下，区域经济的发展随时间的动态演变，其产业或要素由高梯度区域向低梯度区域推进，形成发达区域对后进区域的辐射和带动。

（4）内生经济增长理论。前面已重点探讨了罗默的内生增长理论，这里不再赘述，仅简要概述结论。内生经济增长理论把技术创新内生化，指出技术创新溢出效应、规模收益递增及规模经济使得区域间经济增长发生"趋异"现象，发达地区拥有更多的技术积累和人力资本，所以有着更快和更持久的增长。

（5）新经济地理学。打破传统经济学忽略"空间"因素的局限，克鲁格曼等人以边际收益递增、不完全竞争及路径依赖为前提，分析了经济活动的空间集聚及经济全球化，开创了空间经济学。空间经济学考虑到区位因素、交易成本、规模报酬及不完全竞争等，为区域不平衡发展理论提供了新的视角和方法。

此外，在探讨区域经济发展"趋异"方面，还产生了萨伦巴和马利士的点轴开发理论，弗里德曼的核心－外围理论，波特的产业集群理论等。这些理论都从不同侧面说明了区域经济增长的趋异性。由此，我们可以看出：其一，区域经济发展的不平衡性是由于各区域要素禀赋、自然环境、历史因素、制度政策、发展阶段的不同所导致的，初始水平及发展条件的异质性使得区域经济发展在一定时期内总是表现不平衡性①；其二，在各影响因素中，技术创新因素是关键性因素，正是影响技术创新形成的因素导致的技术创新能力的不同才使各区域呈现出不同的发展速度和发展水平；其三，使区域经济发展由"趋异"到"趋同"的转变，后进区域技术创新能力的培育是关键，若区域技术创新收敛，则区域经济发展将趋于收敛。

那么，怎样培植后进区域的技术创新能力，驱使其向高技术创新收敛，以缩小与发达区域发展差距？本书认为，开放的市场导向理念、创新模式的选择和战略的实施尤为必要，政府的作用同样不可忽视。

3.4.4　后进区域的发展理论：后发优势与赶超战略

后进区域如何缩小与先发区域的差距？一个不可回避和必要的条件就是后进区域的经济增长率要高于先发区域。如何保证后进区域有着更高的经济增长率，后进区域的发展优势何在？20 世纪 60 年代，俄籍美国经济学家格申克龙（Gerchenkron，1962）在考察 19 世纪德国、意大利、俄国等欧洲相对落后的国家工业化进程时创立了"后发优势论"，即经济上相对落后，有助于一个国家或地区实现爆发性的经济增长，这种后发优势是后进国在推动工业化所拥有的由后进国地位所致的特殊有利条件，与经济相对落后性共生，与后进国自身努力创造无关，是独有的。经过列维

---

① 关于发展阶段，依据生产要素对经济增长的贡献度不同，波特将经济发展分为四个阶段：要素驱动阶段、投资驱动阶段、创新驱动阶段及财富驱动阶段；世界经济论坛（World Economic Forum，2013）将经济发展阶段分为要素驱动、效率驱动和创新驱动三个阶段。

（M. levy，1966）、阿卜拉莫维茨（Abramoviz，1989）等的总结与发展，后进区域的"后发优势"包括：追赶愿望、替代性（更多的选择性及创造性）、引进先进生产要素、跨越技术阶段、预判前景等，后发优势的代表人物及主要观点如表3-6所示。

表3-6　　　　　后发优势理论的形成与发展：代表人物与主要观点

代表人物	主要观点	备注
格申克龙 （Gerchenkron，1962）	首提后发优势假说，由后进国家地位所处的特殊有利条件，如落后造成紧张状态，压力激发制度创新；替代性的存在；引进先进国家的技术、设备和资金等，导致相对落后程度越高，其后的增长速度越快	工业化进程视角
纳尔逊 （Nelson，1966）	后进国家技术水平的提高与距技术前沿地区的技术差距成正比，技术差距越大，技术进步越快，经济发展越迅速，但始终保持"最后的最小差距"	技术创新角度
列维 （M. levy，1966）	后发国比先发国对现代化的认识丰富得多；后发者可采用和借鉴先发国成熟的计划、技术、设备及组织结构；可在技术方面跳跃某些发展阶段；可对发展前景有一定预测；先发国可在资本和技术上对后发国提供帮助，需处理好结构、资本积累及两种心态问题	现代化角度
阿卜拉莫维茨 （Abramoviz，1989）	技术差距、社会能力及历史现实和国际环境变化分别是后进经济追赶的外在、内在及限制因素。社会能力主要是指教育水平及工业化水平	追赶假说
伯利兹 （Brezis）、 克鲁格曼 （Krugman，1993）	当先进国与后进国工资成本悬殊、新技术产生之初存在缺陷及对生产力提高有重大潜力时，技术已发展到一定程度和具备一定的技术创新能力的后进国可以直接选择和采用某些处在技术生命周期成熟前阶段的技术，在高新技术上实现赶超	蛙跳模型
范艾肯 （R. VanKan，1996）	贸易由技术驱动，后发国家短期通过技术模仿实现赶超，但长期，不同经济起点的国家人力资本积累、生产能力及增长速度将趋于收敛，各国技术模仿和创新回报率将趋同	技术-经济趋同论

续表

代表人物	主要观点	备注
南亮进 （1992）	日本 20 世纪 50～60 年代的高速增长源于丰富的人力资源、现代化的经营组织、发达的信息产业和装备制造业等后发优势，但随着技术差距的缩小或消失，日本失去了"后进性利益"，在 70 年代后，由于未从根本上将模仿能力改造成自主创新能力，经济发展失去动力和方向	后进利益说
陆德明 （1999）	提出发展优势七个假说：先发优势驱动假说；后发优势驱动假说；先发优势条件递增假说；后发优势挥发性递减假说；发展优势转换假说；后发国家政府第一推动力假说；发展优势贸易动因假说	发展优势假说

注：根据申兵（2012）[304]、郭熙保等（2002）、方忠（2009）、张治河等（2013）[305] 等的研究整理。

　　既然后进区域拥有后发优势，这种后发优势是如何转化成高速的经济增长率以赶超先发区域的呢？学者们从不同的角度给出转化途径，如干中学与用中学、技术差距和社会能力互动说、资源积累说、学习能力说、政府第一推动力假说等，这些途径最终统一于技术的"赶超战略"，即立足本地区要素禀赋结构，发挥比较优势，通过技术模仿创新，发挥后发优势，跨越技术必经某阶段，实施高新技术的自主创新，实现"蛙跳"式赶超。

　　由此可见，后进区域的后发优势发挥和"赶超战略"实现都离不开区域的技术创新，区域技术创新水平、能力和速度决定了后进区域经济发展的水平、速度和方向，只有后进区域具备了技术创新的能力，实现了技术创新，才能以时间上的压缩和幅度上的跨越实现对先发区域的赶超。那么后进区域的跨越发展问题就转化为如何实现区域的技术创新问题，为此，我们就必须清楚后进区域技术创新的形成机理与运行机制，找到适宜后进区域的技术创新动力机制、治理模式及路径优化，以使后进区域处在较高的发展起点，集约资源，专走捷径，加快赶超。

3.5　本章小结

　　本章首先对本书的研究主题进行了概念界定，涉及创新资源、资源约束型后进区域、技术创新、市场导向机制。在概念界定过程中，注重相关概念的比较及本书研究主题的关注点，如后进区域概念界定，从落后程度、层次、阶段、愿景等视角区分了落后区域、欠发达区域、后进区域、后发区域及发达区域等，从细微差异中找到后进区域的特殊性；在市场导向机制的界定上，特别明晰了其与市场机制的辨别；创新资源的界定关注了动态与静态两个层面。

理论的总结与探讨包括资源理论（资源基础理论、资源禀赋结构与资源诅咒假说）、市场机制理论（市场运行机制、技术创新市场理论、市场机制设计理论、技术创新市场机制设计理论）及区域技术创新的经济增长理论（定性与定量、趋同与趋异、后发优势与赶超战略）。其中，资源理论主要从资源约束与资源诅咒两个维度阐释，理顺了资源－技术－市场－增长的逻辑关系；市场机制理论主要从市场自身理论与结合技术创新两个层面全面系统的梳理与剖析，这是本章的一大亮点与难点；区域技术创新的经济增长理论着重于技术创新与经济增长的逻辑关系，并从后进区域的角度探讨依靠技术后发优势实现经济赶超战略的可行性原理。

通过本章的理论研究，我们发现：技术创新以市场为导向有着内在的必然性与必要性，从某种程度上讲，区域间的发展差距是由市场化水平与市场机制作用范围的不同引发的技术创新能力差异导致的，这就为后进区域通过推进市场化进程，增强技术创新能力，实现经济赶超提供了理论根基。

第 4 章　后进区域技术创新市场导向的作用机理与实现机制

后进区域的技术创新市场导向存在两个明显的障碍：一是相对先发区域，后进区域创新资源明显不足，创新能力极其脆弱；二是市场化水平低，市场体系不健全，要素市场迟滞于产品市场，且受非市场因素干扰严重。本章着重从后进区域的视角探讨区域技术创新的市场导向作用机理及运行机制，以明晰市场对创新资源的配置、对技术创新价值的实现、对区域经济发展的关键性作用，为健全后进区域的技术创新市场导向机制指明方向。

4.1　后进区域技术创新的构成要件

区域技术创新实质上是一个特定的空间创新环境下形成的一个旨在推动持续、高效创新的体系或系统。与先发区域技术创新体系一样，后进区域的技术创新体系同样包括创新主体、创新客体及创新环境，其中，创新主体是区域技术创新的执行者、参与者和推动者，创新客体是区域技术创新的基础条件和作用对象，创新环境是区域技术创新顺利实现的客观载体和根本保障。图 4-1 为区域技术创新构成要件及内容。

4.1.1　后进区域技术创新的主体

后进区域技术创新的主体是指实施技术创新的行动者，其主体性体现在创新决策、研发投入、中试生产、商业化、产业化、利益分配、风险承担上。从这个意义上看，技术创新主体包括企业、科研院所、高校、政府、中介机构等。其中，企业是执行主体，贯穿创新活动的全过程；高校和科研院所是

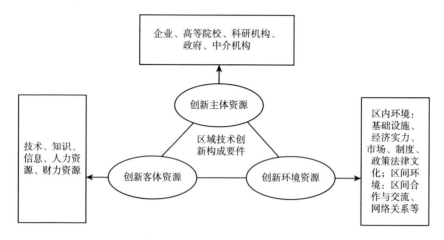

图4-1 区域技术创新构成要件及内容

从事科技知识生产的主体，往往是技术创新的前端或依托；政府是技术创新的辅助者和维护者，对创新氛围的营造及基础性研究起到关键性作用；中介机构是沟通技术创新活动及流转技术创新的"桥梁"和"纽带"。

4.1.1.1 企业

企业是市场经济的微观组织，担负着产品与服务的供给角色。企业是技术创新的主体，不仅从表征上看其研发投入、产出、成果商业化所占比值的绝对比重，更重要的是企业的本质及动机属性决定了企业理应成为技术创新的主体。这一主体地位贯穿于技术创新的全过程（如图4-2所示），体现在创新决策、研发、投资、利益分配、风险承担的主体性上。这需要明晰三个问题，一是企业技术创新动机；二是技术创新收益；三是技术创新的适宜条件。企业进行技术创新的动机在于塑造长期的"动态能力"及赢得持续的竞争优势追踪需求潜力，这一动机决定了企业通过技术创新不断获得创新收益，表现为改变市场条件形成的垄断市场超额利润及新产品或新工艺带来的溢价利润，二者加总即为创新收益。事实上，这一创新收益很难由企业全额获得，原因在于企业是否具有完备的创新机会及有无外在干扰，创新机会包括：适宜的社会环境、创新资源的可获得性及激励制度安排等；外在干扰包括：市场的突变性、模仿的速率及技术风险的不可控。这些创新约束条件极有可能使企业在创新过程中跌入"死亡之谷"，即便跨越"死亡之谷"，企业的创新收益也要由企业内在的创新"互补资产"可控程度和外在的竞争对手"模仿跟进"难易速率共同决定。确立企业的技术创新主体地位，需要企业明确目标市场（显性市场或潜在市场），选择能增强自身竞争力的技术（渐进或突破性技术），制定战略，专注于技术及市场的高效投资，并进行财务管理，整合资源，重构组织，在学习中积累经验，发掘机会，形成持续的创新动力和累加的创新收益[1]。

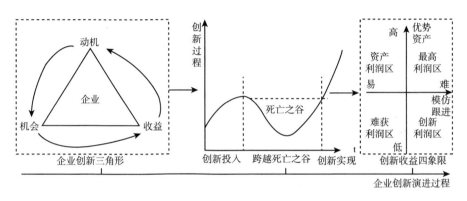

图4-2　企业技术创新演进路径演示

　　要使企业真正担负起创新重任的重要基点是如何设计企业制度让它敢于承担创新的风险？让企业能够从创新中获得收益？这就引发后进区域技术创新体系的效率话题，什么样的制度安排能够激发企业自觉创新的积极性？无论是研发活动企业内部化还是外部化，市场机制调节无疑都是交易费用最低和效率最高的制度安排。在自由市场经济（liberal market economy）体中，企业创新与否的决策取决于竞争性市场安排或层级组织安排，市场关系在特定的竞争环境下通过合同实现产品或服务的交易，交易的时效性、企业内部激励的灵活性，使得企业更有动力进行全新的产品开发和生产，也更具突破性技术创新动力，这在如美国和英国等自由市场经济国家表现较为突出。在协调性市场经济（coordinated market economy）体中，为应对市场的多变性及风险性，企业更依赖于非市场社会关系的构建和维护，企业创新依赖于社会网络关系的平衡和企业间战略互动，累积的知识和技能，使得企业更倾向于渐进性技术创新。在转轨型市场经济体中，企业的技术创新面临市场不确定和政策不确定的双重压力，其追求短期、渐进性技术创新的冲力更强，对风险投资公司的需求更旺，谋求技术创新合作、联盟及共享的愿望更甚。

4.1.1.2 高校与科研院所

高校和科研院所是区域技术创新的重要主体。高校的主要功能是人才培养、科学研究和服务社会，在区域技术创新体系中承担着发现和创造新知识、传播和扩散新知识，培养和输送创新人才的重任。同样，科研院所亦担负着知识创造、知识传播和人才培养的功能。通常，关系国计民生的基础性、共用性、前沿性、战略性的科学技术往往由科研院所和高校承担，这些项目投资大、风险高、期限长、见效慢，具有较高的经济价值和社会影响。创新型企业往往依托高校或科研机构，充分利用其智力和人才，开启"产学研"协同创新模式，形成产业集聚，推动区域技术创新。

4.1.1.3 政府

政府一般不直接参与技术创新活动，主要通过间接的方式作用于技术创新活动，这些方式包括法规政策的制定与引导、创新资金注入、投建基础设施、营造创新环境、开展国际合作、政府优先采购、风险信用担保等。政府的介入纠正了市场失灵，引导了创新方向，规范了创新行为，营造了创新环境。

4.1.1.4 中介机构

中介组织机构是搭建技术创新供需双方的"桥梁"，起到技术创新信息咨询、设计、开发、交易、保险、融资等作用，包括生产力促进中心、风险投资机构、行业协会、商会、创业服务中心、会计师事务所、银行、保险公司、各类评估机构及管理信息咨询机构等。中介机构在技术创新中主要有三大功能：一是咨询服务功能，中介机构在信息传递方面虽然覆盖面不大，但在信息咨询中具有专业性、真实性、科学性、准确性和针对性，所提供信息的广度和深度能满足不同技术创新供需层次的需要。二是沟通粘结功能，中介机构在创新资源整合、成果评价、市场预测、二次开发及技术转让等方面起到降低交易成本及创业风险，缩短成果转化周期，加速产业化转移的牵线搭桥作用。三是协调重组功能，协助用户选取最优技术，确定最优方案投产，追踪调查反馈用户信息，通过协助协同创新、区域创新系统等助推技术创新扩散和成果推广[①]。图 4 - 3 为中介机构在技术创新阶段中的功能。

---

① 彭纪生. 论技术创新网络中的中介组织 [J]. 自然辩证法研究, 2000, 06: 50 - 52 + 57.

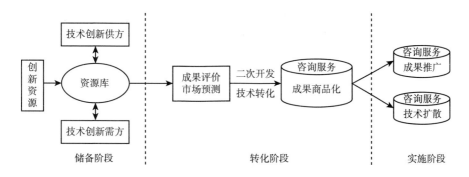

图 4 - 3　中介机构在技术创新阶段中的功能

资料来源：毛薇，赵希男，卢纪华. 技术创新体系中的技术中介组织服务模式［J］. 东北大学学报（社会科学版），2003，05：340 - 342.

在技术创新主体方面，我国后进区域普遍存在创新主体缺位、错位、越位、偏位等现象，表现在企业特别是民营企业作为创新首要执行主体地位不明朗，国有企业比重大，内部创新激励脆弱，创新量少质劣，竞争力和辐射带动力不强。后进区域企业少有实现微观利润最优型企业向创新型企业转变，真正的企业自主创新地位尚未实现。后进区域市场化水平低，受传统计划经济体制影响，政府对技术创新依然发挥着支配性作用，在研发方向制定、项目审批与拨款、项目验收与考察、政策制定与实施等各环节均有政府把控，企业、高校、科研院所围绕政府项目资金而投入更多精力于"寻租"上，致使与市场需求、与现实生产力密切相连的技术创新缺失。通常，高校、科研院所与企业在技术创新方面各有侧重，高校与科研院所侧重基础研究，提供知识创新与人才智力输出，企业侧重应用研究，面向市场，面向社会，而政府侧重重大、共性、战略、关系国计民生的创新支持。中介组织的成熟度是区域市场发达程度的重要体现，我国的科技型中介组织起步晚，发展快①，而后进区域中介组织发育却迟缓，特别是金融风险投资机构与技术评估、交易机构，资金短缺及融资困难是后进区域中小企业技术创新面临的主要障碍，由于难以申请到国家资助，银行又不愿贷款，自身资金有限，致使中小企业通过外来融资极其困难。在后进区域独立的、客观公正的能经受市场考验的中介组织，不仅

---

① 1979 年，我国诞生第一家咨询服务机构——北京科协技术咨询服务部；1980 年，在北京中关村诞生第一家民营科技开发服务型机构——北京等离子体学会先进技术发展服务部；1985 年，诞生第一家风险投资公司——中国新技术创业投资公司；1987 年，武汉东湖创业中心成立，标志着我国第一家孵化器诞生；1988 年，国务院批准建立第一个科技工业园——北京新科技产业开发试验区；1992 年，第一家生产力促进中心在山东威海成立。

数量少而且社会认可度不高，结果技术市场交易成本高、数量少、质量不高，难以带动产业结构升级及区域经济快速发展，推进后进区域中介组织的建立与完善刻不容缓。

4.1.2 后进区域技术创新的客体

后进区域技术创新的客体是指维系技术创新的投入要素，包括人力资本、物质资本、财力资本、信息资本和社会资本等，创新要素资源的短缺是制约后进区域技术创新的主要"瓶颈"。创新要素资源的吸纳、整合、共享对后进区域有着更为迫切和关键的意义。

4.1.2.1 创新人力资本

人力资本是后进区域最基本和最重要的创新要素，其理论由舒尔茨（Shultz T.）于1961年首先提出，他认为，人力资本是通过正规学校教育、培训、医疗保健、实践经验、迁徙等多方面的投资而形成的凝结在人身上的知识、技能、健康等的总和①。企业家、科学家、技术人员、管理人员和其他拥有特殊技能和知识的人员都是技术创新重要的人力资本。人力资本具有依附性、异质性、稀缺性、时效性、增值性和主动性等特征，其数量、质量、结构、开发与利用情况决定了一个地区技术创新及经济结构转换能力的强弱，进而决定经济发展速度与水平。对后进区域来讲，不仅人力资本总量小，质量不高，结构不合理，而且净流失严重，加上教育、培训、医疗保健等的落后，若没有更好的政策吸引，人力资本约束将成为严重制约后进区域技术创新能力提高的障碍。

4.1.2.2 创新物质资本

物质资本是后进区域技术创新的物质基础和前提条件，它以生产性物质形式存在，包括厂房、实验室、各类研究机构或研究中心、机器、设备、建筑物、交通运输设施等。物质资本具有基础性、易复制性、易替代性、边际报酬递减性等特征。虽然物质资本并非经济持续快速增长的动力源泉，但却是经济增长不可或缺的工具或途径。对比"东亚奇迹"和"拉美模式"，东亚之所以能够超越拉美并保持持续增长后劲与东亚始终保持物质资本投资增

---

① 对人力资本理论作出重要贡献的学者主要有：舒尔茨、贝克尔、明赛尔、丹尼森等，其中，贝克尔运用微观分析法研究了人力资本与个人收入分配关系；明赛尔提出人力资本收益模型，并论证培训对人力资本形成的贡献；丹尼森考察了教育对美国经济增长的贡献度。

加紧密相关，而同期拉美的物质资本投资率却持续下降。雄厚的物质资本积累助推了高素质人力资本的形成与发展，使区域技术创新成为可能。不可否认，后进区域的物质资本存量及积累速度与先发区域存在较大差距，这也是造成后进区域科研人才"孔雀东南飞"现象的一个诱因。

4.1.2.3　创新财力资本

创新财力资本即创新财力资源，是区域技术创新活动拥有的可投入使用的资金总额，其主要来源于企业、高校、科研院所自有或自筹资金，中央或地方政府财政拨款、银行贷款、风险投资等。财力资本是后进区域技术创新的关键保障，按照创新活动类型可分为研发投入、科学研究投入、中试投入、技术改造投入、科研成果应用投入及科研基建投入等。创新财力资本既反映过去一段时期创新物力资本、创新人力资本及创新信息资本的价值存量，又反映当前创新投入的力度和水平，是衡量一国或地区科研水平及科研重视程度的重要指标[①]（曲然，2005）。对于后进区域而言，创新财力资本积累面临企业自筹资金有限，筹资渠道单一，地方政府财政吃紧，外商投资量小，银行贷款困难、风险投资滞后等难题。图 4 - 4 为后进区域创新财力资源形成路径。

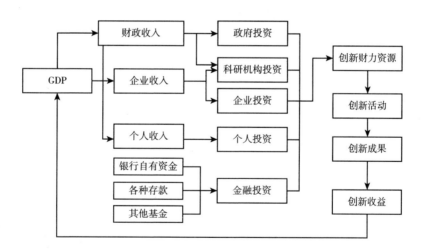

图 4 - 4　后进区域创新财力资源形成路径

注：资料来源于曲然（2005），并略作调整。

[①]　创新型国家 R&D（研究与开发）支出占 GDP 的比例一般在 2% 以上，科技进步贡献率达 70% 以上，对外技术依存度指标通常在 30% 以下；我国近年来的研发投入逐年提高，自 2013 年始，R&D 支出占 GDP 的比例一直维持在 2% 以上。

4.1.2.4 创新信息资本

创新信息资本是后进区域技术创新赢取核心竞争优势的源泉和无形资产，它是指创新主体可用于技术创新的自有知识存量（包括技能水平）及多渠道获得知识与技术信息的能力。这里包含两层意思，一是存量上，创新主体自身拥有的知识与技能水准，这是技术创新的起点，他影响技术创新的速度与成效；二是流量上，通过先发区域新技术知识的扩散、溢出、传播转移至后进区域创新主体，后者通过干中学、用中学及互动中学的学习效应和消化吸收能力形成知识信息资本，增强技术创新能力①。信息资本具有可重复使用、目标导向明确、流动整合性、动态时效性、异质不可分性等特征。对于后进区域而言，普遍存在技术知识信息水平较低，获取渠道不畅，技术知识交易成本高，新知识、新技术传播扩散速度慢，与先发区域相比存在着较大的技术差距，严重限制了其技术创新能力的提升。

4.1.2.5 创新社会资本

创新社会资本是后进区域技术创新内外联络的纽带和渠道，它是指创新主体间紧密联系的状态和特征表现，如人际关系、社会网络、文化粘合、信任、规范、合作、集体行动、共识、社会道德、组织协调等②。区域技术创新并非个别创新主体单打独斗，而是创新主体间在不同空间和不同社会环境中广泛合作，以获得和交换各种知识、技术信息和其他创新资源。社会资本通过人际间的交流、合作、共享提高创新资源整合力度和提高技术创新效率。

4.1.3　后进区域技术创新的环境

区域创新环境（regional innovation melieu）的概念最早由欧洲创新研究小组（GREMI）于 1989 年提出，认为区域创新环境是一定区域内的主要行为

---

① 这里转移的技术知识主要是显性知识，隐性知识更具价值也难以转移。另外，知识的获取亦可通过网络技术、社会关系、购买、加盟等形式获得。

② 20 世纪 80 年代，法国社会学家布尔迪厄（Bourdieu）将局限于经济学领域的社会资本引入到社会学其他领域的研究中，此时的社会资本范畴涵盖了人力资本、文化资本以及政治资本等诸多资本形态。在布尔迪厄的研究基础之上，学者们对社会资本的研究大致有资源说、能力说、资源要素说、特征说和社会网络说几种，目前学术界对社会资本并未形成统一的认识。

主体，通过相互间的协同作用与集体学习而建立的非正式、复杂的社会关系①。这一概念界定包含两层含义：一是区域创新环境以自然空间地理环境为活动范围，其区域内的自然条件、区位条件、经济实力、基础设施、通信工具、实验条件等构成了区域创新的硬环境；二是区域内行为主体间长期来相互作用形成的风俗习惯、生活禁忌、道德文化、传统观念、普遍惯例、价值信仰等非正式软环境。显然，这一概念忽视了区域内的正式软制度如法律法规和政策条例等，也忽略了区域间的疏通联络与互联互动关系等。基于此，我们认为，后进区域技术创新的环境是指区域创新主体开展技术创新所赖以生存与发展的空间地理环境和人文社会环境，包括区域内自然环境、经济基础环境、基础设施、制度、法律、文化、市场等和区域间的协调沟通、网络衔接关系等。本部分主要从硬环境和软环境两个角度阐述后进区域的创新环境问题。

4.1.3.1 后进区域技术创新的硬环境

一般来讲，后进区域的技术创新硬环境包括经济基础环境、基础设施环境和创新资源环境三类，由于创新资源在上文中已论述，这里不再赘述。经济基础环境反映了一个地区的经济总量规模、结构特征及发展状况等，是区域经济综合实力的表现，雄厚的经济基础是区域技术创新的重要支撑和前提保障；基础设施环境是区域技术创新各要素流动、整合、共享、联络的载体和工具，新知识和新技术的产生与扩散，创新主体间的沟通、学习、协调与合作都离不开现代网络通信信息技术，良好的基础设施环境是后进区域技术创新的必备要件。

（1）经济基础环境。经济基础环境是后进区域技术创新的起点，衡量经济基础状况的指标主要有区域 GDP 总量或人均 GDP、区域经济增长率、三大产业结构、对外贸易规模与结构、区域财政收入、工业企业利润总额、就业率或失业率等。后进区域的经济基础薄弱，产业结构不合理，对外贸易特别是外商直接投资总量较小、财政收入有限，总体经济实力排名靠后，这就限制了区域政府对技术创新的支持力度和实施创新激励的空间，一定程度上影响了后进区域技术创新能力的提升。

（2）基础设施环境。基础设施环境是后进区域技术创新的后勤保障，主

---

① Aydalot PH. Milieu innovateurs ell Europe [M]. Gremt, Paris, 1986.

要包括交通、通信、网络信息等基本设施建设以及与创新高度关联的教育、培训、科研院所、实验室建设等。其衡量指标有铁路、公路、航空等交通设施的稠密程度，固定和移动电话普及率，计算机互联网的发展水平，图书馆、实验室、先进设备、仪器、数据库、数据处理中心等知识信息设施状况。良好的基础设施可大大降低传统的距离衰减规律在产业定位、区位选择和成本核算方面的制约，有效吸引创新人才和资金流入，直接降低创新要素的流动成本，提高创新要素、知识的运作效率，增强区域创新主体的技术创新能力。

4.1.3.2 后进区域技术创新的软环境

后进区域技术创新的软环境包括正式的制度、法律、规章、政策和非正式的风俗习惯、道德文化、传统观念、普遍惯例、价值信仰等。考虑到与区域技术创新关系的密切度，本部分主要探讨制度环境、市场环境和社会文化环境。

（1）制度环境。制度是用以调节个体、团组和组织之间的关系和互动的一整套共同的习惯、规范、常规、做法、规章或法律（Edquist & Johnson，1997）①。新制度学派的代表诺斯将制度视为一个社会的游戏规则，它约束着人们的思想习惯、生活理念和行为方式。通常，制度环境被视为决定生产、交换、分配与消费的一系列基本的政治、社会和法律规则。区域技术创新与制度设计存在相互依赖和相互制约的关系，正式制度如知识产权制度、风险投资制度、区域科技制度、激励创新制度、知识交易制度等有利于规范和激励区域的技术创新活动，减少交易费用，优化创新资源配置，促进创新扩散和转化，提高创新绩效。对于后进区域而言，区域技术创新与制度的移植变迁具有互动性，一方面，区域创新制度安排诱发区域技术创新活力，新技术、新知识的涌现促使后进区域的技术创新跃迁进入更高层次；另一方面，后进区域的技术创新主要通过对先发区域的技术引进、消化吸收、模仿学习的"二次创新"实现，新技术必然冲击原有制度安排，使其表现不适应性，对先发区域的诱致性制度移植催生后进区域实现制度变迁。正如拉坦（Latan，1978）所言："导致技术变迁的新知识的产生是制度发展过程的结果，技术变迁又反过来代表了一个对制度变迁需求的有力来源"②。

---

① ［挪］詹·法格博格等. 牛津创新手册［M］. 北京：知识产权出版社，2009（6）：188.
② Latan V. W.. Incentive system evaluation theory［M］. Shangha：Sanlian Publication House，1994.

　　经济制度、科技制度及法律制度是区域技术创新的三大制度要素。经济制度是基础，目前我国实行的社会主义市场经济体制决定了区域技术创新的市场导向准则，区域技术创新在这特定的制度空间内运行；科技制度是引擎，良好的科技体制对于促进产学研协同、推进技术转化中心（科技园、产业园）建设、健全科技交易市场具有重要的促进作用；法律制度是保障，成熟规范的法律法规对维护公平竞争的市场秩序、促进创新要素的自由流动、保证创新主体的合法收益、保持创新的持续动力提供有力保障。

　　（2）市场环境。通常，市场被定义为商品交易的场所及其发生的一切交换关系的总和。每一次市场交易都包含交易双方、时间、情景、交易标的物等信息，这使得市场具有时空范畴和社会属性。作为一种制度安排，市场发挥着对资源配置的决定性调节作用，这是市场经济国家的基本特征。然而，市场发挥作用的方式、范围、程度却受影响市场机制发挥的因素制约，如市场竞争程度、市场规模、市场结构、市场开放度、市场体系、市场化程度及政府干预等，这些因素构筑了不同的区域市场环境，进而影响着区域技术创新的能力和水平。

　　从技术创新过程看，技术创新所需资源需要市场配置，技术创新的初创成果需要市场交易，技术创新的最终成果需要实现市场价值，技术创新成果的传播与转化需要市场化促成。由此，良好的市场环境对区域技术创新至关重要。从区域市场化进程看，由于历史传统、地理位置、经济发展阶段和水平的差异，我国区域市场化呈现"东高西低"的阶梯态势，东部发达地区在市场体系、市场开放度、市场规模与结构、市场辅助设施的完善度上都明显优于中西部。因此，应加快后进区域市场化进程，培育完备的要素和产品市场体系，整顿和规范市场秩序，创造优良的市场环境，通过市场竞争的外在压力及市场激励的内在动力驱使企业致力于技术创新，进而提高区域技术创新绩效。

　　（3）社会文化环境。社会文化是指某一特定人类社会在其长期的发展过程中所创造的物质财富和精神财富的总和，它体现了人类创造社会历史的发展水平、程度和质量状态，是一个社会历史范畴。通常，社会文化包括价值观念、宗教信仰、行为方式、伦理道德、审美观念、风俗习惯、消费习俗等。区域社会文化环境存在于特定空间区域内，空间的邻近性，使该区域内的个体相对于生活在其他区域的个体有着明显不同的人生态度、处事方式、行为准则、心理偏好、价值理念和评判标准。文化环境是影响区域技术创新的最深层次因素，它在特定环境中长期形成，通过潜移默化的方式从精神层面上左右着人们的思想和行为，不易改变，易于传承。对企业创新而言，社会文化环境影响企业的内部组织结构系统、创新决策者的心智行为方式和管理模式。对后进区域而言，良好的社会文化环境可以营造创新氛围，激发创新精神，提升创新资源利用率和提高创新绩效。

区域创新环境具有系统性、动态性、差异性、特色性、复杂性、网络性、学习性等特征。根据区域创新软、硬环境的差异与匹配关系的不同，可将区域创新环境分为四类（如表4－1所示）：互动型、承接型、吸收型、摩擦型。通过上述分析，我们发现后进区域硬件环境和软件环境都存在较大差距，基本上属于摩擦型创新环境。依据创新环境的现存性和可塑性，我们可以把创新环境分为静态创新环境与动态创新环境。其中，静态创新环境是指促进区域内创新主体不断创新的现存物质、人文、社会环境；而动态创新环境是指为进一步促使区域内创新活动的开展和创新能力的提升，区域创新环境随时间动态变化而人为构建或自我改善的过程（盖文启，2002）。静态看，后进区域创新环境较差，尤其是基础设施及市场状况；但动态看，后进区域创新环境可塑性强，改善空间大，而且当前的内外部条件极为有利，后进区域可在国家倾斜性战略布局中，利用发展契机，找准突破口，完善后进区域的创新环境。

表4－1　　　　　　　　　　区域创新环境的类型与特征

类型	特征	匹配关系
互动型创新环境	充分的创新激励、较强的创新动力和创新能力、积极的创新行为	硬件环境好 软件环境好
承接型创新环境	承接区外创新扩散、区内创新需外在激励、率先创新较难实施、创新潜力难于发挥	硬件环境好 软件环境差
吸收型创新环境	吸引区外创新资源、区内创新呈显特色、创新潜力大	硬件环境差 软件环境好
摩擦型创新环境	各类创新资源稀缺、分散、流失，各种体制、机制、政策、关系冲突，内外部创新活动难以成型	硬件环境差 软件环境差

注：本表根据黄桥庆等（2004）、向清华等（2010）整理所得①。

---

① 黄桥庆，赵自强，王志敏. 区域创新环境的类型及其特征［J］. 中原工学院学报，2004，05：11－12＋37；向清华，赵建吉. 区域创新环境研究综述［J］. 科技管理研究，2010，13：15－18.

4.2　后进区域技术创新市场导向的作用机理

技术创新成功的最终标志在于实现市场价值，即只有使产品创新与工艺创新的结果实现市场化、商业化、产业化，产生显著的经济效益，才能实现创新的成功。由此，市场实现程度是检验技术创新成功与否的客观标准。区域技术创新的终极目标是通过技术创新实现区域生产率的提高、产业结构的优化，进而增强区域核心竞争力和提振经济增长速率。对后进区域来讲，技术创新的实现与否还关系到后进区域是否能够实现空间上的集聚、时间上的压缩、幅度上的跨越，赶超先发区域。可见，市场搭建了技术创新与后进区域赶超发展的桥梁，成为区域技术创新成败的试金石。

要明晰后进区域技术创新的实现过程，关键在于探究市场对区域技术创新的导向机理。事实上，技术创新与市场导向是一个有机的整体，后进区域技术创新与市场存在相互影响、相互制约、相互渗透的互动关系，市场需求导向技术创新，技术创新诱发市场创新，市场在技术创新过程中既是起点，亦是终点。

4.2.1　市场对后进区域技术创新的导向机理

如上述所述，区域技术创新体系需要创新主体、创新客体及创新环境，完备的三要件是区域技术创新能力和核心竞争力形成的关键。对后进区域来讲，技术创新三要件显然存在不足，特别是创新资源的短缺，如何克服创新资源对后进区域技术创新的约束，实施市场导向制度被证明是一个有效的制度安排。市场通过优化资源配置效应、动态学习效应、价值实现效应、分担风险效应、激励与转移效应（产权保护、价值实现）等对后进区域技术创新产生显著影响。表 4 - 2 为市场对技术创新的导向作用。

表 4 - 2　　　　　　　　　市场对技术创新的导向作用

市场功能	技术创新的难题	市场对技术创新的"导向"作用
创新资源配置功能	需要集聚、整合各种创新资源	技术创新资源的整合与优化配置
价格发现功能	难以定价	合理确定价格
信息揭示与传递功能	信息分散、不完全、不对称	技术创新信息披露、传递与分享

市场功能	技术创新的难题	市场对技术创新的"导向"作用
风险分散功能	不确定、风险大	风险管理及分化
降低交易成本功能	交易成本高	降低交易成本
市场制度（产权制度）	技术创新的外溢性	产权制度激励、垄断性收益获取

资料来源：谭开明. 促进技术创新的中国技术市场发展研究［D］. 大连：大连理工大学，2008.

4.2.1.1 作用机理Ⅰ：优化创新资源配置效应

市场的首要功能就是优化配置资源，通过市场供求主体间的自由竞争、自由交易、可以以最小的成本代价，获取资源配置与利用的最大效益，即达到帕累托最优状态。这一不受人为干扰，创新资源自由流动、自由交易的市场行为是后进区域探寻创新资源的捷径。众所周知，区域技术创新是一个高投入、高风险、跨时长、范围广、影响远，需要搜寻、集聚、整合、匹配多种创新资源的复杂过程和系统工程。后进区域在创新人力资源、创新财力资源、创新技术资源等方面都存在不同程度的短缺，解决创新资源的"流向"问题有三个途径：一是自主流入，这种方式受要素本身逐利驱使，一般由低收益区域流向高收益区域；二是市场交易，这种方式受市场供求关系和价值规律支配，对创新主体自身没有且亟需而没有能力引入的资源借助市场的力量促其合理流动和配置，这是一种高效、及时、便捷、可追溯的途径；三是借助社会网络关系、区际合作交流、政府政策介入等实现特定创新资源的共享，即"不求所有，但求所用"，这对于知识、信息、技术尤其是可编码的显性知识具有可操作性，但对于大多创新资源则受诸多限制，尤其对原始性、根本性技术创新则收效甚微。对后进区域来讲，创新资源不但不会主动流入反而"倒流"向先发区域，显然第一种途径行不通；近年来，后进区域虽借重国家"向西开放，向西发展"战略，政府政策介入及区际加强合作，但"铺点式"的支持及"落差式"的合作带来的共享资源毕竟有限，不足以支撑后进区域对创新资源的渴求；培植要素市场体系，开放市场，扩大市场交易规模，通过市场的手段实现创新资源的区内配置便成为后进区域克服创新资源瓶颈的不二选择。

图4-5显示了创新资源的市场交易过程，从中我们可以看出：创新资源的市场交易大致可分为搜寻匹配、协商洽谈、产权转移、组织实施、商业产业化等阶段，各阶段伴随空间转移和时间继起，共同支撑技术创新的实现。

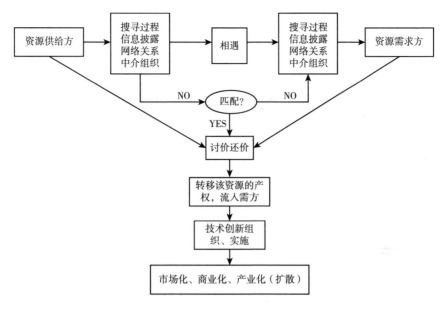

图4－5　创新资源市场交易、组织、实施、应用过程

注：根据谭开明（2008）研究调整绘制。

在这里，市场作为后进区域技术创新的起点，为创新资源的流向指明了方向。从这个意义看，市场决定了区域技术创新的研发方向，正是市场对创新资源的配置赋予了区域技术创新的必备前提。

4.2.1.2　作用机理Ⅱ：动态学习效应

后进区域技术创新能力的获取和技术赶超的实现主要来自创新主体的动态学习效应，而动态学习由市场导向驱动，由此我们可以构建"市场导向——动态学习——后进区域技术创新绩效"的逻辑链。事实上，从知识累积、创造和流动的角度看，技术创新过程实质上就是一个知识的获取、传播、分享和利用的组织学习过程。创新组织学习可分为单环学习（利用式学习）和双环学习（探索式学习）[①]，其中，单环学习引发渐进性技术创新，双环学习引发突破性技术创新。那么，创新主体的动态学习是如何借助市场导向对

---

① 阿基里斯（Argyris，1993）将组织学习划分为单环学习和双环学习，其中，单环学习是最基本的学习方式，强调如何做，是组织在变动的环境下发现错误并予以纠正，使组织运作效果符合既定规范并维持稳定；双环学习是相对复杂的学习形式，强调为什么要这样做，是组织为应对环境变化、发现、反思和质疑组织前提假设、指导策略和行为规范存在的问题，通过转换运作模式，增强学习和创新能力，强化竞争优势和提高组织绩效。

技术创新产生影响，其作用机理是如何实现的？我们借助改进的技术创新链环 – 回路模型加以说明。

技术创新面临的市场可分为现存的显性市场和潜在的隐性市场，针对前者的市场导向为反应型市场导向行为模式，针对后者的市场导向为先动型市场导向行为模式。组织学习首先从显性市场获取产品需求信息、技术知识信息、竞争者经营信息，根据市场环境的变化，适时调整生产经营，进行产品性能、特征及售后服务等小修小补式的渐进技术创新，这种依据需求导向和竞争者导向进行的渐进式创新行为即是组织的单环学习过程及结果；另外，组织依据对显性市场的研判，预测未来潜在市场的前景，通过所有部门共同参与、讨论、协作，调整组织原有心智模型和认知惯性，改变甚至推翻旧有方案，实施全新的设计方案，选择谋求长久优势的突破性技术创新，这种依据职能部门间协同一致进行的新知识创造形成突破性技术创新即是组织的双环学习过程及结果。可见，市场导向通过组织的单环学习和双环学习作用于技术创新。

从技术创新的实现过程及路径看组织学习效应（如图 4 – 6 所示），包含 5 条路径。路径 1：从潜在市场寻找机会，进行知识获取的学习，通过发明设计，再到开发、生产，终于销售。路径 2：从潜在市场到销售市场的一系列 f、F 为标志的反馈回路，终端销售市场信息反馈至技术创新过程的每一步，不断改善产品或服务的设计与性能，这期间不间断进行研发中学习、中试中学习及流程中学习，其学习形式多样，互动式为主。路径 3：发明 – 中试 – 生产过程中遇到新问题，求助于组织长期学习累积的知识库存或组织再学习形成的新知识，图中用 K – R 回路表示，箭头 1、2、3、4 的含义是在设计的各个阶段，若有问题，先看现有知识能否解决，是为 1→K→2 路径；若不能解决，则进行再研究，再指导设计，是为 1→K→3→4 路径。路径 4：组织单环学习、研究直接催生创新设计，由 D 回路表示。路径 5：销售市场信息反馈推动组织双环学习，触发科学研究，由 I 线路表示①。

从技术创新程度及模式看，存在 2 条路径：一是基于显性市场的模仿创新形成渐进式技术创新路径，基本循环线路为：显性市场导向→组织动态学习→改进旧知识→原产品或服务再设计→规模化生产→细分老市场，争夺市

① 赵玉林 . 创新经济学（第二版）［M］. 北京：中国经济出版社，2017：42 – 43；柳卸林 . 技术创新经济学［M］. 北京：清华大学出版社，2014：40 – 41.

场份额→反馈、修正、学习、研究；二是隐性市场的原始创新形成根本式技术创新，基本循环路线为：潜在市场导向→组织动态学习→新知识、新技术→全新产品或服务设计→中试→生产→市场销售，变潜在市场为现实市场→反馈、修正、学习、研究。

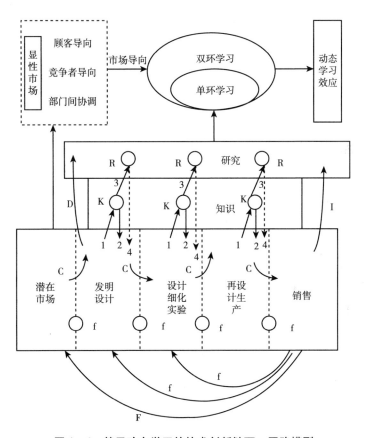

图 4 - 6　基于动态学习的技术创新链环 - 回路模型

注：C 表示技术创新的中心链；f 表示反馈环，F 表示主反馈环；K - R 表示科学技术研究与知识的联系及方向路线；D 表示发明设计与科学研究间的联系；I 表示创新推动科学，累积的科技信息进一步应用到连锁的各环节。

资料来源：在克林和罗森博格（Kline & Rosenberg，1986）研究基础上改进。

对后进区域技术创新而言，创新主体的学习主要有三条途径：一是引进国外先进技术进行学习，包括国际技术市场交易、技术知识性货品贸易、FDI带来技术转移、反求工程、展览、培训、学术交流等方式，其中国际市场交易方式占主导；二是国内技术市场、高校、科研机构、商业协会等通道针对性学习；三是组织内部学习，包括干中学、用中学、互动中学、研发中学、失败中学等[1]。通常，后进区域基于显性市场的模仿创新形成渐进式技术创新是其主要路径，为弥补技术创新动力和能力不足，通过潜在市场导向，深化动态学习能力，加速技术创新进程对后进区域来讲刻不容缓。

4.2.1.3 作用机理Ⅲ：价值增值效应

区域技术创新市场可分为投入要素市场和最终产品市场，主要涉及技术市场、新产品或服务市场。以市场为导向可以为后进区域技术创新带来明显的价值增值效应，据此我们构建"市场导向——后进区域技术创新——价值增值"逻辑链，其作用机理可从两个方面探讨：一是价格发现；二是成本节约。

后进区域技术相对落后，与先发区域相比存在技术差距。后进区域的技术创新往往通过"引进学习→消化吸收→模仿改进→二次创新"实现，通过技术市场交易实现技术时空转移能够增强后进区域技术创新能力和加速技术创新迭代速率。技术商品不同于普通商品，有其独特性，表现在无形性、价格难确定性、所有权垄断性、无限复制性、严重信息不对称性及时效性等，难有一个公正合理的价值评价标准，而完善的技术市场交易制度为技术商品提供了相对公平的价格发现机制。技术商品市场价格形成综合考虑到市场需求状况、研发成本、相关技术成交参考价、第三方评估价、预期收益率、贴现率等因素，采用成本估价法、市场估价法、收益估价法、拍卖估价法等力求还原技术商品"真实的价值"。近年来，技术合同成交额成"井喷"式增长从实践上证明了健全和完善的技术市场能够客观公正地"发现"技术商品真实价格，已成为后进区域获取技术资源，缩小技术差距，模仿创新的重要途径。

通过市场交易获取技术资源可使后进区域大大节省技术创新成本。技术创新的成本包括创新资源交易成本[2]（搜寻成本、谈判成本、测试成本、执行成本、监督成本）、信息获取成本、学习成本、研发成本、中试成本、组织协调成本等，借助技术市场可节约交易成本、信息获取成本和学习成本，不仅可节省技术创新费用，而且可有效缩短技术创新时间。

---

[1] 黄建康，庞春. 技术学习、知识积累与我国企业技术创新能力后发路径 [J]. 江南大学学报（人文社会科学版），2012，03：76-80.

[2] 交易成本由美国经济学家科斯提出，威廉姆斯进一步发展，交易成本包括事前和事后的交易费用，前者包括起草、谈判、决策、检验和维护契约的成本；后者包括争执成本、管理成本、纠纷解决成本、抵押成本等。

由于市场导向实现了技术商品的价格发现和成本节约，无形中降低了后进区域技术创新的模仿成本，经过二次创新，后进区域可以垄断性高价出售创新产品，使得后进区域技术创新带来的新产品或服务实现了市场价值增值。

图 4 - 7 为市场导向对后对区域技术创新价值增值的作用机理。

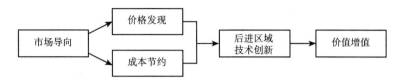

图 4 - 7　市场导向对后进区域技术创新价值增值的作用机理

4.2.1.4　作用机理Ⅳ：分担风险效应

后进区域技术创新风险是指区域内技术创新主体（主要指企业）由于外部环境的不确定性，创新项目的难度与复杂度，以及创新主体自身能力与实力的局限性，导致的技术创新活动失败、中止、撤销、重置或达不到原定预期目标的可能性及其后果（谢科范，1994[306]）。技术创新的高投入、高收益、长周期、复杂性决定了后进区域技术创新同样具有如下特征：一是创新风险的二重性，高风险与高收益并存，集中与分散汇集，成功与失败交织；二是创新风险顺向传递，动态累积，呈现递增性；三是创新风险难预测，不可控，复杂性高。从技术创新全过程看，一般可将风险分为：技术风险、市场风险、组织管理风险三类，其中，技术风险在前，市场风险在后，组织管理风险贯穿始终（张治河等，2015[307]）。

假定 F 表示技术创新风险，n 为技术创新各阶段，I_i 表示技术创新各阶段投资额，P_i 为技术创新各阶段失败概率，则技术创新风险为：

$$F = \sum_i^n I_i P_i \tag{4-1}$$

假定 FR 为技术创新风险收益指数，T 为技术优势指数，M 为市场优势指数，G 为组织管理优势指数，R 为技术周期内收益估值，C 为技术周期内花费总成本，P_T 为技术成功概率，P_M 为市场成功概率，P_G 为组织管理成功概率，S 为技术创新成果与原定设计方案预期的契合度，则技术创新风险收益为：

$$FR = \frac{(T + M + G) \times (R - C) \times P_T \times P_M \times P_G}{C} \times S \tag{4-2}$$

由此，我们可以得出：技术创新风险收益指数与市场成功概率、技术成功概率及组织管理成功概率成正比，与技术创新总投资额成反比。

后进区域技术创新以市场为导向是如何实现风险分担的呢？我们从对技术创新划分的三类风险入手加以探讨。首先，后进区域通过市场交易从先发区域得到"适宜性技术"，并结合本区域要素禀赋结构，进行模仿创新，二次加工，形成首先面向本区域或邻近区域市场的"适应性新技术"，这种"先发铺路，后发改进"式技术创新无疑降低了技术风险。其次，以市场为导向指明了后进区域技术创新的研发方向和路线选择，创新前，预测潜在市场并评估预期收益，创新中，根据变化的市场适时调整方案，改进设计，创新后，及时推向市场，接受市场检验和反馈，并融入领先用户信息，使创新持续运行。可见，以市场为导向，保证了后进区域技术创新的方向性，无形中大大降低了技术创新所面临的市场不确定性风险。最后，技术创新高预期收益驱动和分散创新风险的需要，使得创新主体乐于探寻市场中介组织分担风险，在分享技术创新收益的动力机制下，风险投资公司、银行、保险公司等主体通过投资、信贷、承保等方式助力区域技术创新，承担风险损失，使得技术创新风险多主体、多渠道共担，从而降低了后进区域技术创新的风险。图4-8为市场导向对后进区域技术创新风险分担的作用机理。

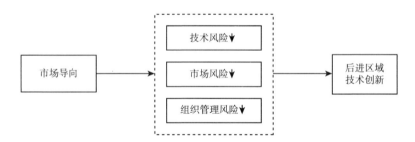

图4-8　市场导向对后进区域技术创新风险分担的作用机理

对后进区域来讲，由于政府财政支持技术创新分摊风险费用有限，更需基于市场机制鼓励各种辅助技术创新的市场中介组织积极参与技术创新的利益分享和风险共担，形成以"市场预期收益驱动，社会分担机制辅助，政府事后补偿协调"的三维区域技术创新风险防范体系。

4.2.1.5　作用机理Ⅴ：激励与转移效应

受自然环境、经济发展水平阶段、市场化进程、区域开放度及区域政策的影响，后进区域技术进步缓慢，产业结构雷同，经济发展活力不足，技术创新存在路径依赖和锁定效应。造成这一现象的关键在于市场竞争意识不强和技术创新激励不足，以市场为导向可塑造后进区域的创新环境，提供创新激励，唤醒创新意识、推广创新成果，保持创新动能。

开放经济条件下，后进区域承接技术转移的途径：一是来自国内市场，二是来自国际市场。从国内市场看，技术市场交易、产业区际转移、跨区域协同创新是其重要方式。由于国内区域间相对一致的人文社会文化政策环境，技术间差距较小，技术转移相对容易，也易于后进区域学习 – 消化 – 吸收 – 再创新，但却往往使后进区域始终处在跟随式发展中，也容易造成经济发展路径的锁定，始终保持与先发区域技术上的"小段距离"，经济上的落后局面。从国际市场看，技术型产品贸易、加工贸易、FDI 或跨国公司的研发活动等是其主要方式，这些方式通过示范效应、竞争效应、人员培训效应及衔接效应带来了技术溢出与扩散，激励后进区域的技术学习与技术模仿。由于国际市场相对国内市场有着更广泛、更深入、更前沿的技术交流平台，后进区域更能意识到自身巨大的技术差距，强烈的危机感，巨大的反差，必然刺激后进区域奋起直追，加快技术学习，提升自身能力。

一般来讲，在相同的条件下，技术差距越大，技术溢出速度越高，技术进步越快。我们可以用一个数学模型加以说明：

假定技术生产 T 由知识存量 S、技术研发能力 R、技术吸收能力 B 组成，技术溢出的速度 δ 是技术差距的增函数：$\dfrac{ds}{s} = \delta\dfrac{s - s^*}{s}$，其中，$S - S^*$ 为技术差距（$S - S^* > 0$），则有：

$$T = S^\alpha R^\beta B H^\gamma \tag{4-3}$$

将 $\dfrac{ds}{s} = \delta\dfrac{s - s^*}{s}$ 代入，求导得：

$$\frac{dT}{T} = \alpha\delta\frac{S - S^*}{S} + \beta\frac{dR}{R} + \gamma\frac{dB}{B} \tag{4-4}$$

从公式（4-4）可以看出，技术差距越大，后进区域通过努力实现的技术进步越大，技术创新能力越强。需要指出的是，这里的技术、技术差距、吸收能力等对后进区域来讲都是适宜性的，不适宜的技术，即便强行引入，也势必造成后进区域技术模仿的"夹生饭"，达不到预期效果。

国内国际技术市场交易的必备前提是技术知识产权明晰，这将催生后进区域加强自身的知识产权保护制度。良好的知识产权保护制度可以规范交易行为，减少交易的不确定性，降低交易成本，产生排他性的创新垄断收益，激励创新者不断开发新产品、新技术，开拓新业务、新市场，从而为后进区域技术创新提供了有效的激励制度。

图4-9为市场导向对后进区域技术创新的激励与转移效应。

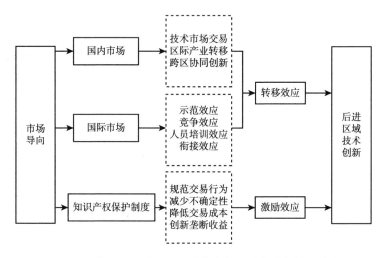

图4-9 市场导向对后进区域技术创新的激励与转移效应

由此可见，市场对后进区域的技术创新导向贯穿于技术创新的全过程，对技术创新的每一阶段，市场都发挥着不同功能，以保证后进区域技术创新的资源配置、研发方向、路线选择及价值实现的顺利进行，如图4-10所示。

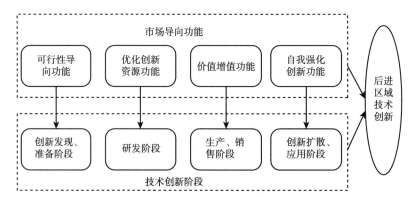

图4-10 市场导向对后进区域技术创新的影响机理

4.2.2 后进区域技术创新对市场创新的影响机理

市场创新是指在市场经济条件下，作为市场主体的企业创新者，通过引入并实现各种市场要素的商品化和市场化，以开辟新的市场，促进企业生存与发展的新市场研究、开发、组织与管理活动（黄恒学，1996[308]）。从经济学的角度看，市场创新就是指新市场需求的开拓与创造。我们知道，从预期市场价值实现的角度看，技术创新面临两个市场：一是现存显性市场，表现为通过工艺创新或现有产品微小渐进式创新以规模经济或范围经济对原有市场进行争夺、深挖与细分；二是未来潜在市场，这是一个全新的"蓝海"领域，需要对产品进行突破性创新实现，是真正意义上的市场创新。市场创新实际上就是通过技术创新开拓新领域、新市场，唤起新需求，产生新的 P－C 组合（产品－消费者组合）。其基本逻辑线为：技术创新→新 P－C 组合→新市场开拓→区域经济新增长亮点。图 4－11 为市场创新行动矩阵。

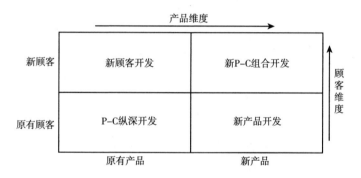

图 4－11 市场创新行动矩阵

资料来源：肖建生. 市场创新机理及绩效评价指标体系研究［D］. 福州：福州大学，2002.

图 4－11 从产品和顾客两个维度将市场创新行动分为四类：P－C 纵深开发、新产品开发、新顾客开发、新 P－C 组合开发。P－C 纵深开发针对原有顾客和原有产品，通过提供更加优质的附加产品或服务、良好的购物体验培养忠诚顾客，将原市场进一步深入和细分；新产品开发对于创造新顾客、应对同业竞争、克服产品生命周期缺陷具有重要意义，其主要开发类型有新问世产品、新产品线、现有产品线的增补品、现有产品的改进更新、市场再定位与开拓、降低成本 6 种类型；新顾客开发是以现有产品克服市场进入壁垒开发新市场，包括开拓新的区域空间市场和争夺现有市场份额；新 P－C 组

合开发是以新产品开拓新市场，虽然成功后可以获得得天独厚的市场先入优势，但风险与机遇并存，这类组合往往伴随强大的营销创新及其他辅助创新。

后进区域市场空间广阔，而大多还处在未开拓的"处女地"，原有市场留有空隙，新市场有待开发，这就为技术创新带来了强大吸引力。技术创新组织可以通过工艺创新降低成本，产品创新提高价格，来影响原有市场的规模、集中度及壁垒改变其市场结构，破除地区市场封锁、开拓新市场，完善市场体系，推进后进区域市场化进程，实现区域市场一体化。具体来看，后进区域的技术创新对市场的影响机理可以从微观产品、中观产业及宏观总供求三个角度加以探讨。

4.2.2.1 微观层面："技术－产品－市场"

技术创新包括产品创新和工艺创新，其中，按产品创新程度，技术创新又可分为垂直创新、水平创新和跨界组合创新。垂直创新是技术范式不变下，沿原先思维模式和路径轨迹改进和改善产品或产品组合，这种改良渐进式创新以现存市场为导向，深度挖掘市场需求特征，并渗透和争夺现存市场份额，改变市场势力和集中度，为现有产品扩展市场发展空间；水平创新是突破原有技术范式，摆脱原有思维逻辑和路线轨迹进行颠覆传统的全新产品创新，这种颠覆式技术创新并非分享旧市场而是创造新市场，它改变消费者偏好，引领市场需求，在商业模式创新和营销管理创新的辅助下，开辟新产品意义上、地域意义上和需求意义上的新市场；跨界组合创新是跳出组织之外，跨区域、跨行业、跨市场、跨群体，多范围、多渠道搜寻、融合看似不相干的创新元素，相互渗透，整合、协同组装成全新的产品或产品组合，这种跨界组合创新注重技术组合跨界融合和商业模式的突破组合，体现新锐的生活方式，交叉的需求特征，整合产业链和价值链，创造"主流＋主流"的"新蓝海"市场。

依据黄恒学的研究，我们不妨将市场创新分为首创型、改创型和仿创型三类，首创型市场创新是指率先向市场成功推出全新产品或率先成功采用一种全新营销理念和商业模式；改创型市场创新是对首创市场的改进和再创造，通过不断完善以适应新的环境变化和塑造市场形象；仿创型市场创新是对现有市场模型的模仿和复制，虽不能取得市场领先地位，但可凭借自身独有的资源获取较大的市场竞争优势和取得相应市场势力[①]。由此，我们认为水平创新对应首创市场，垂直创新对应仿创市场，而跨界组合创新对应改创型市场，如图4－12所示[②]。

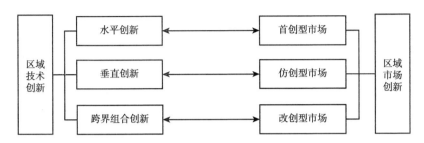

图4－12 微观层面技术创新引发市场创新的对应关系

4.2.2.2 中观层面："技术创新－区域产业－市场拓展"

技术创新对区域产业发展的影响体现在：一是产业集群效应，二是产业结构升级效应。通常，区域产业结构是由该地区的要素禀赋结构决定的，后进区域相对富于劳动、自然资源，形成劳动密集式资源依赖型经济，致使产业层次低、结构不合理。后进区域技术创新与本地要素禀赋结构相结合，形成适应产业需要的"适宜性技术"，如劳动节约型技术创新，这对于形成本地特色科技型产业，进行产品深加工，深挖和细分产品市场，增加产品附加值，跃迁产品价值链上端，实现产品升值和拓展市场空间具有重要推动作用。后进区域技术创新与本地原有优势产业相结合，提升产品科技含量，优化产业结构，形成产业集群，通过目标集聚渗透市场，辐射带动周边市场的兴起。

图4－13描述了从技术创新到技术产业化再到市场拓展的逻辑线路，从中我们可以看出：价值链联结技术链和产业链，三者共同形成技术创新链，技术创新推动区域产业集群和结构优化，并从区域内市场深挖和区外市场拓展两个角度推进区域内外市场一体化。

---

① 黄恒学（1998）、赵玉林（2007）等相关研究。

② 技术创新与市场形态的关系亦可分为：开拓型市场（产品创新创造新的市场机会）、发展型市场（产品创新扩大市场占有率）、维持型市场（创新产品替代即将退出市场的产品，保持市场份额）、收缩型市场（放弃部分市场、巩固其余市场），市场进入次序和机制：率先进入、敏捷进入、谨慎进入。

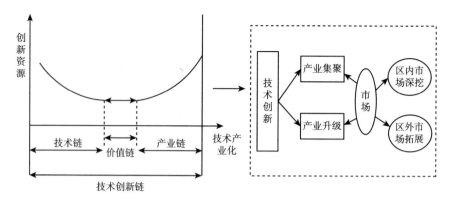

图 4 – 13　技术创新、区域产业与市场开拓关系

4.2.2.3　宏观层面："技术创新 – 总供求市场模型"

从宏观经济发展角度看，技术创新引起总供求曲线外向移动：一是技术创新使生产可能性曲线外拓，总供给增加；二是改变消费者偏好，提高消费者边际消费倾向，释放消费者购买力，从消费需求和投资需求两个维度刺激有效需求，引起总需求曲线外移。在总供给和总需求的相互作用下，通过技术创新的溢出效应、乘数效应、加速数效应带动经济提质增效。

图 4 – 14 左图展示了技术创新引起生产可能性曲线外扩（箭头所示：P1→P2）和消费者无差异曲线外扩（效用提高：U1→U2），右图展示技术创新引起总供给线右移（AS1→AS2），总需求线右移（AD1→AD2），右移后二者相交于 E2（由 E1→E2），均衡后总产出为 Y2（Y1→Y2）。可见，技术创新引致市场扩大，总产出增加。

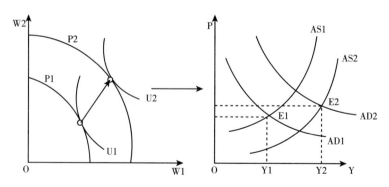

图 4 – 14　技术创新引起总供求曲线变化

4.3　后进区域技术创新市场导向的实现机制

上文探讨了后进区域技术创新市场导向的作用机理，从中我们明晰了市场导向是如何对后进区域技术创新发生作用以及技术创新又是如何激发市场创新，进而引致经济发展。本部分将进一步探讨后进区域技术创新市场导向的实现机制，包括动力机制、运行机制、约束机制以及保障机制。图 4－15显示各机制间与实现机制的关系。

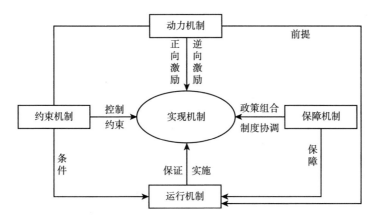

图 4－15　后进区域技术创新市场导向的实现机制

（说明：动力机制通过正向激励和逆向激励对技术创新实现机制产生影响，约束机制通过创新资源控制和外在环境约束影响技术创新的实施，运行机制保证实施技术创新的实现机制，保障机制通过政策组合和制度协调保障技术创新的实现机制。动力机制是运行机制的前提，约束机制是运行机制的条件，保障机制是运行机制的保障。）

技术创新的主体是企业，企业技术创新的成败决定了后进区域技术创新的能力及核心竞争力。为此，我们首先从企业的视角看技术创新市场导向的成因与运行，我们认为企业的技术创新成败主要取决于五个方面：市场需求、市场竞争、市场机会、市场价值及企业自身动态能力。由此，我们构筑了以市场为导向的企业技术创新"飞机模型"，如图 4－16 所示。

我们将飞机模型分为五部分：机头、机身、机尾及两翼，其中，动力装置及操作系统在机头，是飞机起飞的关键及核心；机身为客舱，是承载平台；机尾是安定舵，掌控升降、俯仰的方向；两翼是升力器，起到操纵和稳定作用。对应于技术创新市场导向的不同功能定位，我们将市场价值视为机头，市场需求视为机尾，市场竞争及市场机会视为两翼，技术创新本身为机身，通过市场需求和市场价值的"推拉"牵引，市场机会和市场竞争的"助力"推进，共同搭起了技术创新这架"飞机"的起飞与翱翔。在这里，市场需求起推力作用，包括：新产品或新工艺的现实市场需求与潜在市场需求；市场竞争起迫力作用（迫使企业进行技术创新），包括：同行业间现实或潜在竞争、同质产品间竞争、上下游供应链竞争、价值链竞争及消费者与生产创新企业间竞争；市场机会起引力作用（吸引企业进行技术创新），包括：适宜的社会环境、创新资源的可获得性、激励制度安排、风险的大小及竞争对手反应等；市场价值起拉力作用，包括：推向市场时机、交易成本、模仿速率、技术适宜性及复杂性、消费者认可度及市场开放度（突变、规模、集中度）等。

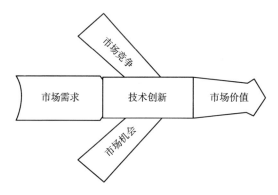

图 4 - 16 企业技术创新市场导向的"飞机"模型

注：企业技术创新面对"五力"驱动，即：市场需求推力、市场竞争迫力、市场机会引力、市场价值拉力及自身备有冲力，五种力量驱使企业以市场为导向进行技术创新，以获得创新垄断性利润，保持动态竞争优势及维系专用性资产的能力。

由此可见，市场承载着以企业为主的区域技术创新的动力系统和实现机制，那么，市场是如何实现对后进区域技术创新的调控作用，其实现机制是如何运行的？我们对此做深入分析。

4.3.1 动力机制

技术创新的动力机制即是创新主体在充分考虑资源约束、创新风险、预期收益、时滞、政策变动（执行时间段）等因素而表现出的对创新的积极性和主动性的程度，由内源动力和外在刺激相互联系、相互作用，共同驱使。

从市场角度探析技术创新的动力机制,至少需要明晰两个问题:一是技术创新的动力源及如何产生动力;二是动力源如何发生作用于技术创新,使其形成、运行、持续。

自 20 世纪 50 年代始,学界关于技术创新的动力机制研究先后经历了技术推动、需求拉动、技术与市场的耦合互动、一体化与并行、系统集成、交互网络化以及包括斋藤优的 N-R 关系论、多西的技术范式 – 技术轨道说、纳尔逊的系统 – 演化论等。总体看是从内部动力和外部刺激两个视角分析,内部动力有经济收益、企业文化、内部学习、组织资源等,外部刺激有市场需求、竞争压力、制度激励、科技经济及发展趋势等,图 4 – 17 为技术创新的动力机制。

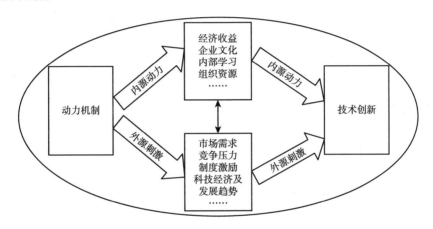

图 4 – 17　技术创新的动力机制

事实上,技术创新的动力机制即是激励机制,而激励如何驱动技术创新动力实现取决于激励强度和预期收益概率,为此,我们参考弗洛姆(v. H. Vroom,1964)的期望理论模型,构建技术创新的动力机制模型。

弗洛姆的期望理论基本公式为:

$$M = \sum V \times E \qquad (4-5)$$

其中 M 表示激发强度(动机),V 表示预期目标价值(效价),E 表示达到目标的概率(期望值)。

据此,我们构建如下技术创新的动力机制模型:

$$M_I = f(V_{i,t}, \alpha_{i,t}, \delta_{i,t}, E_i, \theta_{i,t}) = \delta_{i,t} E \sum_{t=1}^{n} \alpha_{i,t} \theta_i V_{i,t} \qquad (4-6)$$

其中，M_I 表示技术创新动机，$V_{i,t}$ 表示预期目标价值，$\alpha_{i,t}$ 表示技术创新主体内在需要兑现及时性系数，t 表示滞后期，则：$\alpha_{i,t} = 1/(1-r_t)^t$，$r_t$ 为现期偏好系数，与收益预期时间负相关，预期时间范围越长，r_t 值越小，一般来说，$\alpha_{i,t} \leqslant 1$。$\delta_{i,t}$ 表示创新活动的风险系数，创新活动的风险主要有技术风险、市场风险、政策风险等；E_i 表示创新主体基于自身创新能力的创新成功概率，$\theta_{i,t}$ 表示激励创新政策的变动率。

考虑市场的功能和在技术创新中发挥的作用，加入市场因素，设市场对技术创新活动的影响系数为 $\varphi = e^{\tau}$，其中 $\tau \geqslant 0$，则 $\varphi \geqslant 1$。从而技术创新的动力机制模型变为：

$$M_I = f(V_{i,t}, \alpha_{i,t}, \delta_{i,t}, E_i, \theta_{i,t}, \varphi) = \varphi \delta_{i,t} E \sum_{t=1}^{n} \alpha_{i,t} \theta_i V_{i,t} \qquad (4-7)$$

市场制度是一种实施费用低、效率高的激励制度，市场对技术创新的作用体现在：（1）提高技术创新净收益 $V_{i,t}$ 及创新主体对净收益的预期，加速净收益的实现。$V_{i,t}$ 是预期收益与预期成本之差，技术创新市场可加快技术成果的转化，实现技术创新成果的商业化和产业化，顺利实现技术商品的价值增值；减少交易环节，减少资源投入，降低交易成本，发挥价值评估、咨询与服务功能。（2）正向影响技术创新主体内在需求兑现的及时性系数 $\alpha_{i,t}$。（3）成熟的技术市场提高创新主体基于自身创新能力的创新成功概率。

4.3.2 运行机制

后进区域技术创新市场导向的运行机制是指区域创新主体实施技术创新受市场内在运行机制（包括供求机制、价格机制、竞争机制及风险机制）和外在调控机制（包括如动力机制、约束机制和保障机制）的相互联系、相互制约及功能发挥的作用而有效运作的过程与方式。该运行机制是一个系统的、动态的、复杂的、非线性运行方式。理解运行机制需明确三点：一是运行机制包括市场内在运行机制和外在调控机制，其中，内在运行机制在市场环境中自发运行，外在调控机制随具体情境变化而调整。二是运行机制是循环流转的动态过程，运行效率受制约因素影响，不同环境下绩效不同。三是运行机制反映市场运动客观规律。本部分主要探讨技术创新市场的内在运行机制。

为清晰理解运行机制概念，我们可以用数学表达式的形式加以阐释。假定 EM 表示市场绩效（efficiency of market），MO 表示运行机制（mechanism of operation），*MO*1 表示供求机制，*MO*2 表示价格机制，*MO*3 表示竞争机制，*MO*4 表示风险机制，则有：

$$EM = f(MO) \qquad\qquad (4-8)$$

其中，*MO* 包括 *MO*1、*MO*2、*MO*3、*MO*4 等市场内在运行机制及动力、约束和保障等外在机制。市场整体功能的发挥及绩效的大小取决于上述机制运行的状态。

针对技术创新过程而言，主要涉及两个市场形态：创新要素市场和创新产品市场。若将技术创新过程分为酝酿、准备、研发、中试、营销、扩散、绩效等阶段，则市场运行机制在各阶段的作用发挥和功能实现如图 4 - 18 所示。

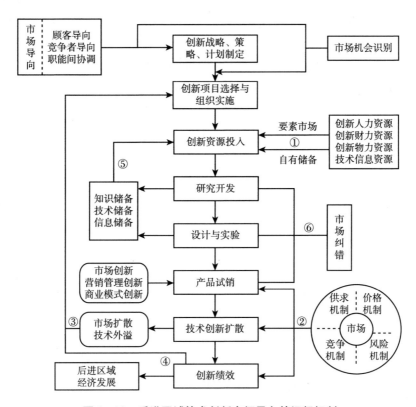

图 4 - 18　后进区域技术创新市场导向的运行机制

注：①②是市场内在机制运行过程，④⑤是循环过程，③⑥是反馈过程。⑦本图在设计过程中参考了魏江、许庆瑞（1994）的研究。

从图 4 - 18 中我们可以看到：其一，后进区域技术创新的动机来源于对市场机会的识别，其创新战略、策略、计划的制定，通过市场调研，依据顾客信息、竞争者信息及参与力量的沟通、协调，反馈至创新组织决策层进行抉择。其二，一旦决定创新项目组织实施，则进入创新相关要素的探寻、整合、投入阶段，对后进区域来讲，各种创新要素一般不会自备齐全，需要在要素市场交易实现，此时要素市场的供求机制、价格机制、竞争机制及风险机制发挥作用，完备的要素市场体系及规则可以使创新主体以较低的交易成本、合理的交易价格得到适宜的创新要素，这样就完成技术创新的准备阶段。其三，技术创新的研发、设计与实验阶段是一个不断依据变化的市场形势进行不间断改进、纠错的过程，而且在这一阶段逐渐累积新技术、新知识、新信息并形成创新资源储备，为技术创新的改进、持续，注入新鲜血液。其四，技术创新的产品试销、技术扩散是一个涉及市场开拓、传播与效益实现的过程，在这一过程中，产品市场的供求机制、价格机制、竞争机制及风险机制始终发挥着决定性作用，它决定着技术创新最终结果的成败，并深刻影响着下一步创新的方向及路径[①]。其五，技术创新的循环、持续，不断推动后进区域的生产率提高，产业结构的优化，进而带动经济的快速发展。

从市场对技术创新的导向看，我们发现技术创新沿着"市场机会识别→要素市场机制运行→动态市场纠错→产品市场机制运行→市场价值实现"的路线轨迹运行。从循环流转角度看，我们发现技术创新持续的动力源为："技术创新→创新要素更新、储备→再创新"以及"技术创新→市场价值实现、获取创新收益→再创新"。

4.3.3　约束机制

后进区域技术创新的约束机制是指后进区域通过系统控制和制度规范的手段使技术创新行为过程朝着既定的目标方向自觉、主动、良性地运行，从而保证技术创新活动在特定时空范围内的有效性和合理性。基于魏江、许庆瑞（1994）[309]的研究，我们把约束机制分为内部约束和外部约束，其中，内部约束包括创新资源约束、组织等级管理约束及创新目标约束；外部约束包括市场需求约束、法规制度约束及行业间关系约束等。

---

① 关于市场机制的运行过程在第 3 章 3.3.2.2 节市场运行机制中已论述，这里不再赘述。

　　俗话说："无规矩不成方圆"。约束机制通过相互制衡和强制执行来规范技术创新的有效运转，提高技术创新的成功率，是创新组织不得不遵循的创新法则。约束机制对技术创新的作用途径如图4-19所示。

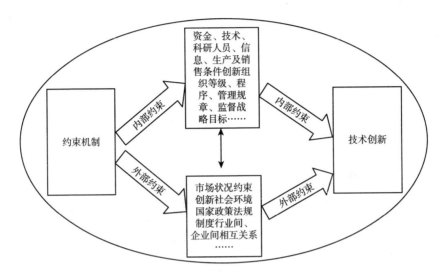

图 4-19　技术创新约束机制

4.3.4　保障机制

　　后进区域技术创新的保障机制是后进区域运用经济、法律、政策、制度等一系列手段为区域技术创新提供物质和精神支持，为区域技术创新的持续与良性发展保驾护航。一般来讲，技术创新的保障机制主要涉及：（1）经济政策，包括市场体系建设、财政政策、税收政策、金融政策等，经济政策是保障机制的物质基础条件。后进区域往往市场体系不健全，特别是要素市场发育不完善，通过经济杠杆培育统一、开放、竞争、有序的市场体系对后进区域尤为重要，是发挥市场对技术创新导向作用的必备前提。（2）科教文化政策，包括塑造创新的文化氛围和培养优秀的创新人才。提高后进区域的技术创新文化水平，必须对传统文化重物轻人的思想进行变革，要注重人的主观能动性及创新精神的培养和塑造，挖掘创新潜能和激发创新斗志，为此，以人为中心，着力培养创新型人才就变得尤为重要。（3）法律制度，包括资源配置法、成果保护法、成果转化法及激励评价考核法等，法律是最具权威的制度保障，技术创新的成功与否，不仅取决于技术水平和市场潜力，更与法律环境的接纳与支持分不开。健全的法律制度不仅保障创新主体的合法权益不受侵害，而且对稳定创新活动开展，提高创新活力，考评创新绩效、协调创新主体利益分配有着重要的支撑和保障作用。技术创新保障机制的构成及其相互关系如图4-20所示。

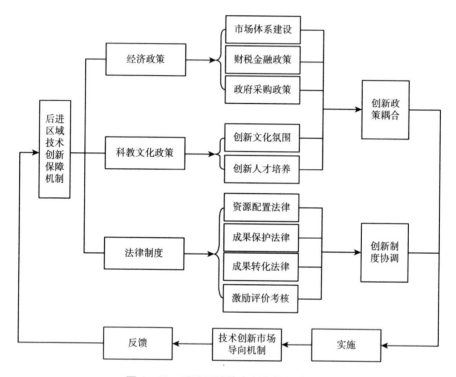

图4-20　后进区域技术创新的保障机制

从图4-20我们可以看到：后进区域技术创新的保障机制是通过"政策组合与制度协调→实施→反馈→改进"的相对稳定与动态调整相结合的过程实现对后进区域技术创新的对接与规范、保障与监管。

4.4　本章小结

本章系统地阐述了后进区域技术创新市场导向的构成要件、作用机理及实现路径，主要得出以下结论：

　　首先，本章从技术创新主体、客体和环境三个维度探讨后进区域技术创新的构成要件。其中，技术创新的主体是实施技术创新的行动者，包括企业、科研院所、高校、政府、中介机构等；技术创新客体是维系技术创新的投入要素，包括人力资本、物质资本、财力资本、信息资本和社会资本等；技术创新环境是区域创新主体开展技术创新所赖以生存与发展的空间地理环境和人文社会环境，包括区域内自然环境、经济基础环境、基础设施等硬环境和制度、法律、文化、市场、区域间的协调沟通、网络衔接关系等软环境。与先发区域相比，后进区域技术创新的三要件都不尽如人意，但创新要素资源的短缺是制约后进区域技术创新的主要"瓶颈"，而克服的唯一有效途径在于市场导向。

　　其次，本章从后进区域技术创新与市场互动关系及传导途径方面系统探讨了二者间的作用机理。在市场对后进区域的技术创新导向机理方面，主要从优化资源配置效应、动态学习效应、价值实现效应、分担风险效应、激励与转移效应（产权保护、价值实现）5 个视角深入剖析，证实实施市场导向制度是后进区域技术创新实现的有效制度安排。在后进区域技术创新对市场的影响机理方面，主要从微观产品、中观产业及宏观总供求三个角度加以探讨技术创新是如何影响市场体系、市场结构、市场规模及市场总供求模型，进而推进后进区域经济快速发展。

　　最后，本章进一步从动力机制、运行机制、约束机制及保障机制四个方面深入探讨了后进区域技术创新的市场导向实现机制。指出：动力机制通过正向激励和逆向激励对技术创新实现机制产生影响，约束机制通过创新资源控制和外在环境约束影响技术创新的实施，运行机制从市场内在的供求、价格、竞争及风险机制的相互作用、循环流转、反馈纠错的过程中保证技术创新的实现机制，保障机制通过政策组合和制度协调保证技术创新的实现机制。

第5章 后进区域技术创新市场导向的
机制模型与实证检验

第4章我们系统探讨了后进区域技术创新市场导向的作用机理及实现机制，从中我们明晰了后进区域技术创新以市场为导向的必要性及必然性。然而，后进区域的市场现状及技术创新状况是否承载和适应了技术创新以市场为导向？为清楚了解现实中后进区域的实际状况，我们通过现状分析、模型构建及实证检验的方式全面深入剖析后进区域技术创新市场导向的真实情况，以便为健全后进区域技术创新市场导向机制奠定目标方向。

5.1 后进区域技术创新和市场的现状分析

中国幅员辽阔，人口众多，是一个从计划经济向市场经济、从工业经济向知识经济、从封闭自守走向开放创新的转型国家，不同地区所处的历史条件、转型的速度、方式和开放程度存在差异，从而导致区域创新体系发展程度和结构的差异性。从经济发展水平，兼顾地理、行政区划，通常将中国区域划分为东、中、西三大区域①，而考虑到经济发展起步、水平、阶段及方式的同时依据技术进步的方式及贡献，又可将区域划分为先发区域与后进区

---

① 我国的经济区域划分经历了从"三大板块"到"四大板块"的演进，最早在1986年七五计划东中西三大经济区域，其中，东部地区包括北京、上海、天津、辽宁、河北、江苏、福建、浙江、广东、山东、海南11个省（直辖市）；中部地区包括黑龙江、吉林、安徽、山西、江西、湖北、河南、湖南8个省，西部地区包括内蒙古、广西、四川、西藏、贵州、重庆（1997年设直辖市）、云南、陕西、甘肃、宁夏、青海、新疆12个省（自治区、直辖市），2003年将东北三省——辽宁、吉林、黑龙江单列出为东北地区，这样就形成东（10个省级单位）、中（6个省级单位）、西（12个省级单位）、东北（3个省级单位）四大经济区域。

域①。考量后进区域的重要指标在于经济发展水平、市场表现及技术创新水平，由此，我们将从人均 GDP、第三产业占比、GDP 年增长率、技术创新水平及市场化程度五个方面加以探讨（其中前三个方面衡量经济发展水平）。

5.1.1 后进区域经济发展状况

自 1978 年改革开放至 2016 年的 38 年来，中国以年均 GDP 增长率达9.6%，经济总量从 3645 亿元跃升到 741339 亿元，人均 GDP 从 200 美元的绝对低收入国家成长为人均 GDP 接近 8000 美元的中等收入国家②，成为名副其实的世界第二大经济体。但区域间经济发展不平衡和差距拉大却是不争的事实。我们知道，看待区域发展水平不仅要看总量更要看人均量，而人均量更能说明问题；看待区域发展阶段和程度，则要看区域间三大产业各自占 GDP的比重，尤其是第三产业增加值占比及排名情况；看待区域间发展差距能否缩小，则需看年际间增长率的高低比较③。由此，我们以省级行政区划为单位，从历年人均 GDP 排名、第三产业增加值占 GDP 的比重及排名和历年GDP 增长率排名三个维度考察后进区域的经济发展状况。

5.1.1.1 历年人均 GDP 排名

人均 GDP 能较好反映经济发展水平和程度，而且能够反映居民收入水平和生活质量。我们以 2007～2016 年中国 31 个省（市、区）的人均 GDP 排名来分析，从图 5-1 我们可以看出：这 10 年来，天津、北京、上海、江苏、浙江、山东、广东、内蒙古、福建 9 个省区始终处于前十位，而只有内蒙古属于传统意义上的西部地区，其余均属东部。值得一提的是，辽宁省仅在2016 年跌出前十位，这与近年来中国经济发展进入调整换挡的低速发展"新常态"有关。贵州、甘肃、云南、西藏、江西、安徽 6 个省区始终处在后十位，其中，江西、安徽属于中部地区，其余属于西部。四川除 2010 年外也处在后十名阵营，而山西（自 2013 年）、黑龙江（自 2014 年）近年来排名下降幅度较大,海南、河南则呈现"中间年份排名靠后,而两头排名靠前"的势态。

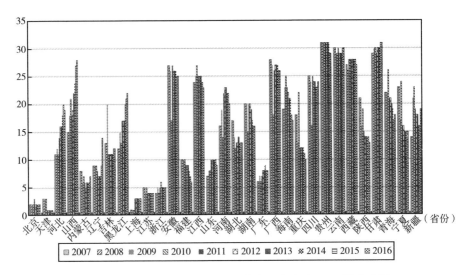

图 5 – 1   2007 ~ 2016 年中国 31 个省区市人均 GDP 排名比较

资料来源:历年统计年鉴及各省市区统计年鉴。

对比发现:东部区域人均排名总体明显靠前,而西部区域(除内蒙古)则明显靠后,资源型区域或东北老工业基地如山西、辽宁、黑龙江则在近年来经济调整换挡期中明显走下坡路,而重庆、陕西则表现出经济发展的强劲势头。

5.1.1.2   第三产业占 GDP 比重

三大产业占 GDP 比例状况是一国或地区经济发展水平、发展阶段、发展方向及产业结构优劣的重要指标。第三产业增加值占 GDP 的比重反映了一个地区的产业结构,比重的变化代表了产业结构升级水平。我们以 2007 ~ 2015 年中国 31 个省(区、市)的第三产业占 GDP 比重状况来分析区域经济发展程度,从图 5 – 2 中我们可以看出:第三产业占比高,排名靠前的有北京、上海、西藏、海南、天津、广东、浙江、江苏等,而排名较靠后有河北、河南、青海、陕西、广西、江西、吉林、安徽等。从近几年的变化幅度看,山西、重庆、四川、安徽、辽宁及青海提升幅度较大,说明这些省份正面对着一波产业结构调整升级期。整体看,中国各省域第三产业占比正处在逐年提高阶段，说明中国正进入经济结构调整升级的换挡期，产业结构处在优化中。从区域差异看，三大区域并无明显差异。

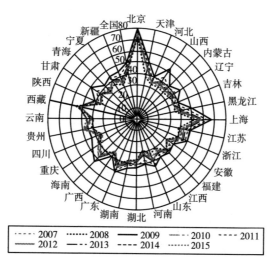

图 5 - 2　2007～2015 年中国 31 个省区市第三产业增加值占 GDP 比重
数据来源：2008～2016 年中国统计年鉴。

5.1.1.3　历年 GDP 增长率

GDP 的年增长率可视为经济发展速度及潜力的重要指标。我们以 2007～2016 年中国 31 个省（区、市）GDP 各年增长率排名为分析数据，从图 5 - 3 我们可以看出：以 2011 年为分界线，2011 年以前各省区经济增长率基本都在 10% 以上，2011 年后各省区经济增长率明显放缓（基本低于 10%）。就省际比较而言，重庆、贵州、西藏三省（区、市）的经济增长率比较抢眼，各年度都在 10% 以上，而且增长势头不减，处在第一梯队。天津、安徽、福建、江西四省市也明显高于其他省份，处在第二梯队。而河北、山西、辽宁、黑龙江、吉林五省份的经济增长率明显较低，特别是山西、辽宁，辽宁省 2016 年甚至出现负增长（-2.5%）。其余省份差距不大。

一般来讲，经济总量越大，提升幅度越难，经济总量越小，提升幅度越相对容易。但从各省份间的整体比较来看，并无明显的迹象表明，西部落后地区有着较高增长率，也就是说，西部落后地区并无明显的赶超迹象，反而有着随中国经济走势一致的趋势，落后地区与发达地区差距依然存在，甚至在拉大（有着相似的增长率即意味着差距将进一步扩大）。

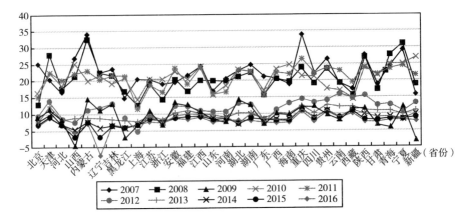

图 5 - 3   2007 ~ 2016 年中国 31 个省区市 GDP 各年增长率排名比较

资料来源：中国各省（市区）历年统计年鉴。

依据我们对后进区域的定义，从经济发展整体状况看：甘肃、贵州、西藏、云南、山西、黑龙江、四川等属于典型的后进区域。

5.1.2 后进区域技术创新水平

创新驱动经济发展已被理论和实践普遍证实，而对中国区域经济发展来讲，正面临着经济调整换挡和结构转型升级的关键期，实施创新驱动发展战略有着更深远的意义。技术创新作为这一战略的核心和关键已引起各区域普遍重视，然而，各区域技术创新水平和能力存在明显差距。考虑到技术创新衡量的复杂性，单纯的研发支出、新产品产值或发明专利有着各自的局限性[①]，我们以国内较权威的《中国区域创新能力评价报告》为研究基础，考察中国 31 个省（区、市）历年创新能力总体排名比较，以说明后进区域的技术创新状况。

区域创新能力是针对该区域创新能力与其他区域相比而言的相对排名，是间接比较的结果，它包括知识创造、知识获取、企业创新、创新环境及创新绩效五个一级指标，并将一级指标再次分实力、效率与潜力三层，从而不

---

① 关于技术创新的衡量问题：一是以新产品产值为标准存在新产品的界定及某些新产品并非具有技术含量以及过程创新无法体现；二是研发支出无法体现技术创新成果且大量研发支出未必转化为技术创新；三是专利申请数，有些专利并不包含技术含量，有些技术创新出于保密需要并不申请专利，而中国大多专利属实用新型或外观设计，其技术创新水平相对较低。

仅可以看到总量变化，而且可以看到个体变化的幅度和速度①。

我们以 2009～2016 年中国 31 个省（区、市）创新能力总体排名为分析基础，从图 5－4 我们可以看出：始终排名前十位的有江苏、广东、北京、上海、浙江、山东及天津共七个省市，且都属于东部地区。而始终排名后十位的是云南、西藏、青海、宁夏及新疆共五个省区，且都属于西部地区。排名靠近前十位的有湖北、湖南、陕西及安徽，排名徘徊在后十位的有山西、内蒙古、吉林、黑龙江、江西、广西、贵州及甘肃共八个省区，大多位于中西部地区。而重庆市则是近年来技术创新能力排名进步最明显的省级单位。

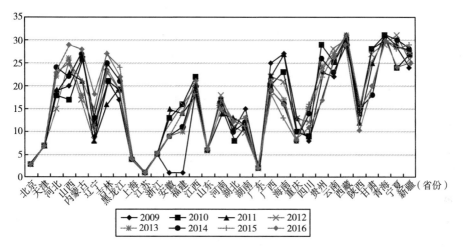

图 5－4　2009～2016 年中国 31 个省区市创新能力排名比较

资料来源：柳卸林等著的中国区域创新能力评价报告（2009－2016）。

可见，东部地区的创新能力明显高于西部地区，区域分界明显。值得说明的是，创新能力强并不意味着有较高的经济增长率或更强的经济表现，比如内蒙古、西藏、贵州创新排名比较靠后，但经济增长率却较快，内蒙古人均 GDP 排名前十名；安徽省创新能力排名靠前，但人均 GDP 排名却靠后，另外，甘肃省的创新排名与经济增长率和人均 GDP 明显不相符，这说明在中国技术创新能力尚未转化为现实生产力，创新驱动发展战略在相当一部分省份并未收到明显成效。

从区域创新能力排名看：云南、西藏、青海、宁夏、新疆、山西、内

---

① 中国科技发展战略研究小组、中国科学院大学中国创新创业管理研究中心著. 中国区域创新能力评价报告 2016［M］. 北京：科学技术文献出版社，2017：51－54.

蒙古、吉林、黑龙江、江西、广西、贵州及甘肃 13 个省区属于后进区域。

5.1.3 后进区域市场化程度

中国之所以取得如此巨大的发展成就，无疑与改革开放以来的市场化改革进程密不可分。某种程度上讲，正是由于中国实施了市场化改革，才造就了今天中国的"发展奇迹"，而据孙晓华等（2015）[310] 研究，中国区域间之所以发展差距拉大，也是由于各区域市场化水平差异所致。

尽管市场化程度的考量版本很多，但以王小鲁、樊纲等自 2000 年开始关于中国分省份市场化指数报告的研究最负盛名。我们以其 2016 年的报告为分析基础，探讨 2008 ~ 2014 年间中国各区域的市场化指数排名。市场化指数由分别反映市场化程度的某个特定方面的五个指标衡量，分别是：政府与市场的关系、非国有经济的发展、产品市场的发育程度、要素市场发育程度、市场中介组织发育程度和市场法制环境。从图 5 – 5 中我们发现：始终排名前十位的有上海、浙江、江苏、广东、北京、天津、山东及福建共 8 个省市，且都位于东部区域，中部的安徽省徘徊在前十名。始终排名后十位的有山西、海南、贵州、西藏、甘肃、青海、宁夏及新疆共 8 个省区，除海南属东部、山西属中部外，其余皆是西部地区，而内蒙古、云南、陕西也靠近后十名。值得一提的是，重庆市近三年来挺进前十名，排名第九。

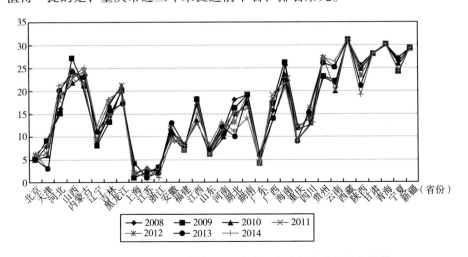

图 5 – 5 2008 ~ 2014 年中国 31 个省区市市场化水平排名比较

资料来源：王小鲁等，中国分省份市场化指数报告（2016）[311]。

整体看，东部区域市场化程度高、中部和东北部次之、西部区域市场化程度低，呈现明显的地域差异。西部地区不仅市场化程度低，而且市场化进度也明显慢于东部地区。

从市场化程度排名看：山西、海南、贵州、西藏、甘肃、青海、宁夏、新疆、内蒙古、云南、陕西11个省区属于后进区域。

综合经济发展水平、技术创新状况及市场化程度的考察，我们大致得出：甘肃、贵州、西藏、云南、山西、青海、宁夏、广西、新疆共9个省区属于典型的后进区域，其中山西属于中部区域，其余皆为西部区域。为深入探讨后进区域技术创新与市场导向间的关系，我们通过构建数理模型，采用空间计量的方法实证检验。

5.2　后进区域技术创新的模式判定与效率测度

5.2.1　后进区域技术创新的模式判定

区域技术创新是在一定的时空范围内，投入创新资源实现创新产出的复杂、系统过程，这就使得区域技术创新具有时间、空间及资源的三维立体特征。我们已从空间角度界定了后进区域，结合 R&D 投入来源、技术获取途径和技术创新能力提升路径，本部分将进一步探讨后进区域技术创新的模式。

5.2.1.1　R&D 投入角度

从 R&D 投入来源看，主要有政府资金、企业资金、国外资金和其他资金。考虑到国外资金和其他资金所占比重较小，我们以政府资金投入和企业资金投入所占比重的大小，将区域技术创新分为政府主导型、企业主导型及混合型三种，参考玄兆辉（2017）[312]的研究，我们的分类标准如表 5 - 1 所示。

表 5 - 1　　　　　　　　研发投入角度的区域技术创新模式分类

标准类型	企业主导型	政府主导型	混合型
企业 R&D 资金占比	[60，100]	[0，40]	[40，60]

企业 R&D 资金占 R&D 投入的比重在 [60, 100]，为企业主导型区域技术创新模式；在 [0, 40] 为政府主导型技术创新模式，在 [40, 60] 为混合型技术创新模式。依据创新型国家经验，区域技术创新的投入主体通常经由政府主导向企业主导演进，一般在人均 GDP 达到 5000 美元为临界点，而我国在人均 GDP 只有 1514 美元时即达到政府投入与企业投入持平①，这势必影响基础研究、重大共性关键技术、基础设施等投入，对后进区域的创新体系建设和创新能力的提升无疑具有较大影响。

我们以 2015 年中国各地区按资金来源分 R&D 经费内部支出来看后进区域的研发经费来源状况。2015 年，我国 R&D 经费支出总额为 1.417 万亿元，研发强度为 2.1%，已达到中等发达国家水平。在资金来源方面，政府资金占 21.3%，企业资金占 74.7%，国外资金占 0.7%，其他占 3.3%。各地区的资金来源情况如表 5 - 2 所示，资金来源占比如图 5 - 6 所示。

表 5 - 2　　　2015 年中国 31 个省区市按资金来源分 R&D 经费内部支出　　单位：元

省区市	研发支出	政府资金	企业资金	国外资金	其他资金
北京	13840231	7916391	4722359	403247	798234
天津	5101839	1047561	3755761	150190	148327
河北	3508708	536101	2851157	1775	119675
山西	1325268	242921	1042796	1766	37785
内蒙古	1360617	161014	1158048	999	40555
辽宁	3633971	1039804	2518154	17268	58744
吉林	1414089	511991	880938	1601	19560
黑龙江	1576677	665481	845865	9345	55986
上海	9361439	3408040	5408845	151243	393310
江苏	18012271	1533389	15573405	91622	813855
浙江	10111792	752916	9113000	19964	226035
安徽	4317511	864245	3310671	7691	134905
福建	3929298	339874	3465145	6845	117434
江西	1731820	259870	1432210	2741	36999
山东	14271890	110158	12872231	56731	232771
河南	4350430	483254	3719668	2124	145384

---

① 苏俊. 公共科技政策导论 [M]. 北京：科学出版社，2014：171.

续表

省区市	研发支出	政府资金	企业资金	国外资金	其他资金
湖北	5617415	1023922	4405184	7867	180441
湖南	4126692	508931	3525897	2978	8886
广东	17981679	1458467	16062125	84460	376627
广西	1059124	249686	759182	335	49921
海南	169685	53903	111425	33	4324
重庆	2470012	364514	2043908	8680	52910
四川	5028761	2302223	2439994	12915	273629
贵州	623196	160345	418891	128	43832
云南	1093570	378253	678056	3642	33619
西藏	31242	26658	4211		373
陕西	3931727	2202211	1629506	2140	97870
甘肃	827203	297574	500065	2780	26784
青海	115843	39325	74116		2401
宁夏	254842	54704	196532		3606
新疆	520010	138234	366498	599	14679

资料来源:《中国科技统计年鉴(2016)》。

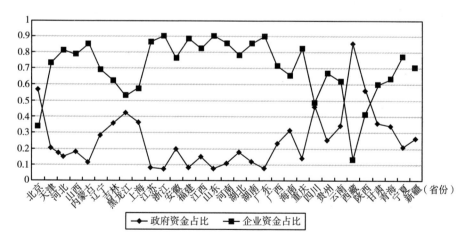

图 5 - 6　2015 年中国各地区政府、企业 R&D 资金占比比较

注:根据表 5 - 7 计算所得。

本章发现:北京、西藏、陕西属于政府主导型区域技术创新模式,黑龙江、上海、四川属于混合型区域技术创新模式,其他地区属于企业主导型区域技术创新模式。从我们对后进区域的界定来看，除西藏外，其他省（区）皆属于企业主导型技术创新模式。

5.2.1.2 技术获取途径角度

从技术获取途径[①]角度看，主要有自主创新和外来技术流入两种方式，我们用 R&D 支出表示自主创新，技术市场技术流向区域当年合同金额表示外来技术流入，若 R&D 支出金额大于技术市场技术流向区域当年合同金额，则定义该地区为内生型技术创新，反之，则定义为输入型技术创新。用公式表示为：

$$TA_i = \frac{RD_i}{TF_i}, \ i \in [1,31] \tag{5-1}$$

其中，RD_i 表示考察期 i 区域的研发投入金额，TF_i 表示考察期技术市场技术流向该 i 区域的合同金额，TA_i 表示技术获取类型。若 $TA_i > 1$，则 i 区域属于内生型技术创新地区，若 $TA_i < 1$，则 i 区域属于输入型技术创新地区，若 $TA_i = 1$，则 i 区域属于平衡型技术创新地区。

本章以 2015 年数据为基础，经过计算，得出各地区的技术创新模式，如表 5-3 所示。

表 5-3　　　　　技术获取途径角度下的中国各地区技术创新模式

内生型技术创新地区	输入型技术创新地区
北京、天津、河北、山西、辽宁、吉林、黑龙江、上海、江苏、浙江、安徽、福建、江西、山东、河南、湖北、湖南、广东、广西、重庆、四川、陕西	内蒙古、海南、贵州、云南、西藏、甘肃、青海、宁夏、新疆

资料来源：《中国科技统计年鉴（2016）》，经计算所得。

由表 5-3 可以看出：后进区域中，山西、广西两省属于内生型技术创新模型，而贵州、云南、西藏、甘肃、青海、宁夏、新疆七省（区）则属于输入型技术创新模式。说明后进区域的技术创新以输入型为主，受技术市场影响明显。

---

① 中国科技统计年鉴在统计技术创新获取途径时，从各地区规模以上企业引进技术经费支出、消化吸收经费支出及购买境内技术经费支出三个方面统计。

5.2.1.3　提升技术创新能力路径角度

从提升区域技术创新能力的技术进步模式看，可分为自主创新、模仿创新和协同创新三种。借鉴易向忠（2008）、白俊红等（2015）[①] 的研究，我们以各地区 R&D 支出代表自主创新，以人力资本与高新技术产品进口交互项、人力资本与外商直接投资的交互项代表模仿创新，以政府资金、金融机构资金、高校研发经费中企业经费支出及科研机构研发经费中的企业经费支出近似代表协同创新，用各地区专利申请量表示技术创新绩效指标，考虑到协同创新衡量指标资金来源于 R&D 部分，我们暂时不考虑协同创新[②]，基于自主创新和模仿创新构建计量模型：

$$\ln PNA_{i,t} = C + \beta_1 \ln RD_{i,t} + \beta_2 \ln IM_{i,t} \ln LH_{i,t} + \beta_3 \ln FDI_{i,t} \ln LH_{i,t} + \beta_4 \ln JY_{i,t} + \mu_{i,t}$$

$$(5-2)$$

其中，PNA 表示专利申请量，RD 表示研发经费支出，IM 表示高新技术产品进口，LH 表示人力资本，用科学家与工程师数量衡量，FDI 表示外商直接投资，JY 表示技术引进费用，用各地区的技术引进合同金额衡量，$IM*LH$ 与 $FDI*LH$ 表示模仿创新，C 为截距项，μ 为误差项，i 为各省（区、市），t 为年份，各变量取自然对数。

利用 2000~2014 年中国 30 个省（区、市）的面板数据（因数据不全，西藏除外），以 2000 年为基期，以各省固定资产投资指数平减。数据来自历年《中国科技统计年鉴》《中国统计年鉴》《中国区域经济统计年鉴》等。

我们分全国、东部地区（11 个）、中部地区（8 个）、西部地区（11 个）

[①] 白俊红，蒋伏心. 协同创新、空间关联与区域创新绩效 [J]. 经济研究，2015，50（07）：174 – 187.

[②] 协同创新界定为区域创新系统内以企业、大学、科研机构为核心直接主体，以政府、金融机构等为间接辅助主体的多主体协同互动的网络创新模式。协同包括知识、人员及资金的协同，考虑到数据的可获得性，可以以创新主体间的资金流动近似表征区域协同创新关系。由于协同创新数据来源于研发中部分资金，与自主创新有重叠处，故模型暂时不考虑协同创新，这里仅提供思路。可设计量模型为：

$$\ln PNA_{i,t} = D + \rho_1 \ln GOV_{i,t} + \rho_2 \ln FIN_{i,t} + \rho_3 \ln ENUNI_{i,t} + \rho_4 \ln ENFIN_{i,t}$$
$$+ \rho_5 \ln IM_{i,t} \ln LH_{i,t} + \rho_6 \ln FDI_{i,t} \ln LH_{i,t} + \rho_7 \ln JY_{i,t} + v_{i,t}$$

其中，GOV 表示研发支出中政府资金，FIN 表示研发支出中金融机构资金，$ENUNI$ 表示高校研发经费中企业经费支出，$ENFIN$ 表示科研机构研发经费中的企业经费支出，$ENUNI$ 与 $ENFIN$ 体现区域产学研协同创新的资金来往密切程度。D 为截距项，v 为误差项。

及本章界定的后进区域（9 个）建立 5 个计量模型。在进行面板数据分析前，首先需要通过 Hausman 检验法进行固定效应和随机效应模型的判定①，通过判定我们发现，除东部地区计量模型采用随机效应模型外，其他均采用固定效应模型。本部分数据处理和模型估算均利用 Eviews8，具体计算结果如表 5-4 所示。

表 5-4 区域技术创新能力提升模型估计结果

变量	全国	东部地区	中部地区	西部地区	后进区域
	lnPNA	lnPNA	lnPNA	lnPNA	lnPNA
lnRD	0.264 (0.072)	0.547*** (0.075)	−0.081 (0.062)	0.481*** (0.157)	0.362** (0.231)
lnIM * lnLH	0.108*** (0.032)	0.292*** (0.043)	0.137** (0.056)	0.033* (0.041)	0.015 (0.052)
lnFDI * lnLH	−0.015 (0.016)	−0.020** (0.012)	−0.041** (0.032)	0.015 (0.021)	0.005*** (0.042)
lnJY	0.148*** (0.046)	−0.038 (0.041)	0.242 (0.226)	−0.051 (0.141)	−0.103 (0.063)
C	10.042*** (0.866)	8.517*** (0.487)	7.130*** (1.807)	6.917*** (0.773)	8.532*** (0.536)
R^2	0.628	0.727	0.713	0.743	0.631
F 值	33.15	23.61	6.70	5.75	4.84
Hausman (检验 P 值)	0.00	0.237	0.037	0.074	0.009
样本数	450	165	120	165	135
检验方式	固定效应	随机效应	固定效应	固定效应	固定效应

注：括号内为标准差，***、**、* 分别表示 1%、5%、10% 的显著水平。

---

① 在面板数据模型中，我们假定个体成员存在个体影响而无结构变化，其个体影响可用截距项差异说明，即我们构建变截距模型为截距项不同而系数向量相同。变截距模型可分为固定效应模型和随机效应模型，公式：$y_{i,t} = \alpha_i + \beta X_{i,t} + \mu_{i,t}$，固定效应模型把 α_i 当作未知的确定常数，随机效应把 α_i 视为 $\mu_{i,t}$ 一样的随机变量。Hausman（1978）等认为，对宽而短的面板数据，固定效应将损失较多自由度；随机效应因假设个体变量与解释变量不相关而导致估计结果出现不一致性。为确定模型采用固定还是随机，需首先进行 Hausman 检验，该检验的原假设为，随机效应模型的个体影响与解释变量不相关。

根据表5–4的估计结果可知，各区域的技术创新提升模式存在明显差异。就全国范围看：自主创新和技术引进是推动技术创新的主要途径，其系数分别为0.264和0.148，而FDI却不但对技术创新没有起到促进作用，反而起阻碍作用，这可能与跨国公司将研发设在母国，实行严格的技术保密有关，这也从另一个侧面反映出中国长期实施的"以市场换技术"策略在利用外商直接投资获取先进技术层面的不可行。东部地区技术创新的主要方式为自主创新和高科技产品进口引致的模仿创新，其中前者的系数高达0.547，说明经济发展水平较高和区位优势明显的东部地区通过自主创新驱动经济发展效果显著，已逐渐从模仿创新走向自主创新为主的发展模式。中部地区技术引进模仿创新是技术进步的主要方式，而自主创新、FDI没有起到明显作用，说明中部地区技术创新对外依赖性较强。反差较明显的是，西部地区自主创新对技术创新提升的作用显著，其系数为0.481，这与其经济发展水平和实际发展需要不相符，究其原因，可能与西部地区市场开放度不高、对外贸易规模小、投资环境差难以吸引FDI等有关。由于后进区域大多属于西部区域（除山西省），其模型估计结果与西部区域近似，自主创新是其技术创新提升的主要模式，鉴于资金有限，后进区域难以通过大量的高新技术产品进口和直接的技术引进实现技术进步，这限制了后进区域技术创新的数量和质量，导致后进区域技术创新层次不高、水平较低。

值得说明的是，由于我们将模仿创新仅仅定义为对国外的模仿，而未考虑对国内区域间技术的模仿，这就使得由于其他复杂原因而导致后进区域看似以自主创新模式实现技术进步的现象。事实上，就国内看，由于市场化的推进，产业的梯度转移，要素的频繁流动，其技术转移呈现出"由东向西"的路线轨迹，后进区域对东部先发区域的技术引进、模仿、学习、改进从未停止过，后进区域的"适宜性"技术大多通过对先发区域的模仿创新实现，这就是为什么从技术获取途径看后进区域是"输入型"的原因。因此，我们不能简单地定义后进区域技术创新以"自主创新"为主。

综上所述，后进区域技术创新模式为企业主导、输入型、"自主创新"式。一方面，后进区域难以扩大对外贸易规模和提高外商直接投资力度，限制了对国外先进技术的模仿创新能力而囿于企业自身研发；另一方面，区域内经济实力、市场化程度、制度、体制、政策等整体创新环境不佳，制约了主体间的互动与合作创新。由此可见，没有良好的区域创新系统环境，没有明确的市场导向机制，很难有较高水平的区域技术创新能力。

5.2.2 后进区域技术创新的效率测度

区域创新效率是指某一特定区域环境下，投入一定的创新资源所能实现的最大创新产出量，或者一定的创新产出水平下所能付出的最小创新资源投入能力。通常，衡量区域创新效率的方法是前沿分析法，而其中以参数法的随机前沿分析（SFA）和非参数法的数据包络分析（DEA）最为常用。根据白俊红（2010）的研究，尽管采用 SFA 方法测算的技术创新效率值大于采用 DEA 方法测算的技术创新效率值，但两种方法的结果高度相关，且具有一致的排序结构[313]。考虑到本书的研究目的在于比较区域技术创新效率的高低，而不是寻求具体数值，且具体数值随时间和方法的选择动态变化，并不具有严格的实际意义。由于 DEA 法无需设定前沿函数，约束少，计算简单，方便比较，本书选择采用 DEA 方法测度后进区域技术创新的效率问题。

DEA 方法由法雷利（Farrell）于 1957 年提出，经查姆斯（Chames, 1978）、班克（Banker, 1984）逐步完善，通过运用线性规划来求解决策单元的技术创新效率，其实现过程如下。

假设有 n 个受评估的决策单元（本书指各省区），各使用 m 种投入要素 $x_{i,j}$（$j=1, \cdots, m$；$x_{i,j} \geq 0$），生产 s 种产出 $y_{i,r}$（$i=1, \cdots, s$；$y_{i,j} \geq 0$），则决策单元 o 的相对效率衡量指标 $h_0(u, v)$ 用公式表示为：

$$\underset{u,v}{Max} h_o(u,v) = \frac{\sum_{r=1}^{n} u_r y_{0r}}{\sum_{j=1}^{m} v_j x_{0j}} \qquad (5-3)$$

$$ST. \quad \frac{\sum_{r=1}^{n} u_r y_{ir}}{\sum_{j=1}^{m} v_j x_{ij}} \leq 1 \qquad (5-4)$$

其中，u_r、v_j 分别表示第 r 种产出与第 j 种投入的权重系数，u_r、$v_j \geq 0$。利用 Chames-Cooper 变换及对偶变换，引入松弛变量 $s^+ \geq 0$、$s^- \geq 0$ 及非阿基米德无穷小量 ε，可将式（5-4）转化为线性规划形式：

$$Min_{\theta, \lambda}[\theta - \varepsilon(e^t s^- + e^t s^+)] \qquad (5-5)$$

$$ST. \sum_{i=1}^{n} \lambda_i y_{ir} - s^+ = y_{or} \qquad (5-6)$$

$$\sum_{i}^{n} \lambda i x_{ij} + s^- = \theta x_{oj} \qquad (5-7)$$

θ 即是决策单元的效率值，若 $\theta = 1$，且 $s^+ + s^- = 0$，则决策单元 DEA 有效；若 $\theta = 1$，且 $s^+ \neq 0$ 或 $s^- \neq 0$ 时，则决策单元 DEA 弱有效；若 $\theta < 1$，则决策单元 DEA 无效。

技术创新是否以市场为导向可以反映区域创新效率高低。考虑到数据的可获得性及验证效果的灵敏性。我们借鉴白俊红等（2015）[314]的研究，以反映创新成果市场化和商业化水平的新产品销售收入来衡量区域创新效率，采用"投入 – 产出"的 DEA 法测度中国 31 个地区（由于西藏数据不全，故以 0 代替）创新效率。具体做法如下。

区域创新投入以 R&D 人员全时当量和 R&D 资本存量两个指标衡量。其中 R&D 资本存量采用永续盘存法核算，公式为：

$$K_{it} = (1-\sigma) \times K_{i(t-1)} + E_{i(t-1)} \qquad (5-8)$$

式（5 – 8）中，K_{it} 表示 i 地区 t 期 R&D 资本存量，σ 表示资本设备折旧率，参考吴延兵（2006）① 研究，取 $\sigma = 15\%$，$K_{i(t-1)}$ 表示 i 地区 $t-1$ 期 R&D 资本存量，$E_{i(t-1)}$ 表示 i 地区 $t-1$ 期 R&D 经费支出额，利用消费价格指数对各期名义 R&D 经费进行平减处理。

基期 K_{ito} 的 R&D 资本存量采用估算法，公式为：

$$K_{ito} = \frac{E_{ito}}{g+\sigma} \qquad (5-9)$$

其中，g 为 R&D 经费增长率。

利用 2016 版 Matlab 软件，测算考察期中国各省区技术创新效率的均值如图 5 – 7 所示。

由图 5 – 7 可知：中国 31 个地区考察期内平均技术创新效率为 0.41。上海、浙江、北京、天津、广东、海南、重庆等技术创新效率均值在 0.6 以上，说明这些省（市）具有较好的投入产出效率，除重庆外大多位于市场化程度高的发达地区；甘肃、陕西、山西、青海、黑龙江、云南、宁夏等技术创新

---

① 吴延兵. R&D 存量、知识函数与生产效率 [J]. 经济学（季刊），2006，(03)：1129 – 1156.

效率均在0.3以下的较低水平，除山西、黑龙江外大多处在市场化水平低的西部欠发达地区，这些地区经济水平较落后，产业结构不尽合理，创新投入水平较低，管理制度滞后等，使技术创新的投入产出转化率不高。我们以0.6、0.3为界，将区域技术创新效率分成三类：0.6以上为高效率区、[0.3，0.6]中等效率区，0.3以下为低效率区，则中国各省区的创新效率如表5-5所示。

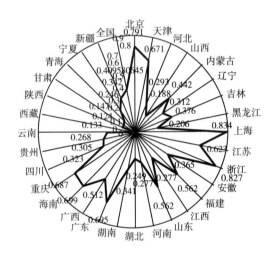

图5-7　2000~2015年中国31个地区创新效率均值

表5-5　　　　　　　　　　　中国各省区技术创新效率分类

高效率区域	中等效率区域	低效率区域
北京、天津、上海、江苏、浙江、广东、海南、重庆	吉林、辽宁、山东、四川、广西、福建、湖南、安徽、内蒙古、新疆、贵州	甘肃、青海、宁夏、河北、山西、黑龙江、江西、河南、湖北、云南、陕西

注：根据雷达图显示的计算结果进行分类。

　　由表5-5可以看出：后进区域的技术创新效率皆处于中低水平，较低的创新效率制约了后进区域技术创新能力的提升。结合前面的研发投入模式，本书发现，中国各省份研发投入模式与区域技术创新能力间并不具有直接的相关性，如北京市、陕西省研发投入都以政府投入为主，但北京市处在技术创新的高效率区域，而陕西省处在低效率区域，导致区域创新效率高低的原因复杂，但良好的市场运行环境无疑具有重要的影响，因而后进区域致力于建设良好的创新环境势在必行。

5.3 后进区域技术创新与市场导向的关系模型

理论界通常将区域创新产出的影响因素归因于 R&D 投入规模的大小，但对于中国这样不均质的转轨经济发展大国来讲，区域环境差异却有着深层的影响力。比如福建与陕西两省人口、面积相近，2001～2014 年间福建省 R&D 总投入是陕西省 R&D 总投入的 80%，但专利申请量却是陕西省的 1.1 倍，根据樊纲等的分省份市场化指数排名，福建省年均排名在第 8 名左右，而陕西省排名则落入靠后的第 23 名左右。区域市场环境与区域创新产出是否有着密切关联？对于市场化水平更低的后进区域其创新产出又有着怎样的表现？我们将通过构建数理模型把区域技术创新与市场导向联系起来，通过搜集 30 个省份（除西藏外）的面板数据，采用计量分析方法实证探讨二者关系。

5.3.1 模型构建与说明

通常，学术界将技术创新的产出过程视为知识生产过程。格里利克斯（Griliches，1979）在分析高校科研活动和知识溢出对区域生产率增长的影响时，提出创新产出的绩效是 R&D 投入的函数，其基本形式为：

$$Y = F(X, K, \mu) \tag{5-10}$$

其中，Y 表示知识产出，X 表示生产投入的劳动与资本比，K 表示技术水平，u 是随机扰动项。

考虑时间效应及误差项，采用柯布－道格拉斯生产函数（C-D 生产函数）形式，则式（5-10）可变形为：

$$y = DC^{\alpha} L^{\beta} K^{\gamma} e^{\lambda t + \mu} \tag{5-11}$$

其中，y 是技术创新产出，用专利申请量表示，D 是常数项，C 是研发投资，L 是技术人员，K 是技术水平，t 是时间，e 是自然对数，a，β，γ 和 λ 是待估参数[315]。

吴延兵（2006）利用 1994～2002 年中国大中型企业行业的面板数据，研究了知识生产的性质及影响因素，他将知识生产函数设定为柯布－道格拉斯生产函数形式，即：

$$Y = AK^{\alpha}L^{\beta}e^{x} \qquad\qquad (5-12)$$

其中，Y 表示研发产出，K、L 分别表示研发资本投入和劳动投入，A 反映研发活动效率，a、β 分别表示研发资本投入与劳动投入的产出弹性，x 表示研发效率的影响因素[316]。

根据卢卡斯（1998）的内生增长理论，人力资本由有效劳动力数量决定，是决定增长效率的重要因素，从创新知识产出的角度看，创新人力资本由研发人员的全时当量衡量。微观企业层面的市场导向与技术创新的实证探讨侧重从市场导向的三个维度（顾客导向、竞争者导向、职能部门间的协调）设计量表，通过统计检验判定企业的技术创新是否以市场为导向。中观区域层面探讨技术创新与市场导向若直接采用设计量表、调查、访谈、专家咨询的方式，不但工作量大、数据不全、主观性强，而且难以获取有效数据真实反映区域技术创新市场导向状况，从而不具有现实的可操作性。考虑到市场对区域技术创新的导向作用主要体现在塑造市场环境及培育市场体系使以企业为主体的技术创新更具有积极性和主动性，从而增强区域技术创新能力和水平。我们从区域市场环境的完善程度与创新成果的市场转化水平角度刻画区域技术创新的市场导向问题，其中，区域市场环境影响区域技术创新效率，创新成果的市场转化水平体现区域技术创新水平。参考 Griliches-Jaffes 知识生产函数及吴延兵（2006）的研究，结合式（5-11）和式（5-12），我们构建区域技术创新与市场导向关系的数理模型为：

$$PNA = DRD^{\alpha}RL^{\beta}TM^{\gamma}e^{\lambda MI + \mu} \qquad\qquad (5-13)$$

为消除可能存在的异方差，更好地处理数据，我们将式（5-13）两边取自然对数转化为线性形式：

$$\ln PNA_{i,t} = D + \alpha\ln RD_{i,t} + \beta\ln RL_{i,t} + \gamma\ln TM_{i,t} + \lambda MI_{i,t} + \mu_{i,t} \qquad (5-14)$$

其中，$PNA_{i,t}$ 表示 i 区域 t 年专利申请量，代表技术创新产出水平；$RD_{i,t}$ 表示 i 区域 t 年 R&D 经费内部支出，代表创新研发经费投入；$RL_{i,t}$ 表示 i 区域 t 年研发人员全时当量，代表研发人力资本投入；$TM_{i,t}$ 表示 i 区域 t 年技术市场成交额，代表创新成果的市场转化状况；$MI_{i,t}$ 表示 i 区域 t 年市场化指数，代表区域市场环境；D 为截距项，μ 为误差项，α，β，γ，λ 为待估参数。

5.3.2　变量选取与数据说明

5.3.2.1　变量选取

（1）技术创新产出指标。区域技术创新产出的衡量通常有专利申请量（或授权量）和新产品销售收入。由于新产品的界定不以技术创新为标准[①]，致使许多新产品并非技术创新所致，且技术创新中的工艺创新无法通过新产品产出反映。专利量分为专利申请量和专利授权量，尽管专利衡量创新产出存在诸如有些专利无商业化价值、企业出于技术保密不申请专利、发明与实用外观设计存在创新程度质差以及高估或遗漏低估创新价值等问题，但埃克斯和奥德雷奇（Acs & Audretsch，1989）认为，专利数据衡量创新总体看是可靠的，考虑到专利数据易获得和较稳定，专利授权量存在时滞，本书选取专利申请量作为创新产出指标。

（2）技术创新投入指标。技术创新的投入分为创新人力资本、创新财力资本、创新物力资本及创新信息资本。而创新人力资本和创新财力资本是最主要的创新投入，一定程度上讲创新物力资本是创新财力资本逐年累积的资本存量，创新信息资本是创新主体自有技术、知识存量和通过溢出效应、市场交易获取的技术知识流量。因此，本书用 R&D 经费内部支出和研发人员全时当量来直接衡量区域技术创新投入，技术市场成交额代表创新信息获取的再创新能力来间接说明创新市场转化程度。

（3）市场导向指标。中观区域层面并没有直接衡量市场导向的标准，由市场导向对区域技术创新的影响主要表现在创新资源的市场获取便利性、创新产出市场价值转化水平，这取决于市场体系与市场环境的完善程度，鉴于市场化水平体现市场环境，技术市场合同成交额体现市场体系的发达程度，本书选取这两个指标衡量区域创新市场导向程度。国内研究市场化的文献较多，但公认的较权威的是樊纲、王小鲁等的分省份市场化指数研究，该指数采用主成分分析法，从政府与市场关系、非国有经济发展、产品市场的发育程度、要素市场的发育程度、市场中介与法律制度环境五个方面 23 个基础指标（2008 年后减为 18 个）设置权重，量化分析。因此，本书直接采用樊纲等的市场化指数和各省区技术市场合同成交额来间接衡量区域市场导向。

[①]　从市场营销角度定义的新产品是指企业向市场提供的过去没有生产过或没曾销售过的产品。

5.3.2.2 数据说明

本书将区域分为东部区域（11 个）、中部区域（8 个）、西部区域（11 个）和后进区域（9 个），其中后进区域数据来自本书界定的 8 个省区，这表明后进区域与中部区域和西部区域有重合部分。由于属于后进区域的西藏存在数据缺失和异常现象，本书不考虑西藏。重庆 1997 年设市，海南省和青海省技术市场成交合同金额数据在 2000 年缺失，樊纲等市场化指数只统计到 2014 年，为保证数据的完整性，本部分采用 2001～2014 年中国 30 个地区的数据。其中，各地区 R&D 经费内部支出、各地区研发人员全时当量、各地区技术市场成交合同金额和各区域专利申请受理量均来源于 2002～2015 年《中国科技统计年鉴》，市场化指数来源于樊纲、王小鲁等著《中国市场化指数》《中国分省市场化指数 2016》的研究数据，其中，后进区域各年度市场化指数由所含各省各年度市场化指数均值表示。研究样本涵盖了中国 30 个省市区共 14 年的数据，最终样本总数为 420 个（原始数据 2100 个）。主要变量描述性统计如表 5－6 所示。

表 5－6　　　　　　　　各变量的描述性统计分析

变量	变量说明	平均值	标准差	最大值	最小值	中位数
PNA	专利申请受理量	29957.13	59585.36	504500	124	9071
RD	研发经费内部支出	1816782	2728.76	165282208	8457	787166.5
RL	研发人员全时当量	68921.69	82312.86	506862	848	44185
TM	技术市场成交合同金额	1047818	2947926	31371854	599	304943.5
MI	市场化指数	7.157	2.383	14.45	2.37	6.93

5.3.3 估计过程与结果分析

5.3.3.1 各区域变量关系散点图

为探寻被解释变量专利申请量与各解释变量的关系，我们首先分东、中、西及后进四个区域绘制散点图，如图 5－8 所示。

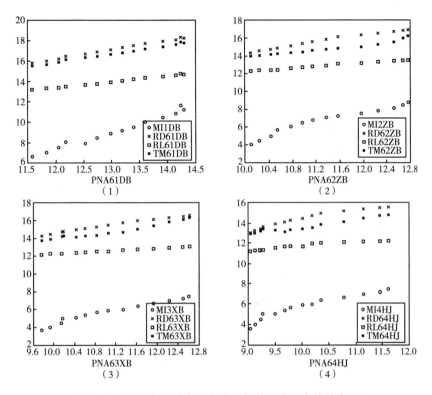

图 5-8　中国各区域专利申请量与其影响因素的散点图

注：图 (1)、(2)、(3)、(4) 分别是东部区域、中部区域、西部区域、后进区域。

　　从图 5-8 我们可以看出，各区域解释变量研发经费内部支出（RD）、研发人员全时当量（RL）、技术市场成交额（TM）及市场化指数（MI）基本呈逐年递增的趋势，且与被解释变量专利申请量（PNA）呈线性相关关系。因此，我们初步认为所选解释变量可以用来分析对被解释变量的影响程度。

5.3.3.2　各区域技术创新与市场导向的回归估计

　　面板数据模型需判断其平稳性，一般采用 LLC（Levin-Lin-Chu）检验法进行单位根检验。通过检验结果发现，各变量原始数据序列在 5% 显著水平下，均为平稳的数据，可以直接用来分析模型。由于面板模型形式存在混合效应、随机效应、固定效应、变系数模型等（一般考虑随机效应和固定效应），我们还需要应用 Hausman 检验来确定是采用随机效应还是固定效应，各区域检验结果如表 5-7 所示。

依据式（5-14），我们先后构建全国、东部、中部、西部及后进 5 个模型，利用 Eviews8.0 作回归分析，估计结果如表 5-7 所示。

表5-7   中国各区域技术创新与市场导向的回归估计结果

变量	(1) 全国	(2) 东部	(3) 中部	(4) 西部	(5) 后进
	lnPNA	lnPNA	lnPNA	lnPNA	lnPNA
lnRD	0.3078***	0.3952***	0.354403**	0.1444**	0.2157**
	(0.0489)	(0.0954)	(0.1643)	(0.0708)	(0.0714)
lnRL	0.3290	0.2364**	0.6519***	0.26412**	0.3563*
	(0.0702)	(0.1080)	(0.18458)	(0.11969)	(0.117)
lnTM	0.2292**	0.0619***	0.31911***	0.2267***	0.1836***
	(0.0232)	(0.0399)	(0.05539)	(0.035)	(0.0343)
MI	0.1888***	0.1993***	0.0417**	0.3709***	0.2969***
	(0.0259)	(0.0313)	(0.05858)	(0.0536)	(0.0571)
D	-2.6675	-0.8097	-6.9108	-0.9124	-1.7447
	(0.5507)	(0.67024)	(0.95778)	(0.9954)	(0.9659)
R^2	0.9705	0.9840	0.92658	0.9488	0.934
F 值	385.317	611.11	337.577	184.1179	129.918
Hausman（检验 P 值）	0.004	0.004	0.424	0.036	0.4525
样本数	420	154	112	154	112
检验方式	固定效应	固定效应	随机效应	固定效应	随机效应

注：括号内为标准差，***、**、*分别表示1%、5%、10%的显著水平。

由表 5-7 我们可以看出：各区域研发经费内部支出（RD）、研发人员全时当量（RL）、技术市场成交额（TM）及市场化指数（MI）都对被解释变量专利申请量（PNA）有影响，且通过统计检验。分区域看，东部区域研发支出与研发人员全时当量对区域专利申请量影响显著，而技术市场成交额与市场化指数影响相对较小，特别是技术市场成交额的影响系数仅为 0.0619，说明东部区域市场化程度相对较高，创新模式趋向"自主创新"。中部地区研发经费内部支出、研发人员全时当量及技术市场成交额对专利申请量影响都较大，但市场化指数影响较小，仅为 0.0417，说明就当前来看，提升市场化指数对中部区域技术创新能力提升作用有限，增加研发投资（资金与人员）依然是中部地区技术创新提升的主要路径。西部区域研发人员全时当量、技术市场交易额及市场化指数对提升区域技术创新能力效果明显，每增加1个百分点分别提升0.264、0.227、0.37，而市场化指数的提升比例最高，一方面反映西部区域市场化进程缓慢，另一方面说明加快市场化进程，培育市场体系的重要性。后进区域研发人员全时当量及市场化指数对专利申请量的影响系数分别是0.356、0.297，高于其他两个变量，说明后进区域创新人才缺乏、市场化水平较低，加快创新人才培养与引进，促进市场化进程，对后进区域技术创新能力提升尤为重要。

5.3.3.3　后进区域技术创新与市场导向关系的回归估计

为进一步分析后进区域技术创新与市场导向之间的关系，我们分别构建模型（3）、模型（4）及模型（5）（如表5-8所示）并与全国情况进行对比分析。

表5-8　　　　　　　　　技术创新与市场导向的回归估计结果

变量	模型（1） lnPNA	模型（2） lnPNA	模型（3） lnPNA	模型（4） lnPNA	模型（5） lnPNA
lnRD	0.3078 *** (0.0489)	0.2157 ** (0.0714)		0.28828 *** (0.06996)	
lnRL	0.3290 (0.0702)	0.3563 * (0.117)			0.47496 *** (0.1149)
lnTM	0.2292 ** (0.0232)	0.1836 *** (0.0343)	0.19823 *** (0.03768)	0.1736 *** (0.03554)	0.20338 *** (0.03505)
MI	0.1888 *** (0.0259)	0.2969 *** (0.0571)	0.54297 *** (0.03515)	0.357366 *** (0.0556)	0.4001 *** (0.04756)
D	-2.6675 (0.5507)	-1.7447 (0.9659)	2.7699 *** (0.35057)	0.5315 (0.63354)	-1.0146 (0.97215)
R^2	0.9705	0.934	0.9166	0.849	0.928
F值	385.317	129.918	124.498	131.2989	131.413
Hausman（检验P值）	0.004	0.4525	0.4255	0.1689	0.3981
样本数	420	112	112	112	112
检验方式	固定效应	随机效应	随机效应	随机效应	随机效应

注：模型（1）为全国，模型（2）~（5）为后进区域，括号内为标准差，***、**、*分别表示1%、5%、10%的显著水平。

从表 5-8 中的估计结果看：就全国而言，技术创新产出与研发支出、技术市场合同交易额和市场化指数均具有显著相关性，说明中国的技术创新具有明显的市场导向性，除研发支出外，技术市场水平、市场化指数对技术创新的影响分别为 0.229、0.189，二者每提高 1 个百分点，将带动技术创新提升 0.41 个百分点，这是相当可观的推动力。从模型（2）~（5）的后进区域状况看：在所有影响后进区域技术创新的因素中，市场化指数表现更为抢眼，其带动区域技术创新的提升幅度基本高于 0.3，说明每推进 1 个百分点的市场化，则推动技术创新提高 0.3 个百分点，一方面反映当前后进区域市场化指数相对偏低，市场化水平低，与全国平均水平尚存在差距；另一方面反映推进市场化对后进区域技术创新的独特重要性。

综上所述，后进区域技术创新与市场导向具有显著的正相关性。加快市场化进程，培育完善的市场体系，让市场导向机制决定技术创新的研发方向、路线选择对提升后进区域技术创新具有重要意义。

5.4 本章小结

后进区域有着怎样的特征，符合哪些标准才能称为后进区域？后进区域的技术创新、市场呈现怎样的状态？后进区域的技术创新与市场导向有着怎样的关系？这是本章研究的主要内容。本章主要从实证的角度探讨后进区域技术创新与市场导向的关系，并落脚到完善市场导向、提振技术创新能力的目标上。

首先，本章从人均 GDP、第三产业占比、GDP 增长率、技术创新能力排名、市场化程度五个方面界定了甘肃、贵州、西藏、云南、山西、青海、宁夏、广西、新疆共 9 个省（区）属于典型的后进区域。

其次，从 R&D 投入来源、技术获取途径和技术创新能力提升路径的实证结果认定后进区域技术创新模式为企业主导、输入型模式。

最后，通过改进 C-D 知识生产函数，构建包括专利申请量、研发支出、研发人员全时当量、技术市场合同成交额、市场化指数五个变量的计量模型，采用 2001~2014 年 30 个地区的面板数据，实证检验后进区域技术创新与市场导向的关系，得出市场导向对提升后进区域技术创新能力具有显著的促进作用。

第6章 健全后进区域技术创新市场
导向机制的路径优化与
政策措施

第 5 章我们实证探讨了后进区域技术创新的市场导向机制，从中我们得出：由市场化水平、市场体系完善程度及市场机制发挥作用范围所构成的市场环境是区域技术创新水平和能力的核心制约因素。后进区域市场化水平低、市场体系不完善（要素市场发育滞后）、市场机制作用范围有限且受外在干扰严重，使得后进区域技术创新水平不高、能力偏低、潜力释放受阻。如何突破创新资源短缺的"瓶颈"，创新体制机制，提升后进区域的技术创新能力是后进区域赶超发展的关键。本章将从治理模式、路径优化、政策措施等方面就健全后进区域技术创新市场导向机制进行建构，以期对后进区域的跨越发展探寻一条"出路"。

6.1 市场、政府、社会"三位一体"的
综合治理模式

世界经济发展经验表明，当一国人均 GDP 达到 3000 美元时，其传统生产要素对经济增长的贡献率逐渐递减，而对创新的依赖性逐渐增强。从中国 2016 年各省份人均 GDP 来看，排名垫底的甘肃省人均 GDP 已达 4142 美元[①]，这说明我国的后进区域已开始迈向创新驱动发展阶段，而走好这一阶段的关

---

① 根据中国 2016 年各省（区、市）统计年鉴测算，2016 年，中国人均 GDP 达到 8866 美元，世界排名 69 位，其中，突破 1 万美元的省（区、市）达到 9 个，分别是天津、北京、上海、江苏、浙江、福建、内蒙古、广东、山东，甘肃省人均 GDP 为 27508 元，按当年平均汇率 1 美元 = 6.64 元人民币，则甘肃省人均 GDP 为 4142 美元。

键是增强区域技术创新能力，实现自主创新，摆脱对外来技术和自身投资驱动的依赖，避免陷入"拉美陷阱"的隐忧。

　　本章确认的9个后进省区具有如下共同特征：（1）自然环境较恶劣，区位不占优（不靠海，除山西省外大多处在西部边界地带或内陆腹地），人口较稀少，但较富于自然矿产和水资源（如山西省的煤矿，甘肃省的镍矿，贵州省的汞、磷、稀土，云南省的锌、石墨等，西气东输、西电东送是对西部区域富有资源的真实写照），然而资源外流、过度开采、水土流失、环境恶化使后进区域正承受着由要素驱动发展所带来的沉重代价，高污染、高能耗、高排放的"三高"现象尤为突出，严重影响了后进区域的发展后劲，面临着经济结构调整和转型升级的难题。（2）经济发展起步晚，水平低，长期依赖要素、投资驱动，在新一轮市场化改革进程和经济调整换挡的新形势下，并未明晰撬动经济起飞的"动力源"，经济徘徊不前，与先发区域发展差距拉大。（3）市场化水平低，市场体系不完善，要素市场发育不健全，市场封闭、分割、脱节、错位较严重，政府对经济微观主体的干预较深，民营企业发育不良，难于在市场的公平环境下同等竞争。市场化程度、市场开放度及市场机制的发挥力度被学界认为是发达区域与落后区域发展差距拉大的重要原因。（4）区域创新体系不健全，创新系统脆弱，创新氛围未有效形成，创新文化有待加强，创新潜力尚未激发，创新资源尚需整合，创新主体急需加强，目前表现出创新投资不足、创新成果偏少，创新能力偏低，创新水平滞后，急需从封闭创新走向开放创新，从引进、模仿创新走向自主、开放创新，并注重与区域经济结构、要素禀赋结构相一致的特色创新与逆向创新。（5）创新与市场脱节，创新与经济脱节，尚未形成"技术创新－市场导向－经济发展"的良性互动循环系统。后进区域的技术创新具有封闭性、盲目性、滞后性、间断性及脆弱性，这与区域创新环境相关，更是市场导向性不明确的"诟病"，束缚的市场环境无法让市场自由发挥桥梁媒介和无缝对接作用，限制技术创新"后发优势"的发挥，也贻误对经济增长的驱动效能。

　　由以上分析可以看出，摆脱后进区域发展困境的唯一有效出路在于健全技术创新的市场导向机制。为此，本章将构建融市场、政府、社会"三位一体"的技术创新市场导向长效综合治理机制。该机制是以社会为平台，立足社会的基础载体，以市场导向为核心，充分发挥市场对以企业为主体的技术创新的导向决定性作用，通过政府的协调、扶持等功能性定位，实现融社会、

市场、政府为一体的完善的技术创新市场导向机制（如图6-1所示），从而
使后进区域技术创新更具活力和效率。

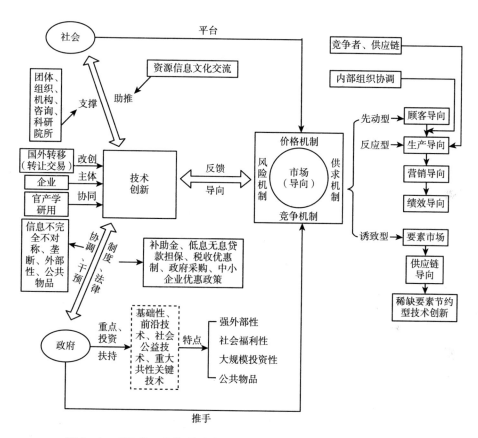

图6-1　"三位一体"技术创新市场导向机制治理模式与路线轨迹

注：（1）这里的市场从范围看包括国内市场和国际市场，从对象看包括最终产品市场和中间生产
要素市场，从广义的大市场角度实现对后进区域技术创新的全过程导向，即技术创新政策制定的市场
导向、技术创新资源配置的市场导向、创新风险承担的市场导向及技术创新利益分配的市场导向。
（2）技术创新从来源渠道上可分为国外转移、国际合作、国内企业及官产学研用协同创新，其中，企
业是技术创新的执行主体，担负技术创新的应用及价值实现，承载供给、传输、扩散、提升的角色。
（3）技术创新的出发点和归宿是市场，市场是核心，政府及社会辅之，其中，社会起到基础平台功
能，政府起到纠偏和弥补作用，社会、市场、政府"三位一体"的区域技术创新市场导向机制是互
动－协同－一致运行的良性开放多环路循环系统[1]。

本章对"三位一体"的技术创新市场导向综合治理机制需从国家战略趋
向、后进区域技术创新系统、技术创新持续推进及后进区域经济赶超等方面
加以解读和实施。

（1）国家战略。自 1999 年以来，中国政府先后实施西部大开发战略（1999 年）、创新型国家建设（2006 年）及"一带一路"倡议（2013 年），多重战略叠加给后进区域的技术创新市场导向带来了历史性机遇。西部大开发以来，国家对西部落后地区投资兴建了大量基础设施，这为后进区域的技术创新奠定了坚实的物质基础。创新型国家建设实施以来，作为其重要组成部分的区域创新体系建设在后进区域中如火如荼地进行，一系列国家级高新技术开发区、高新技术产业、创新型企业兴起，这为后进区域的创新驱动发展提供了重要支撑。作为国家重要"西向开放"战略的"一带一路"，以"政策沟通、设施联通、贸易畅通、资金融通、民心相通"为主要内容，强调开放、开发、包容、合作、共赢，实质暗含沿线区域应更加开放市场，整合资源，注重开放式创新，这就为大多处在"一带一路"规划区①的后进区域通过内撑外开、内联外扩，充分有效利用区内外两个市场、两种资源，发挥区域特色，提升创新潜质，发挥洼地效应，走向变道超速的快车道，打造经济发展的升级版，带来了历史性的发展契机。

（2）后进区域技术创新系统。后进区域技术创新系统是联结创新主体、客体及环境的网络体系，具有整合创新资源，协调创新过程、输出创新成果的内部协调和外部联系功能。从系统论的角度看，技术创新立足于一定的空间范围，其创新主体及客体根植于创新社会系统中，受资源匹配、知识整合、协同互动、反馈改进的约束和推动，技术创新依托系统平台实现创新成果的产生、扩散和转化。由此可见，健全后进区域技术创新市场导向机制离不开技术创新系统的平台支撑。当前，中国各地区积极响应国家创新型经济体建设，加大力度构建区域创新系统，有效促进了区域技术创新的发展。

（3）技术创新持续推进。要使区域技术创新持续推进离不开市场、政府、社会三方合力。

首先，从市场的微观角度看，市场对技术创新的导向可分为产品市场的先动型和反应型以及要素市场的诱致型。对于先动型市场导向，技术创新着眼于潜在顾客市场，通过整合内外部资源、协调各组织部门、有效沟通领先用户及反复的市场实验验证，率先实现突破性创新，压缩创新产品上市时间，以品牌品质抢占并垄断市场，实现超额垄断利润；对于反应型市场导向，技

---

① 从国家圈定的地区看，除山西、贵州两省，其他后进区域皆处在"一带一路"规划中，但贵州、山西两省临近省区皆在规划分范围，这使得其承接和搭载的作用凸显。同时，贵州还处在长江经济带中。

术创新着眼于当前显性市场需求及短缺的市场供给规模，以生产为导向，挖掘工艺技术创新（力求边际生产成本降低）及渐进性产品创新（迎合偏好差异化需求），关注竞争者反应及供应链的衔接，通过成本领先优势夺取市场份额，实现规模经济效益，通过满足不同消费偏好的差异化策略，实现范围经济效益；对于诱致型市场导向，技术创新着眼于稀缺要素资源的供应，为克服稀缺要素相对价格昂贵及供给"瓶颈"，诱发出稀缺要素节约型技术创新，通过知识、信息、技术的整合替代或弱化对"物质性"资源的依赖，强化动态比较优势，实现技术创新整个链条的价值增值。需要强调的是，在后进区域创新系统的动态演进下，各类市场在市场机制的作用下不断将信息反馈至创新源，在导向－反馈的双向互动中实现循环流转的技术创新持续。

　　其次，从政府角度看，技术创新的信息不完全不对称使价值难估量，短期难模仿极易造成垄断，先天的外溢性产生外部效应，这种市场失灵现象需要政府调控。对于转轨经济的后进区域而言，合理界定政府权限，变"全能"政府为"有限"政府，从"导向"转变为"服务"的功能定位，发挥协调保障的"推手"作用至关重要。具体表现为：其一，对具有强外部性、社会福利性、大规模投资性的近似公共物品类技术创新如基础性、前沿性、社会公益性、重大共性、关键性技术需政府重点投资，注重投资的效率及官产学研用协同效应的发挥；其二，对技术创新所具有的高投入、高风险、收益延迟性及环境的动态性等不确定因素需政府通过制定一系列激励制度和法规加以引导和激励，营造良好的市场导向外部环境；其三，政府开展外交努力，参与国际组织，创造合作平台，打破区际壁垒，整合国内外市场，打通全球创新链条，注重外来高新技术优势互补，营造良好的技术创新政治环境，做好内外部协调保障服务。

　　最后，从社会角度看，区域社会是技术创新的支持系统，对技术创新发挥着平台效应。一方面，社会通过提供各种创新资源支撑技术研发的产生，通过科技园、产业园、工业区等实现技术创新的"孵化器"作用，通过各种非营利性团体、各中介机构、各社会组织及咨询院所等形成技术创新的支撑点实现技术创新的咨询、交流、转化、扩散，通过人际网络间内联、外联、交流、互动等助推技术创新步伐，为技术创新的实现提供支撑；另一方面，社会为技术创新重塑"软环境"，表现在风俗习惯及道德文化的塑造，创新意识及创新氛围的形成，在交流、传递、互动中凝聚团结与向心力，激发自强好胜的创新精神。立足社会的基础环境系统，挖掘技术创新所需创新资源，搭建桥梁，突破结构性缺口，实现社会对技术创新的支撑与助推作用，对健全后进区域技术创新市场导向机制具有明显的"平台"效应[1]。

（4）后进区域经济赶超。依托市场导向，提升区域技术创新能力和水平的最终目标是实现后进区域的经济赶超。后进区域的经济赶超包括规模的赶超和结构的赶超，其中，规模的赶超是指国民经济（或人均）总量的增长；结构的赶超是指产业结构的优化升级带来经济结构的合理化与高级化；二者的实现皆离不开技术创新的作用，一方面，适宜本区域要素禀赋结构和市场需求的技术创新对提高全要素生产率，盘活经济，增加产出无疑有着关键性作用；另一方面，适应市场竞争的技术创新带来的要素重构或替代必然带来优势产业的空间集群和产业结构的调整，即更加趋向技术密集型产业结构，从而促成经济结构的改善。当然，真正实现后进区域经济赶超还需要求技术创新克服与先发区域的技术"最小差距"，因而后进区域技术创新模式选择和路径选择就变得极为关键。

市场、政府、社会"三位一体"综合治理模式的有效实施必须始终以企业为创新主体。当前后进区域的企业创新能力不强，中小微型企业虽有较强的创新意识但实力太弱，融资困难，大型国有企业技术创新与市场需求衔接不紧，技术创新转化能力较差，整体看后进区域企业尚未在创新决策、研发、投资、利益分配、风险承担上真正成为创新主体。赋予企业清晰的产权，自主决策，自主经营，自负盈亏，自担风险，培育竞争意识及创新意识，实现由追求最优型企业向创新型企业的转型，对健全后进区域技术创新市场导向机制尤为迫切。

6.2 以市场为导向，提升后进区域技术创新能力的路径选择与优化

影响后进区域技术创新水平和能力的因素很多，如经济发展水平、创新资源状况、政策制度环境、对外开放程度等外因和自身技术差距、学习吸收能力、研发投入及创新意识等内因。但技术创新是否以市场为导向，密切关注消费者偏好和市场需求动态，迎合变动的市场环境，则是技术创新成败的关键。发达国家或区域的成功实践一再表明，市场化程度越高，市场体系越完善，市场机制发挥作用的范围越广泛，其技术创新成效越明显。尽管实证

研究表明后进区域的技术创新似乎以"自主创新"为主，但我们必须清楚这是因为后进区域的市场化程度不高、市场体系不完善、市场机制发挥受阻、市场开放度偏低的情况下所表现出的低水平、封闭式的创新模式，这显然与后进区域要素结构、产业结构及经济发展实际需求不匹配，人力资源短缺、资金有限、国企占比大、缺乏有效促进创新政策的客观现实造成了畸形的创新形态。健全后进区域技术创新的市场导向机制必须重塑其技术创新模式与路径，在与外界的交流、合作、学习、模仿、创造的基础上实现更高级、更具水准的自主创新能力，以时间的缩短和幅度的跨越实现经济的赶超。

6.2.1　路径一：基于市场交易的"技术差距－技术转移－模仿创新"

在开放的市场环境下，后进区域从域外技术市场以各种途径引进适宜本区域的先进技术，进行模仿创新，以缩小与先进技术的差距，提升区域生产率水平和"二次创新"能力，如图 6－2 所示。

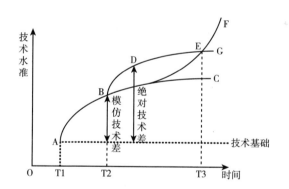

图 6－2　后进区域的技术创新赶超动态过程

资料来源：本文绘制①。

（说明：横轴表示后进区域技术创新追赶阶段，纵轴表示后进区域与先进区域的技术差距，包括模仿技术差、绝对技术差及趋势技术差。A 点表示后进区域起始技术水平，B 点表示先进区域技术转让而后进区域要模仿的技术水平，二者之差既是模仿技术差距；D 点表示后进区域技术模仿时国际最先进的技术水平，D 点与 A 点之差即为当时后进区域与最先进区域的绝对技术差；BDG 曲线表示先进区域的技术创新路径轨迹，ABC 曲线表示后进区域技术依赖的路径轨道，二者之差即为趋势技术差距。）

①　黄建康著．后发优势理论与中国产业发展［M］．南京：东南大学出版社，2008：86－88．

对后进区域来讲，通过各种形式从域外（先进区域或发达国家）引进技术再模仿创新是实现区域技术创新能力迅速提高的有效捷径①。图 6 - 2 刻画了典型后进区域"引进－消化－吸收－再创新"的技术追赶动态过程：在 T1 期，后进区域开始模仿从先进区域转移来的技术（A 点→B 点），通过干中学、用中学、互动中学后进区域使自身技术达到 B 点水平（T1→T2）。若后进区域仅仅是模仿追随先进区域既有技术水平，而未依托自身市场有效整合资源再创新的话，则后进区域极易陷入"引进－模仿－落后－再引进－再模仿－再落后……"的技术引进依赖怪圈，这一怪圈的表现就是后进区域沿着原有技术轨道演进（ABC 曲线轨迹），始终保持与技术先进区域的绝对技术差距。若后进区域从技术模仿的那一刻起，便具备很强的学习能力和消化吸收能力，并有着强烈的技术赶超愿望，通过技术分解、反求工程、逆向创新等集聚创新能力，可突破对先进区域的技术依赖，跳出条条框框，形成新的自主创新路径（图中 ABEF 线路）。我们通过对比 ABC 曲线、BDG 曲线、ABEF 曲线来进一步理解后进区域的技术创新赶超战略。后进区域技术路径依赖型曲线 ABC 将始终保持与先进区域 BDG 曲线的绝对技术差，并且差距越来越大，形成对先进区域的"技术依附"关系；后进区域技术路径变轨型曲线 ABEF 将以"加速度"形式追赶先进区域 BDG 曲线，并在 E 点实现赶超，从而彻底摆脱技术依赖，走向自主创新的前沿技术水平之路。可见，后进区域技术创新的赶超遵循了"技术引进－技术模仿－模仿创新－自主创新"的模式，其路径则经由"路径依赖－路径跟随－阶段跳跃－路径创造"的线路轨迹。

当然，现实中真正实现技术赶超的案例并不多见，原因是多方面的，有内在的禀赋条件及惰性思维和外在的创新机遇及创新环境等。一个不容忽视的事实是，真正实现技术创新赶超的国家或地区无疑不是市场开放，依托市场导向，注重政府作用。我们依然用图 6 - 2 的技术赶超动态过程加以说明，后进区域对先进区域的技术成功模仿必须具备：一是适宜技术，即该技术是后进区域需要的和可行的。适宜技术的成功模仿必须是适应该区域市场需要或域外贸易市场需要，也就是顺应消费者偏好，如此才能实现技术的市场价值；二是必须具有消化吸收的学习能力。这种能力不仅表现在对显性技术信

---

① 后进区域获取国外先进技术的方式分正式方式和非正式方式两种，正式方式有外国直接投资、技术贸易、许可证、交钥匙工厂、专家咨询等；非正式方式包括考察、逆向工程、产品克隆等等。

息的快速学习，而且表现在对缄默信息的有效识别和领悟，也就是不仅要干中学、用中学、互动中学，更要在研发中学，唯有如此才能基于模仿而自觉创新；三是营造适宜环境。技术创新具有高风险、高投入、高效益，需要一个"试错、容错、纠错"的创新环境和"投融资信贷优惠、政策扶植、风险共担"的创新共同体，而这离不开政府的作用，政府在区域技术创新追赶中起到"协调、助力、扶持"的推手作用。

6.2.2 路径二：基于非市场扩散的"技术差距 – 技术外溢 – 模仿创新"

技术具有先天的外溢性，其溢出途径复杂，包括企业间、产业集群间、区域间及国际间（国际贸易及技术进口）等，通过示范效应、网络效应、竞争效应、人员交流效应、衔接效应及"鲶鱼效应"等激发溢出接收方的模仿创新。技术溢出是创新主体非市场途径的非自愿扩散行为，其实质是一种经济外在性表现。显然，技术溢出的大小与模仿创新的成败具有显著的关联。后进区域能否通过技术溢出效应实现模仿创新取决于吸收能力和改造能力，同时，还受技术差距、人力资本、市场效率、产业关联度、知识产权保护力度、经济开放度及政府政策等其他因素影响。

通过技术溢出进行模仿创新可大大节省创新成本（模仿成本显著小于研发成本），为清晰地说明技术溢出效应对后进区域模仿创新的重要性，本章通过构建数理模型加以阐释技术溢出与模仿成本节约间的关系。

假定技术溢出率由随时间动态变化的成本刻画，创新研发成本（已沦为沉没成本）为既定$\Re$[①]，γ为技术溢出率，$\Re_{im}$为模仿投入成本，定义：

$$\gamma = 1 - \frac{\Re_{im}}{\Re} = 1 - \theta \qquad (6-1)$$

表示以创新研发投入为标准，模仿达到其特定技术水平所节约的成本占比大小。在创新研发成本$\Re$不变的情况下，$\Re_{im}$越小，γ越大，表明模仿成本与技术溢出率负相关。

---

① 这里把创新者的研发成本看作模仿者自己研发所需成本的参考成本，实际上，模仿者节约的成本应该是若自己研发所付的成本减去模仿成本。

成功的模仿创新受技术差距、保密程度、吸收消化能力、技术衰退程度等内生因素及空间距离、政策、环境等外生因素影响。假定技术差距为 $A_{in}-A_{im}$，保密程度由创新者自身保密制度及知识产权保护制度决定，设为 β，$0 \leqslant \beta \leqslant 1$；吸收消化能力由模仿者的企业文化、学习能力、人员素质、管理制度等因素决定，设为 α，$0 \leqslant \alpha \leqslant 1$；技术衰退率设为 η，$0 \leqslant \eta \leqslant 1$。在其他条件不变的情况下，构建技术溢出模型为：

$$\dot{A}_{im} = (1-\beta)(1-\gamma)\alpha(A_{in}-A_{im}) \qquad (0 \leqslant \gamma,\alpha,\beta \leqslant 1) \qquad (6-2)$$

其中，$\dot{A}_{im}$ 为溢出速度。

解关于时间 t 的微分方程得：

$$A_{im}^t = A_{in} - (A_{in}-A_{im}^0)e^{-(1-\beta)\theta\alpha t} \qquad (6-3)$$

其中，$\theta = 1-\gamma$，A_{im}^0 为模仿者原有技术水平。

考虑到技术衰退问题，模仿者接受技术溢出为：

$$\Delta A_{im} = (1-\eta)^t(A_{im}-A_{im}^0) = (1-\eta)^t(A_{in}-A_{im}^0)(1-e^{-(1-\beta)\theta\alpha t}) \quad (6-4)$$

为验证技术溢出、不同参数赋值、对应时间及模仿成本节约间的关系，我们借助 2016 版 Matlab 数理分析软件进行探讨。

赋予 $A_{in}-A_{im}^0$ 值为 10；$\eta = 10\%$，则 $1-\eta = 90\%$，$(1-\eta)^t = 0.9^t$；设定 $\sigma = (1-\beta)\theta\alpha$，分别赋 σ 值为 0.9、0.7、0.5、0.3，时间 T 介于区间 $[1，20]$。

观察图 6-3，我们可以看出：技术溢出随不同参数 σ 的赋值整体呈先递增后递减的变化趋势，前期加速上升，后期缓慢下降；溢出峰值出现在技术创新周期的前期，峰值的高度与参数赋值的大小呈正向关系，赋值越大，峰值越高；赋值越小，峰值越低；峰值的位置与参数赋值的大小呈"阶梯型偏离"，一定赋值范围内，不同赋值区间，赋值越大，峰值左偏，时滞短，落差大；赋值越小，峰值右偏，时滞长，落差小。对比技术溢出接受者的模仿成本（如图 6-3 右图所示），模仿成本位置高低与 σ 值大小亦呈正向关系，随时间变化呈"U"型结构。

由此可见，通过技术溢出效应实现模仿创新存在一定的"门槛值"，且模仿成本与技术溢出率呈负相关。对后进区域来讲，拓宽途径承接技术溢出，注重提升自身消化吸收能力是成功模仿创新的关键[251]。

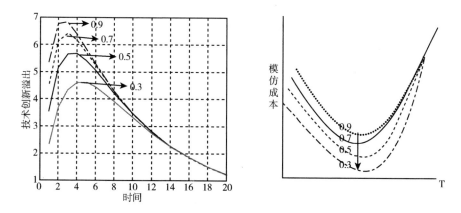

图 6 - 3　技术溢出曲线及模仿创新成本节约的对应关系

资料来源：本文绘制（左图由 Matlab 软件自动生成）。

6.2.3　路径三：基于区域内外资源共享的协同创新

　　在开放创新的知识经济环境下，集成化、系统化、网络化的多主体协同创新模式日益成为区域技术创新及增强核心竞争优势的捷径。协同创新借助现代高新科技通信系统，通过跨区域资源整合、多主体深度合作，产生系统叠加的非线性递增效用，是克服后进区域创新资源不足约束和创新能力不强的有效手段。

　　协同创新根植于跨区域的复杂网络平台，其协同效度及创新绩效受微观市场导向的三个维度影响（如图 6 - 4 所示）。我们不妨从跨区域的动静态网络结构来分析市场导向影响协同创新绩效的路径，以便更清楚地明晰区域协同创新市场导向机制的路线轨迹，为后进区域通过协同创新实现技术赶超明确方向。

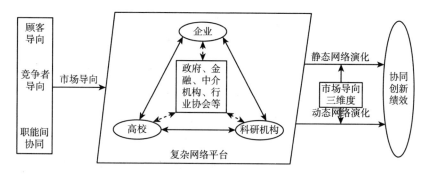

图 6 - 4　复杂网络结构下市场导向与区域协同创新绩效的关系

协同创新的直接目标是知识技术的价值增值。协同创新网络关系建立要求网络中各节点知识/技术势能差的转移或溢出,我们以网络中任意两个节点 i, j 为例,i, j 建立协同关系,当 i 知识/技术势能低于 j 时,知识/技术势能由 j 转移至 i。成功转移受时空距离、吸收能力、组织遗忘、势能衰退、协同信任程度及协同效度等影响。本章用 α 表示接收方吸收能力系数,表明知识接收方通过学习消化吸收知识/技术势能差的水平;β 表示遗忘衰退率,表明组织因各种原因在传递过程中的遗忘程度及知识/技术势能随时间推移而不断退化程度;γ 表示主体间协同程度,表明网络主体间相互信任关系及博弈决策导致的协同水平;q_{ij} 表示异质主体间协同效度,表明异质主体间协同创新的效率高低;χ 表示认知距离衰减系数,考虑到其随空间距离的增加而呈指数递减,则用 $\chi^{d_{ij}}$ 表示认知度。由此,可以得到任意节点 i, j 间的知识/技术势能转移或溢出公式:

$$V_{i,m}^{t+1} = V_{i,m}^{t} + (\alpha - \beta)\gamma\chi^{d_{ij}}q^{ij}(V_{j,m}^{t} - V_{i,m}^{t})$$
$$V_{j,m}^{t} > V_{i,m}^{t},且\ m_i \neq m_j, 0 < \alpha,\beta,\gamma,\chi^{d_{ij}} < 1 \qquad (6-5)$$

静态网络保持原有协同创新网络结构不变,而动态网络随时间的推移动态调整协同创新网络关系,并由当期收益与预期收益减调整后协同成本的比值决定。考察 t 与 $t+1$ 期任意节点 i 与 j 调整前后的对比,若 $t+1$ 期 i 与 j 预期净收益大于 t 期 i 与 j 收益,则网络节点发生连接,形成新连边,建立新协同关系,否则保持原有协同网络状态。假定 V 表示收益,C_x 表示构建新协同关系成本,g_{ij} 表示网络协同调整情况。则新协同关系建立:

$$g_{ij}^{t+1} = 1,若\ V_{i,m}^{t+1} \times V_{j,m}^{t+1} - C_x > V_{i,m}^{t} \times V_{j,m}^{t} \qquad (6-6)$$

原有协同网络状态:

$$g_{ij}^{t+1} = g_{ij}^{t},若\ V_{i,m}^{t+1} \times V_{j,m}^{t+1} - C_x \leq V_{i,m}^{t} \times V_{j,m}^{t} \qquad (6-7)$$

协同创新的绩效体现在资源整合利用效率和组织协同互动成效上,本章通过收益与成本的估算与相减获得创新利润来衡量协同创新网络的绩效。

收益层面:由协同创新网络中各期各节点的知识/技术势能累积共同作用产生的总收益量表示。假定知识与技术作为生产要素的收益产出符合柯布-道格拉斯生产函数,并假定二者对收益的贡献度系数相等,都为1/2。若用 R 表示协同创新总收益,θ_{im} 表示各期不同节点的知识/技术势能,其中 i 表示网络中各节点,$i \in (1, 2, \cdots\cdots n)$,$m$ 表示主体属性,$m=1$ 为知识主体,$m=$

0 为技术主体。则有：

$$R = \sqrt{\sum_{i=1}^{n} \theta_{im} \mid m = 0) \times (\sum_{i=1}^{n} \theta_{im} \mid m = 1)} \qquad (6-8)$$

成本层面：多主体协同创新网络的总成本包括固定成本和可变成本，其中固定成本记为 C_g，表示协同创新过程产生的沉没成本；可变成本记为 C_k，表示随时期 t 而变化的网络维护成本 C_w 及随网络结构变化的新协同关系建立成本 C_x 之和，其中，C_w 与网络中平均最短路径长度 D_{ij} 有关，设为：$C_w = c_w D_{ij}$；C_x 与新建协同关系的难易程度 q_{ij} 及 D_{ij} 有关，由于 q_{ij} 与 D_{ij} 具有反向关系，设为：$C_x = c_x \times D_{ij}/q_{ij}$。则总成本公式为：

$$
\begin{aligned}
C &= C_g + C_k = C_g + C_w + C_x \\
&= C_g + c_w D_{ij} + c_x \times (D_{ij} \mid m_i = m_j + D_{ij}/q_{ij} \mid m_i \neq m_j)
\end{aligned} \qquad (6-9)
$$

协同创新利润 π：$\pi = R - C$

$$
\begin{aligned}
&= \sqrt{(\sum_{i=1}^{n} \theta_{im} \mid m = 0) \times (\sum_{i=1}^{n} \theta_{im} \mid m = 1)} \\
&\quad - C_g - c_w D_{ij} - c_x \times (D_{ij} \mid m_i = m_j + D_{ij}/q_{ij} \mid m_i \neq m_j)
\end{aligned}
$$

$$(6-10)$$

基于上述公式，我们分别从顾客导向、竞争者导向及职能间协调三个市场导向维度剖析静态与动态网络结构下的协同创新绩效，其中，顾客需求信息识别主体占比衡量顾客导向，竞争激励主体数量表示竞争者导向，网络不同节点连边数衡量职能间协调。利用 2016 版 Matlab 模拟仿真分析，得到 6 幅图形，如图 6-5 所示。

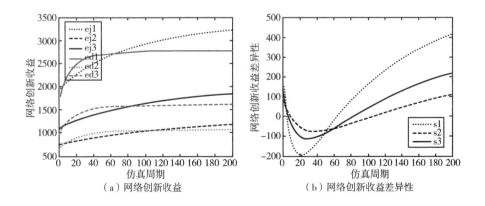

（a）网络创新收益　　　　　　（b）网络创新收益差异性

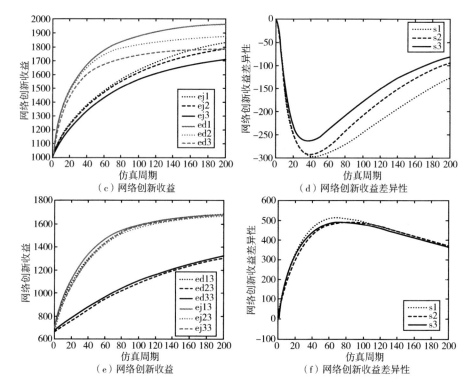

图 6 – 5 市场导向三维度对动静态网络结构下的协同创新绩效比较

说明：(a)，(b) 为顾客导向对协同创新绩效的影响；(c)，(d) 为竞争者导向对协同创新绩效的影响；(e)，(f) 为职能间协调对协同创新绩效的影响。J 表示静态网络，D 表示动态网络，e 表示网络创新净收益，s 表示静动态值做差后的差异性，K 表示关系维度的职能协同程度。

由图 6 – 5 可以看出：嵌入市场导向作用，短期演化过程与动态网络结构、长期演化过程与静态网络结构，更有利于发挥顾客导向对协同创新绩效的驱动效应；动态网络结构下的竞争者导向、静态网络结构下的职能间协同对协同创新绩效的驱动效应更显著。

由此，后进区域在协同创新的过程中需要注意以下几点：首先，明确创新项目的市场导向性，包括识别现有与潜在消费者需求信息，检测相关竞争者优劣势信息，传播 – 沟通 – 协调 – 整合各部门资源等。其次，预估创新项目的周期，探寻和建立合作伙伴。短期项目建议选择动态性的网络结构，即协同关系可变，随时调整方向，但须着力于各主体间的协调，真正做到优势互补、资源共享、高效集成、灵活应变；长期项目建议选择静态性的网络结构，即一旦选定合作伙伴，协同关系就随之稳定，因此，探寻合意的合作主体及建立高效的利益分成机制至关重要，而协同创新过程中需随时关注相关竞争者信息，并及时在主体间传播与应对。再次，建立绩效评估机制。将市场导向－多主体协同创新－协同创新净收益有机联系起来，最大限度地控制协同维护成本，激发协同主体的共享与合作激情，依据市场导向，管控多主体协同创新的时效与成效。最后，健全保障监督机制。协同创新的有效运行离不开适宜的外部环境和优良的内部环境，社会网络平台、政府的政策支持、良好的创新文化氛围、透明的奖惩机制等对协同创新系统的健康发展至关重要[317]。

6.2.4　路径四：基于域内特色产业的"适宜性"逆向创新

逆向创新（reverse innovation）是指以满足发展中国家或地区的新兴市场（特别是 Niche Market，即利基市场）多元化需求为初始目标，实现本土商业化、产业化后"逆流"向国际发达市场的一种创新模式。与经典创新模式不同的是，逆向创新着眼于发展中地区的市场需求差异，即来自基础设施差异、性能差异（15% 的价格提供 50% 的性能）、可持续性差异、监管差异及偏好差异，寻求创新性解决方案，并顺势探索推向发达国家新兴市场的可能性，其实现路径分为两步：一是创新技术的"逆向"，对已有新型技术进行仿制和改进，形成全新的成本低、价格低、功能专、操作易的创新产品，并有效避开专利保护和符合环保要求，形成独具特色适应当地要素禀赋结构和产业发展方向的经济增长点；二是创新市场的"逆向"，立足本区域新兴市场，不断积累资源、经验及技艺，完善产品性能，开拓发达国家或地区的"边缘市场"，顺势抢占国际新兴市场。表 6－1 为逆向创新与经典创新的区别。

表 6－1　　　　　　　　　逆向创新与经典创新的区别

特征	经典创新（发达市场）	逆向创新（新兴市场）
创新假设	首创产品定位于发达国家主流市场，依次波及发展中国家中高收入群体，扩展至中低收入群体	首创产品定位于发展中国家新兴市场，依次波及发达国家边缘市场，扩展至发达国家主流市场
市场目标群体	价格不敏感的高收入群体	15% 的价格提供 50% 的性能的中低收入群体
创新扩散路径	发达国家到发展中国家	发展中国家到发达国家
目标市场特征	制度规则成熟、基础设施建设完备、创新产品性能高、价格高	制度规则滞后、基础设施待完善、创新产品成本低、功能专、操作易

续表

特征	经典创新（发达市场）	逆向创新（新兴市场）
研发中心倾向	研发中心在发达国家、越来越重视发展中国家新兴市场	研发中心在发展中国家，利用当地资源优势与适用当地实际
实现路径	创新产品首发于发达国家，改良后出口发展中国家，技术创造市场需求	创新实用性产品设计，低价格优势满足中低收入群体，市场导向技术，市场技术并重

注：资料来源于单娟、董国位的研究，并略作改进。

资料来源：单娟，董国位. 新兴市场后发企业逆向创新路径研究——来自华为公司的案例分析 [J]. 科技进步与对策, 2017, 34 (02): 87 – 93.

对于后进区域来讲，开展逆向创新是将本区域要素禀赋结构、特色产业与当地市场开发三者相结合的有效路径。后进区域的技术创新可采取将国际领先技术产品反求嫁接到本区域，去次要功能，保留关键功能，优先满足中低收入水平消费者偏好，并能很好地依托廉价要素资源，降低成本，转化为价格优势，开拓利基市场，形成新兴市场，进而延伸至国际边缘市场，在世界范围内形成微型消费的"大型市场"。

具体来看，对技术的逆向创新可采取末端突破的反求工程，其实现过程类似于"逆 A-U"模型，如图 6 - 6 所示。

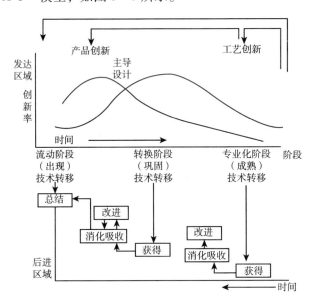

图 6 – 6 后进区域技术逆向创新的"逆 A-U"路径

资料来源：金麟洙，从模仿到创新——韩国技术学习的动力 [M]. 北京：新华出版社，1998：98.

后进区域成功实现技术逆向创新的关键在于对外来先进的成熟技术进行改进和创造成"适用、简约、低价"的全新产品，这一产品既能实现原产品的主打功能，又能大幅度降低成本，具有规模经济。

对市场的逆向推进，即由发展中国家新兴市场到发达国家边缘市场延伸至主流市场，形成国际化的微型消费"大市场"，其过程如图6-7所示。

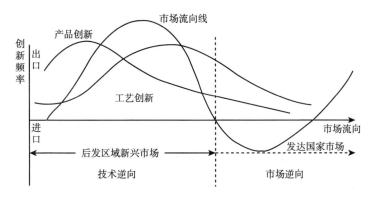

图6-7 后进区域逆向创新的创新频率及市场流向

后进区域成功实现市场逆向创新的关键是在成功占据本土新兴市场后，探寻发达国家边缘市场与本土新兴市场的需求接洽点，通过自身创新能力提升、国际市场导向、前沿技术把握、跨国企业合作和海外研发渗透海外市场，逐次占领国际主流市场。

6.3 健全后进区域技术创新市场导向机制的政策建议与保障措施

要健全后进区域技术创新的市场导向机制，实现经济的赶超发展，必须清楚后进区域落后的根源，后进区域呈现的产业结构滞后、经济发展水平低而发展后劲不足，是由于技术创新产出低、技术创新转化率低、技术创新与经济发展实际需求不匹配、创新效率及贡献度偏低和技术创新能力不足，难以带动经济提质增效造成的，而创新资源匮乏，市场化水平低，市场体系不完善，资源错配及整合不利，制度建设滞后，政策落实不到位，则加剧了这一恶性循环，致使经济长期处在低位徘徊。因此，实现"创新资源→市场配置→技术创新→优化产业结构，提高生产率→经济提速→市场扩大→创新资源聚集→技术创新→……"的良性循环，是后进区域走出发展困境的良方。在当前世界经济低迷，中国经济处在调整换挡的中低速"新常态"发展期，以及后进区域大多处在"西部大开发""创新型国家建设"及"一带一路"等多重战略叠加的历史发展机遇期，要健全技术创新的市场导向机制，就必须从市场体系、创新系统、政策组合与制度协调等角度进行全面构建和组织实施。

6.3.1 推进市场化进程，完善市场体系

自1978年改革开放近40年来，我国的社会主义市场经济从封闭走向开放、从利益主体单一走向利益主体多元、从幼稚走向成熟，已成为世界公认的新兴市场经济发展大国。对中国而言，市场化包括两层含义：一是制度移植层面的市场化（或改革意义上的市场化）；二是发展层面上的市场化。通过诱致性制度移植和强制性制度变迁，我国改革意义上的市场化已基本实现，表现在企业的微观市场主体地位、价格、竞争、激励、风险、产权、信用等一系列市场体制、机制、制度的形成和全面实施等。但我国发展层面的市场化远没达到一定程度，表现在区域市场发展不平衡，要素市场发展滞后（特别是金融、技术信息、土地市场），区域市场开放度不高，市场体系不完善，市场秩序不规范，市场监管错位、缺位、越位严重等。

推进市场化进程，完善市场体系，必须做好以下工作：一是加快培育要素市场。当前，中国的产品市场发育程度较高，但要素市场发展滞缓，严重制约市场体系的完善。要素市场包括土地市场、劳动力市场、资本市场、技术市场、信息市场及中介服务市场等，其中，中国的金融市场、中介服务市场尚未形成多元的、竞争的、自主经营、自负盈亏、自由进退的市场局面，其市场开放度不够、市场人为干预较强、市场认可度不高、市场秩序不规范，通过降低进入门槛、利率市场化建设、全面布局中介服务机构、打破城乡二元差别等措施加快建设步伐刻不容缓。二是转变政府职能，提高工作效率。廉洁、高效、透明、公正的政府服务是市场有效运行的必备条件。政府的不作为、乱作为、办事效率低、寻租腐败等势必扭曲市场信号，干扰市场良性运行，使市场作用失灵。因此，要精简政府机构、加强政府队伍素质建设、

有效监督权力实施，变管制型政府为服务型政府，变无所不为政府为有所作为政府，真正起到服务到位、监管有力的市场化助推者。三是加大基础设施建设力度。后进区域市场化水平低，市场体系不完善的一大重要原因是区域基础设施建设滞后。基础设施包括公共工程基础设施和公用生活服务基础设施，完善的基础设施是市场商流、物流、资金流、信息流渠道畅通的保障，对区域经济发展具有"乘数 – 加速数"效应。多渠道融资加大对区域交通、邮电、通信、供电供水、商业服务、科技服务、环保服务的基础设施是建立统一、开放、竞争、有序的"大市场"的重要保证。图 6 – 8 为后进区域技术创新市场体系建设内容。

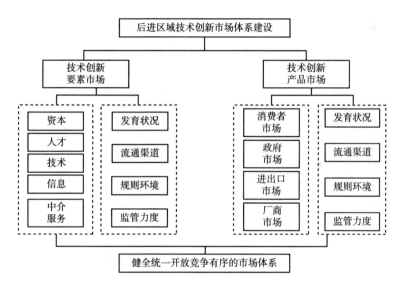

图 6 – 8　后进区域技术创新市场体系建设内容

6.3.2　培育创新资源，完善区域创新系统

创新资源的短缺是制约后进区域技术创新提升的重要原因，克服创新资源不足问题是进行后进区域技术创新的先决条件。对后进区域来讲，存在创新资源先天不足和后天流失并存的难题，如：后进区域创新资本本身就存在自我积累能力差、金融市场发育水平低（导致融资方式单一、流动不畅、效率低下）、利用外资规模小及区际贸易条件恶化等导致资本存量有限，但在利润收益率和市场化驱动下，资本"倒流"向发达区域，这进一步加剧后进

区域资本短缺现象；同样的问题也发生在创新型人才资源上，由于先发区域工作环境好、机会多、待遇高、生活便利等使得后进区域人才呈现"孔雀东南飞"的现象。解决后进区域创新资源的途径主要有：营造良好的创新环境，加大培育力度，吸引资源流入；加强区域间网络关系，增进交流，实现资源共享；灵活用人政策，采用兼职、学术交流、讲座、培训等多种形式，做到"不求所有，但求所用"；落实科技资金投入多元化，构建畅通的投融资系统和风险担保体系。

区域创新系统是塑造技术创新水平和能力的重要载体，构建完善的后进区域创新系统是一个综合性的、复杂的、动态的、全方位的工程。为明晰后进区域创新系统中各创新主体（企业、政府、高校、科研机构、中介机构）的创新路径，揭示其"黑箱"的运作程序，本章采用系统动力学的因果反馈流程图来探讨系统内部的动态结构和多重反馈机制，如图6-9所示。

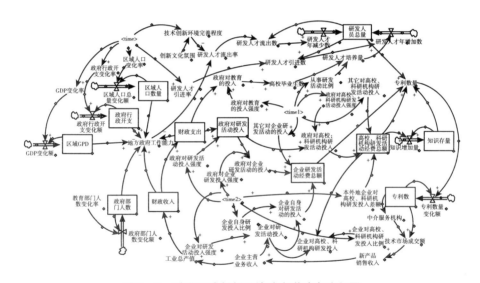

图6-9 后进区域创新系统动力学动态流程图

注：箭头表示因果关系，"＋"表示正因果关系，"－"表示负因果关系，矩形表示状态变量，工程图阀门符号表示速率变量，圆形表示辅助变量，双箭头表示实物流，信息流用单箭头表示，源和汇表示系统边界，用"云"符号表示。

后进区域创新系统主要涉及企业子系统、政府子系统、高校及科研机构子系统和区域创新环境子系统（杨洪涛等，2017[318]）。我们以研发投入表示系统的创新资源投入，包括企业、政府、高校、科研院所、金融机构、国外资金等创新资金投入，各类创新人员的数量与质量等创新人才投入；

创新产品产值表示系统产出效益，包括专利数及新产品产出。由图形 6 - 9
可以看出：后进区域创新系统包括 6 个反馈回路，分别是企业研发投入反
馈回路、政府研发投入反馈回路、产学研研发投入反馈路径、政府对金融
机构投入反馈回路、教育投入反馈路径、政府对区域技术创新环境投入反
馈回路。同时，我们以 < time > 为中心动态刻画各主体投入强度及政策
效应。

　　后进区域创新系统流程图显示系统的有效运行离不开人才、资本及知识
三种动力要素，而聚集创新要素离不开区域创新环境的优化与完善，这一切
又与地方政府有着千丝万缕的联系。因此，构建后进区域创新系统需要政府
发挥第一推动力作用，采取如下措施：（1）整合创新要素，形成推动创新系
统运行的合力，提高创新系统运行效率；（2）增加中介机构数量，培养高水
平中介机构并合理布局，推动科技成果转化，重视技术创新成果市场化、产
业化；（3）加大教育投入力度，培养高素质科研人才，加强产学研协同创新
（张治河等，2014[319]）；（4）完善区域创新环境，营造后进区域创新文化氛
围，增强吸引力；（5）开放区域市场，加强区域间网络关系，实现资源共
享，合作共赢。

6.3.3　加强政策组合和制度协调，促进科技成果转化

　　健全后进区域技术创新的市场导向机制，提升后进区域技术创新能力离
不开激励创新的政策组合和制度协调。政策方面：一是激励技术创新的财税
政策，如支持中小企业技术创新方面的税收抵免政策、优惠通融资政策、补
贴技术创新正外部性政策，建立专门的鼓励技术创新资金账户政策；二是激
励技术创新的采购政策，包括政府采购政策（国内具有自主知识产权的高新
技术产品首购政策，军民合作技术产品优先购买政策等）、企业淘汰落后设
备购置先进科技仪器设备优惠政策等；三是激励技术创新的金融政策，如搭
建多元化的科技金融合作平台，中小企业金融贷款国家信用担保与贴息政策，
鼓励风险投资公司积极参与创新项目投资政策；四是激励技术创新的科教文
化政策，如塑造与技术创新市场导向相匹配的技术创新的物质文化、技术创
新的观念文化、技术创新的制度文化、技术创新的行为文化等，重视教育、
重视科技人才引进与培养的政策，培养良好的技术创新文化"软实力"环
境。法律制度方面：一是健全和贯彻创新资源市场配置的法律制度，打破区

域市场分割，打击违反公平交易和不正当竞争行为，加大市场开放力度，保证公平竞争的创新市场运行机制；二是切实保护知识产权，完善知识产权交易制度，贯彻落实《专利法》《著作权法》《计算机软件保护条例》《商标法》《促进科技成果转化法》等；三是改进技术创新评价考核的法律法规，改变以往科技成果的"价值"以获得国家经费额、发表论文数、获奖状况及发明专利数等来确定，只注重其"技术价值"，忽略其"市场价值"的技术与市场严重脱节现象，实行技术创新成果市场检验和评判制度，对高技术创新溢出效应实行政府运用财税政策采取事后补偿的制度，从而有效提高科技成果转化应用率，增进全社会创新福利。

6.4　本章小结

本章就如何健全创新资源约束型后进区域技术创新的市场导向机制从"三位一体"的综合治理模式、路径选择与优化、政策措施与保障实施三个维度加以构建与研讨。主要得出以下结论：

首先，在系统总结后进区域现状特征基础上，构建了市场、政府、社会"三位一体"的技术创新市场导向综合治理模式。该治理模式以区域社会环境为平台，市场导向为核心，通过政府的协调、扶持等功能性定位，实现融社会、市场、政府为一体、企业为主体、中介机构等辅助主体的完善的技术创新市场导向机制。这对于后进区域抢抓国家战略契机，构建创新体系，保持创新持续运行，加快经济赶超步伐提供了独具特色、切实可行的方案步骤。

其次，从模仿创新、协同创新、逆向创新等角度明确了后进区域技术创新的路径选择与优化。包括四个路径，分别是：基于市场交易的"技术差距－技术转移－模仿创新"、基于非市场扩散的"技术差距－技术外溢－模仿创新"、基于区域内外资源共享的协同创新和基于域内特色产业的"适宜性"逆向创新。通过上述路径的实施，对克服后进区域创新资源短缺、最终实现自主创新，提升创新效率、能力和水平，并以时间上的压缩和空间幅度上的跨越实现经济赶超开辟了一条"捷径"。

最后，本章进一步从推进市场化进程与完善市场体系、培育创新资源与完善区域创新系统、加强政策组合和制度协调促进科技成果转化三个方面提出了可行性建议与保障性措施。这为后进区域实现"创新资源→市场配置→技术创新→优化产业结构,提高生产率→经济提速→市场扩大→创新资源聚集→技术创新→……"的良性循环,走出发展困境提供了良方。

此外,本章在研究过程中,综合运用了数理建模、系统动力学等研究方法,并借助 2016 版 Matlab 及 Vensim PLE 等分析软件,以增强本章的可信度与说服力。

第7章 结论与展望

7.1 主要结论

当前，世界经济正发生着深刻调整和缓慢复苏，发达经济体和新兴市场经济体因增速分化而改变着世界经济格局。随着改革红利、人口红利、资源红利等传统优势的弱化，中国经济从赶超式高速增长阶段转入了中低速增长的"新常态"，处在增速放缓、结构调整、动力转换、方式转型、空间扩展的调整换挡期。为适应新常态，党的第十八届三中全会提出了市场决定资源配置和健全技术创新的市场导向机制的重大制度安排，这为新形势下激活市场潜能，培育创新驱动发展动力指明了方向。在当前"西部大开发""创新型国家建设""一带一路"三重战略叠加下，后进区域迎来了历史性的发展契机，如何在新一轮的经济变革中抢抓先机，找准定位，变道超速，实现赶超是摆在后进区域面前的重大战略问题。本书基于这一国内外大环境，从后进区域技术创新赶超发展的重大现实需求出发，全面探讨健全后进区域技术创新的市场导向机制问题，力图使这一领域形成新的研究范式。

本书的研究主体包括：一是技术创新市场导向的理论根基，即理论探讨技术创新以市场为导向的必要性和必然性；二是技术创新市场导向的作用机理和实现机制，即系统探讨技术创新以市场为导向的实现过程与良性运转；三是后进区域技术创新市场导向的模式判定与绩效考察，即实证探讨创新资源短缺约束、不发达市场经济体系下的后进区域技术创新与市场导向间的现实状况、关系模式及运行绩效；四是如何克服创新资源约束，健全后进区域技术创新市场导向机制，即提出健全后进区域技术创新市场导向机制的治理模式、路径选择与政策措施。基于这些研究主体，本书综合运用经济学、管理学、系统动力学及数理统计等交叉学科知识，在全面梳理和系统总结前人研究成果的基础上构建了较完整的、自成一体的技术创新市场导向理论，在此基础上，搜集整理大量相关数据，构建数理模型，运用 Matlab、Eviews、Vensim PLE 等软件，实证探讨后进区域技术创新与市场导向之间的互动关系、绩效评价，据此提出具有针对性和可操作性的政策措施。通过研究，本书得到以下主要结论：

其一，创新资源的稀缺是区域创新驱动发展的基本约束因素，但对后进区域来讲，创新资源的短缺却具有"双重性"。一是静态绝对性短缺。这是由后进区域自身禀赋条件及后天培植能力决定，先天相对富有的自然资源在一定程度上形成对后天培植的创新资源"部分替代"。二是动态相对性短缺。在区域增长极化效应和回波效应的作用下，后进区域培育的创新型人才、积累的研发资本"倒流"向先发区域。创新资源短缺的双重加压倒逼后进区域重塑开放型市场投资环境，推进市场化进程，诱致制度政策性创新。

其二，市场导向机制有别于市场机制，其选择方式、作用路径与实现效果不同。（1）市场导向是市场行为者的主动选择和人为构建，而市场机制是市场自发形成和自动运行；（2）市场导向机制通常是动态的调整适应过程，市场机制则是静态的循环流转过程；（3）市场导向机制的建立健全侧重宏观领域，着眼长远但往往产生短期效应，市场机制侧重微观领域，着眼短期但往往产生滞后效应；（4）市场导向机制既可以以现实市场为导向亦可以以潜在市场为导向，存在市场驱动的"先导"和驱动市场的"后导"，市场机制是在市场建立的同时即时发挥作用，即只要有市场，市场机制就会自发作用。由此，构建技术创新的市场导向理论包含了技术创新过程的市场理论、技术创新实现的市场结构理论、技术创新外溢的市场失灵理论及技术创新持续的市场机制设计理论。

其三，创新主体、创新客体和创新环境是区域技术创新能力和核心竞争力形成的必备三要件，克服后进区域技术创新三要件不足的有效制度安排是实施市场导向机制。市场导向机制通过优化资源配置效应、动态学习效应、价值实现效应、分担风险效应和激励与转移效应等对后进区域技术创新产生显著的影响。同时，后进区域市场空间广阔，大多还处在未开拓的"处女地"，原有市场留有空隙，新市场有待开发，技术创新从微观产品、中观产业及宏观总供求三个角度深挖和拓展区域内外市场，推进后进区域内外市场一体化。

其四，后进区域技术创新市场导向的实现机制包括动力机制、运行机制、约束机制以及保障机制。其中，动力机制通过正向激励和逆向激励对技术创新实现机制产生影响；约束机制通过创新资源控制和外在环境约束影响技术创新的实现机制；运行机制以良性的运行系统确保技术创新的实现机制；保障机制通过政策组合和制度协调保证技术创新的实现机制。由此，动力机制是运行机制的前提，约束机制是运行机制的条件，保障机制是运行机制的"最后堡垒"。

其五，中国区域间技术创新水平与能力、市场化水平与市场体系建设存在显著差异。从人均 GDP、第三产业占比、GDP 年增长率、技术创新水平及市场化程度的区际比较得出，甘肃、贵州、西藏、云南、山西、青海、宁夏、广西、新疆共 9 个省区属于典型的后进区域；从 R&D 投入来源、技术获取途径和技术创新能力提升路径的实证结果看，后进区域技术创新模式为企业主导、输入型、畸形的"自主创新"模式；从技术创新与市场导向的关系模型计量结果看，市场导向对提升后进区域技术创新能力具有显著的作用。

其六，后进区域落后的根源在于技术创新乏力致使发展后劲不足，而市场化水平低、市场体系不完善、市场导向不明确则是导致技术创新不足的根源，为此本书从"三位一体"的综合治理模式、路径选择与优化、政策措施与保障实施三个维度加以健全后进区域技术创新的市场导向机制。（1）市场、政府、社会"三位一体"的技术创新市场导向长效综合治理机制是以社会为平台，立足社会的基础载体，以市场导向为核心，充分发挥市场对以企业为主体的技术创新的导向决定性作用，通过政府的协调、扶持等功能性定位，实现融市场、政府、社会为一体的完善的技术创新市场导向机制，从而使后进区域技术创新更具活力和效率。（2）基于充分利用区域内外两个市场、两个资源，从模仿创新、协同创新、逆向创新等角度明确了后进区域技术创新的路径选择与优化。（3）从推进市场化进程与完善市场体系、培育创新资源与完善区域创新系统、加强政策组合和制度协调三个方面提出整治措施，以实现"创新资源→市场配置→技术创新→优化产业结构，提高生产率→经济提速→市场扩大→创新资源聚集→技术创新→……"的良性循环。

7.2　研究不足与展望

对于转轨经济国家的后进区域如何健全技术创新的市场导向机制问题是

当前研究的热点和难点，也是一个全新的研究领域。尽管发达国家或地区有过落后区域通过技术创新赶超先发区域的先例，日韩、亚洲四小龙的成功赶超也提供了丰富经验，但由于境况不同、制度差异，经验无法复制。本书在研究过程中，查阅大量资料，尝试多种途径，揣摩和斟酌多种方法，但由于本人知识能力、研究视野、数据可获得性及方法选取等局限，文中难免存在值得商榷和不足之处。

一是囿于视野、水平和资料，有些观点、说法不一定确切，如后进区域的概念界定与选取标准、市场导向机制的把握与考量。

二是受数据的可获得性及各年统计口径不一，数理模型的设置与采用方法得当与否有待推敲，如：基于动静态网络结构视角的市场导向与后进区域协同创新采用数值模拟（Matlab 软件分析）的方法验证说明现实问题的有效性；直接建立技术创新与市场导向的计量关系是否贴切，特别是仅用各区域市场化指数反映市场环境，各地区技术市场成交合同金额近似反映市场体系发育状况，来测度区域市场导向的合理性。

三是仅仅依靠"量"的比例关系而未从"质"的效率层面纳入数理分析框架，掩盖了许多矛盾和问题。如：采用传统的专利申请与新产品销售额考察技术创新产出，虽简单直接，但忽视不在其列的其他技术创新，也超估了不是技术创新的新产品；微观企业视角的市场导向考量一般采用问卷调查、专家访谈、实地考察等第一手调研数据，但中观区域视角的市场导向考量却难以采用这一方法，从统计数据获得的信息很难真实反映本质。由于"质"的考察，缺乏有效的数据和方法支撑，这成为本书研究的遗憾。

进一步研究展望：今后将通过实地考察、走访咨询等多种途径获得后进区域典型企业、产业的第一手数据资料，综合运用前沿的研究方法，探讨如何利用市场导向制度吸引、整合、共享、优化创新资源，实现后进区域从模仿创新、协同创新、逆向创新到自主创新，进而切实提升后进区域技术创新水平与能力，为最终实现经济赶超提供借鉴。

附　　录

1. 本书用到的 Matlab 编程。

```
t = 1 : 1 : 25
c = 0. 5 : 0. 1 : 0. 8
[a1,a2] = size(t)
[b1,b2] = size(c)
s1 = size(b2,a2)
s2 = size(b2,a2)
s3 = size(1,a2)
A1 = size(b2,a2)
d = 0. 9
for j = 1 : b2
    for i = 1 : a2
        s1(j,i) = c(j) * t(i)
        s2(j,i) = 1 - exp( - s1(j,i))
        s3(i) = d^t(i)
        A1(j,i) = s3(i) * 10 * s2(j,i)
    end
end
figure(1)
for p = 1 : b2
    plot(A1(p,:))
    grid on
    hold on
end
```

2. 本书实证用到的原始数据。

附表 1

2001～2014 年中国 30 个省区市研发经费内部支出额

单位：万元

省区市	2001 年	2002 年	2003 年	2004 年	2005 年	2006 年	2007 年	2008 年	2009 年	2010 年	2011 年	2012 年	2013 年	2014 年
北京	1711696	2195401	2562518	3173331	3820683	4329877	5053870	5503499	6686351	8218234	9366439	10633640	11850469	12687953
天津	251553	311878	404290	537501	725659	952370	1146921	1557166	1784661	2295644	2977580	3604866	4280921	4646868
河北	257504	336031	380530	438428	589320	766640	900165	1091113	1348446	1554492	2013377	2457670	2818551	3130881
山西	108238	144131	158256	233570	262814	363388	492506	625574	808563	898835	1133926	1323458	1549799	1521871
内蒙古	38828	48285	63898	77951	116956	164860	241982	338950	520726	637205	851685	1014468	1171877	1221346
辽宁	538980	715605	829699	1069142	1247086	1357857	1653989	1900662	2323687	2874703	3638348	3908680	4459322	4351851
吉林	165428	264085	278001	355065	393039	409212	508658	528364	813602	758005	891337	1098010	1196882	1307243
黑龙江	201389	232880	326765	353502	489073	570294	660437	866999	1091704	1230434	1287788	1459588	1647838	1613469
上海	880804	1102663	1289187	1711168	2083538	2588386	3074569	3553868	4233774	4817031	5977131	6794636	7767847	8619549
江苏	922703	1172582	1504625	2139777	2698292	3460695	4301988	5809124	7019529	8579491	10655109	12878616	14874466	16528208
浙江	414138	542865	752256	1155471	1632921	2240315	2816032	3445714	3988367	4942349	5980824	7225867	8172675	9078500
安徽	210513	256977	324219	379356	458994	593365	717914	983208	1359535	1637219	2146439	2817953	3520833	3936070
福建	226181	243999	375019	458874	536186	674333	821721	1019288	1353819	1708982	2215151	2709891	3140589	3550325
江西	77617	117173	169772	215281	285314	377619	487867	631468	758936	871527	967529	1136552	1354972	1531114
山东	609310	881631	1038442	1421242	1951449	2341299	3123081	4337171	5195920	6720045	8443667	10203266	11758027	13040695

续表

省区市	2001年	2002年	2003年	2004年	2005年	2006年	2007年	2008年	2009年	2010年	2011年	2012年	2013年	2014年
河南	283090	293151	341910	423556	555824	798419	1011299	1222763	1747599	2111675	2644923	3107802	3553246	4000099
湖北	368494	478834	548173	566204	749531	944297	1113179	1489859	2134490	2641180	3230129	3845239	4462043	5108973
湖南	239755	262135	300904	370442	445235	536174	735536	1127040	1534995	1865584	2332181	2876780	3270253	3679345
广东	1374337	1564491	1798393	2112055	2437605	3130433	4042910	5025577	6529820	8087478	10454872	12361501	14434527	16054458
广西	80046	90478	112389	118659	145947	182403	220030	328306	472028	628696	810205	971539	1076790	1119033
海南	8457	12178	12126	20870	15950	21044	26020	33479	57806	70204	103717	137244	148357	169151
重庆	99904	126195	174401	236525	319586	369140	469876	601525	794599	1002663	1283560	1597973	1764911	2018528
四川	574712	619233	794211	780122	965760	1078405	1391401	1602598	2144590	2642695	2941009	3508589	3999702	4493285
贵州	53486	60722	78853	86772	110349	145113	137434	309909	26134	299665	363089	417261	471850	554795
云南	76982	97928	110074	125061	213233	209187	258776	12285	372304	441672	560797	687548	798371	859297
陕西	516917	607149	679914	834788	924462	1013558	1217106	1432726	1895063	2175042	2493548	2872035	3427454	3667730
甘肃	83833	109594	127702	143946	196136	239530	257220	318014	372612	419385	485261	604762	669194	768739
青海	11747	20823	24070	30364	29554	33412	38093	39092	75938	99438	125756	131228	137541	143235
宁夏	15341	19505	23828	30513	31681	49749	74724	75490	104422	115101	153183	182304	209042	238580
新疆	32070	35182	37957	60134	64087	84760	100169	160113	218043	266545	330031	397289	454598	491587

注：数据来源于 2002～2015 年《中国科技统计年鉴》，西藏数据缺失。

附表 2

2001～2014 年中国 30 个省区市研发人员全时当量

单位：人年

省区市	2001 年	2002 年	2003 年	2004 年	2005 年	2006 年	2007 年	2008 年	2009 年	2010 年	2011 年	2012 年	2013 年	2014 年
北京	95255	114919	109947	151542	171045	168398	187578	189551	191779	193718	217255	235493	242175	245384
天津	23893	26216	28808	29553	33441	37164	44854	48348	52039	58771	74293	89609	100219	113335
河北	28222	32899	34438	34823	41703	43740	45334	46155	56509	62305	73025	78533	89546	100946
山西	16152	17183	18483	18504	27438	38767	36864	43986	47772	46279	47355	47029	49035	48955
内蒙古	7997	8679	8686	11417	13504	14751	15373	18264	21676	24765	27604	31819	37280	36435
辽宁	52784	64703	56031	59967	66104	69048	77157	76673	80925	84654	80977	87180	94885	99586
吉林	17913	19580	19480	22156	25642	28456	32509	31731	39393	45313	44815	49961	48008	49774
黑龙江	32219	34198	34635	39233	44203	45068	48205	50717	54159	61854	66599	65118	62660	62648
上海	51965	54749	56211	59089	67048	80201	90145	95129	132859	134952	148500	153361	165755	168173
江苏	78839	90574	98054	103295	128028	138876	160482	195333	273273	315831	342765	401920	466159	498801
浙江	35919	39973	46580	63100	80120	102761	129393	159589	185069	223484	253687	278110	311042	338398
安徽	24403	23748	25107	24113	28405	29875	36163	49465	59697	64169	81087	103047	119342	129319
福建	24810	22448	26614	31792	35716	40238	47593	59270	63269	76737	96884	114492	122544	135866
江西	15149	15335	16999	19225	22064	25797	27123	28241	33055	34823	37517	38152	43512	43469
山东	46804	72630	78260	72255	91142	96637	116470	160420	164620	190329	228608	254013	279331	286352
河南	36138	41492	40742	42126	51181	59692	64879	71494	92571	101467	118041	128323	152252	161444

续表

省区市	2001年	2002年	2003年	2004年	2005年	2006年	2007年	2008年	2009年	2010年	2011年	2012年	2013年	2014年
湖北	44167	55509	51901	50311	61226	62100	67403	72751	91161	97924	113920	122748	133061	140741
湖南	28672	29228	26988	31334	38044	39752	44942	50253	63843	72637	85783	100032	103414	107432
广东	79052	86881	93812	93051	119359	147233	199464	238684	283650	344692	410805	492327	501718	506862
广西	9532	12085	13188	14801	17947	18940	20141	23243	29856	33987	40135	41268	40664	41208
海南	927	848	1040	1409	1225	1209	1262	1726	4210	4893	5397	6787	6962	7514
重庆	16491	17572	17744	20739	24619	26826	31563	34421	35005	37078	40698	46122	52612	58354
四川	48180	61312	57867	60117	66382	68584	78849	86736	85921	83800	82485	98010	109708	119676
贵州	9488	8960	8623	7793	9779	10737	11365	11458	13093	15087	15886	18732	23888	23969
云南	11703	13938	12943	14695	14798	16027	17819	19754	21110	22552	25092	27817	28483	30523
陕西	57275	60533	54239	49020	53656	59458	65072	64752	68040	73218	73501	82428	93494	97138
甘肃	17291	14693	16888	14420	16795	16696	18769	2118	21158	21661	21332	24290	25047	27122
青海	2005	2037	2265	2649	2590	2610	3915	2501	4603	4858	5006	5181	4767	4731
宁夏	2821	2975	2718	3515	4046	4412	5565	5153	6920	6378	7358	8073	8234	9500
新疆	4551	5317	5335	6141	6986	7408	8863	8810	12655	14382	15451	15671	15822	15662

注：数据来源于 2002～2015 年《中国科技统计年鉴》，西藏数据缺失。

附表 3

2001～2014 年中国 30 个省区市市场化指数

省区市	2001 年	2002 年	2003 年	2004 年	2005 年	2006 年	2007 年	2008 年	2009 年	2010 年	2011 年	2012 年	2013 年	2014 年
北京	6.17	6.92	7.50	8.19	8.20	8.54	9.02	9.58	9.87	10.55	11.04	11.53	12.02	12.51
天津	6.59	6.73	7.03	7.86	7.65	8.28	8.59	9.19	9.43	10.00	10.43	10.86	11.29	11.72
河北	4.93	5.29	5.59	6.05	6.51	6.84	6.94	7.16	7.27	7.50	7.74	7.97	8.21	8.44
山西	3.40	3.93	4.63	5.13	5.06	5.56	5.91	6.18	6.11	6.54	6.82	7.10	7.38	7.66
内蒙古	3.53	4.00	4.39	5.12	5.26	5.89	5.91	6.15	6.27	6.84	7.17	7.50	7.83	8.16
辽宁	5.47	6.06	6.61	7.36	6.97	7.56	7.97	8.31	8.76	9.12	9.51	9.89	10.28	10.66
吉林	4.00	4.58	4.69	5.49	5.76	6.20	6.55	6.99	7.09	7.41	7.74	8.07	8.40	8.73
黑龙江	3.73	4.09	4.45	5.05	5.33	5.61	5.76	6.07	6.11	6.61	6.90	6.90	7.47	7.76
上海	7.62	8.34	9.35	9.81	8.97	9.63	10.27	10.42	10.96	12.02	12.57	13.13	13.68	14.23
江苏	6.83	7.40	7.97	8.63	8.60	9.39	10.14	10.58	11.54	11.66	12.19	12.71	13.24	13.77
浙江	7.64	8.37	9.10	9.77	9.57	10.37	10.92	11.16	11.80	12.38	12.90	13.42	13.93	14.45
安徽	4.75	4.95	5.37	5.99	6.56	7.15	7.48	7.64	7.88	8.16	8.49	8.82	9.15	9.48
福建	7.39	7.63	7.97	8.33	7.94	8.42	8.59	8.78	9.02	9.64	9.95	10.25	10.56	10.86
江西	4.00	4.63	5.06	5.76	6.26	6.64	7.10	7.48	7.65	7.91	8.26	8.61	8.96	9.31
山东	5.66	6.23	6.81	7.52	7.87	8.24	8.47	8.77	8.93	9.55	9.94	10.33	10.71	11.10
河南	4.14	4.30	4.89	5.64	6.58	7.11	7.38	7.78	8.04	8.04	8.37	8.71	9.04	9.38

续表

省区市	2001 年	2002 年	2003 年	2004 年	2005 年	2006 年	2007 年	2008 年	2009 年	2010 年	2011 年	2012 年	2013 年	2014 年
湖北	4.25	4.65	5.47	6.11	6.42	6.85	7.05	7.33	7.65	7.91	8.24	8.57	8.90	9.23
湖南	3.94	4.41	5.03	6.11	6.25	6.74	6.86	7.18	7.39	7.54	7.83	8.12	8.41	8.70
广东	8.18	8.63	8.99	9.36	9.04	9.72	10.10	10.25	10.42	11.21	11.59	11.98	12.37	12.75
广西	3.93	4.75	5.00	5.42	5.40	5.17	5.90	6.20	6.17	6.30	6.48	6.67	6.85	7.04
海南	5.66	5.09	5.03	5.41	5.36	5.66	6.36	6.44	6.40	6.52	6.68	6.84	7.01	7.17
重庆	5.20	5.71	6.47	7.20	6.64	7.26	7.40	7.87	8.14	8.60	8.96	9.31	9.66	10.02
四川	5.00	5.35	5.85	6.38	6.63	6.95	7.30	7.23	7.56	8.07	8.39	8.72	9.04	9.36
贵州	2.95	3.04	3.67	4.17	4.61	4.94	5.40	5.56	5.56	5.80	6.05	6.30	6.55	6.80
云南	3.82	3.80	4.23	4.81	4.88	5.57	5.82	6.04	6.06	6.51	6.80	7.09	7.38	7.67
陕西	3.37	3.90	4.11	4.46	4.37	4.71	4.82	5.66	5.65	5.71	5.94	6.16	6.38	6.61
甘肃	3.04	3.05	3.32	3.95	4.32	4.58	4.82	4.88	4.98	5.08	5.25	5.42	5.60	5.77
青海	2.37	2.45	2.60	3.10	3.09	3.29	3.54	3.45	3.25	3.87	4.05	4.22	4.40	4.57
宁夏	2.70	3.24	4.24	4.56	4.47	5.10	5.44	5.78	5.94	6.46	6.83	7.19	7.56	7.92
新疆	3.18	3.41	4.26	4.76	4.86	4.87	5.04	5.23	5.12	6.10	6.44	6.77	7.10	7.44

注：资料来源于樊纲、王小鲁等著《中国市场化指数－各地区市场化相对进程 2011 年报告》《中国分省市场化指数 2016》的研究，西藏数据缺失。

附表 4

2001～2014 年中国 30 个省区市技术市场合同成交额

单位：万元

省区市	2001 年	2002 年	2003 年	2004 年	2005 年	2006 年	2007 年	2008 年	2009 年	2010 年	2011 年	2012 年	2013 年	2014 年
北京	1910065	2211738	2653574	4249975	4895922	6973256	8825603	10272173	12362450	15795367	18902752	24585034	28517239	31371854
天津	306009	363262	420008	450276	507093	588624	723356	866122	1054611	1193390	1693819	2323275	2761575	3885631
河北	46784	60406	67969	72718	103827	156099	164329	165906	172112	192931	262471	378178	315581	292228
山西	14693	39104	32251	59960	47980	59213	82677	128425	162068	184911	224825	306088	527681	484595
内蒙古	62359	58197	108452	104085	109939	107127	109835	94423	147651	271464	226719	1060962	387390	139393
辽宁	408698	508326	620200	752817	865167	806494	929290	997290	1197095	1306811	1596633	2306648	1733775	2174648
吉林	88543	82921	87292	107900	122261	153666	174845	196066	197598	188090	262614	251180	347167	285756
黑龙江	111035	120110	121165	125715	142585	156934	350209	412565	488550	529123	620682	1004473	1017747	1202776
上海	1061603	1202170	1427790	1716963	2317328	3095095	3548877	3861695	4354108	4314374	4807491	5187473	5316804	5924481
江苏	529165	594873	765163	897855	1008296	688297	784173	940246	1082184	2493406	3334316	4009141	5275020	5431585
浙江	316652	389438	530353	581465	386954	399618	453474	589189	564581	603478	718968	813079	814958	872527
安徽	64145	75423	87960	90675	142553	184921	264515	324865	356174	461470	650337	861592	1308253	1698313
福建	136941	128988	166779	141395	171959	113187	145579	179690	232594	356569	345712	500920	446885	391913
江西	62724	62891	83324	93661	111227	93135	99533	77641	97893	230479	341861	397796	430552	507593
山东	321938	347650	525682	750850	983614	232005	450275	660126	719391	1006769	1263778	1400153	1793981	2492942
河南	212589	178506	192690	203207	263737	237288	261907	253325	263046	272002	387602	399435	402406	407919

续表

省区市	2001 年	2002 年	2003 年	2004 年	2005 年	2006 年	2007 年	2008 年	2009 年	2010 年	2011 年	2012 年	2013 年	2014 年
湖北	338597	348603	412538	461700	501823	444427	522146	628971	770329	907218	1256876	1963922	3976158	5806801
湖南	293887	323422	369306	408280	417394	455281	460816	477024	440432	400940	353901	422420	772098	979342
广东	539722	684532	805730	572651	1124740	1070257	1328448	2016319	1709850	2358949	2750647	3649384	5293936	4132478
广西	37753	44406	41808	90955	94059	9423	9970	26996	17662	41362	56377	25238	73449	115833
海南	83990	9134	11978	1885	10007	8535	7327	35602	5556	32651	34584	5666	38693	6525
重庆	289484	409433	555083	596186	357059	553479	395658	621884	383158	794410	681453	540188	902760	1562007
四川	126311	77524	128686	165640	190823	259323	303878	435313	545977	547393	678330	1112438	1485752	1990506
贵州	620	599	13484	17892	13533	10488	5361	6560	17806	77191	136483	96743	183972	200392
云南	255279	179496	228718	215555	159175	82747	97496	50547	102469	108827	117144	454779	420003	479233
陕西	84615	151554	168022	139129	188977	179485	301710	438300	698074	1024140	2153664	3348153	5332787	6400198
甘肃	27393	54644	77581	119608	172736	214534	262107	297560	356287	430845	526386	730619	999936	1145162
青海	4657	12373	8291	12793	11812	24665	53017	77033	84967	114051	168443	192989	268863	291001
宁夏	8872	8496	10047	12827	14131	5349	6641	8898	8982	9972	39447	29135	14289	31823
新疆	82387	100699	120395	133371	80029	76084	71724	73963	12078	45188	43783	53583	29953	28223

注：资料来源于 2002～2015 年《中国科技统计年鉴》，西藏数据缺失。

附表 5

2001～2014 年中国 30 个省区市专利申请受理量

单位：件

省区市	2001 年	2002 年	2003 年	2004 年	2005 年	2006 年	2007 年	2008 年	2009 年	2010 年	2011 年	2012 年	2013 年	2014 年
北京	12174	13842	17003	18402	22572	26555	31680	43508	50236	57296	77955	92305	123336	138111
天津	3081	5360	6812	8406	11657	13299	15744	18230	19624	25973	38489	41009	60915	63422
河北	4695	5390	5623	5647	6401	7220	7853	9128	11361	12295	17595	23241	27619	30000
山西	1473	1630	1743	1949	1985	2824	3333	5386	6822	7927	12769	16786	18859	15687
内蒙古	1087	1202	1393	1457	1455	1946	2015	2221	2484	2912	3841	4732	6388	6359
辽宁	7514	9851	13545	14695	15672	17052	19518	20893	25803	34216	37102	41152	45996	37860
吉林	2627	3413	4267	3657	4101	4578	5251	5536	5934	6445	8196	9171	10751	11933
黑龙江	3670	4392	4972	4919	6050	6535	7242	7974	9014	10269	23432	30610	32264	31856
上海	12777	19970	22374	20471	32741	36042	47205	52835	62241	71196	80215	82682	86450	81664
江苏	10352	13075	18393	23532	34811	53267	88950	128002	174329	235873	348381	472656	504500	421907
浙江	12828	17265	21463	25294	43221	52980	68933	89931	108482	120742	177066	249373	294014	261435
安徽	2045	2312	2676	2943	3516	4679	6070	10409	16386	47128	48556	74888	93353	99160
福建	4971	6522	7236	7498	9460	10351	11341	13181	17559	21994	32325	42773	53701	58075
江西	1778	2037	2434	2685	2815	3171	3548	3746	5224	6307	9673	12458	16938	25594
山东	11170	12856	15794	18388	28835	38284	46849	60247	66857	80856	109599	128614	155170	158619
河南	4093	4441	5261	6318	8981	11538	14916	19090	19589	25149	34076	43442	55920	62434

续表

省区市	2001年	2002年	2003年	2004年	2005年	2006年	2007年	2008年	2009年	2010年	2011年	2012年	2013年	2014年
湖北	4322	4960	6635	7960	11534	14576	17376	21147	27206	31311	42510	51316	50816	59050
湖南	4292	4859	6054	7693	8763	10249	11233	14016	15948	22381	29516	35709	41336	44194
广东	27596	34352	43186	52201	72220	90886	102449	103883	125673	152907	196272	229514	264265	278358
广西	1838	1927	2250	2202	2379	2784	3480	3884	4277	5117	8106	13610	23251	32298
海南	390	546	445	375	498	538	632	873	1040	1019	1489	1824	2359	2416
重庆	2047	3142	4589	5171	6260	6471	6715	8324	13482	22825	32039	38924	49036	55298
四川	5039	5997	7443	7260	10567	13109	19165	24335	33047	40230	49734	66312	82453	91167
贵州	950	1260	1242	1486	2226	2674	2759	2943	3709	4414	8351	11296	17405	22467
云南	1793	1780	1966	2132	2556	3085	3108	4089	4633	5645	7150	9260	11512	13343
西藏	23	15	24	62	102	89	97	350	195	162	263	170	203	248
陕西	2326	2530	3421	3217	4166	5717	8499	11898	15570	22949	32227	43608	57287	56235
甘肃	734	781	961	910	1759	1460	1608	2178	2676	3558	5287	8261	10976	12020
青海	162	151	173	124	216	325	387	431	499	602	732	844	1099	1534
宁夏	412	503	441	399	516	671	838	1087	1277	739	1079	1985	3230	3532
新疆	1086	1239	1473	1492	1851	2256	2270	2412	2872	3560	4736	7044	8224	10210

注：资料来源于 2002~2015 年《中国科技统计年鉴》，西藏数据缺失。

参考文献

［1］杜斌，张治河．技术创新市场导向机制——基于三位一体的系统模型研究［J］．财经科学，2016，05：123－132．

［2］周德群．资源概念扩展和面向可持续发展的经济学［J］．当代经济科学，1999，（01）：29－32．

［3］［美］德内拉·梅多斯，［美］乔根·兰德斯，［美］丹尼斯·梅多斯．增长的极限［M］．北京：机械工业出版社，2013．

［4］［美］萨缪尔森．经济学（15 版）［M］．北京：商务印书馆，1982．

［5］晋胜国．创新资源论［J］．安徽商贸职业技术学院学报（社会科学版），2004，03：5－8．

［6］Teece D. J. Profiting from technological innovation：Implications for integration，collaboration，licensing and Public Policy［J］．Research Policy，1986，（15）：285－305．

［7］Ruud Smits. Innovation Studies in the 21st Century：Questions from a User's Perspective［J］．Technological Forecasting and Social Change，2002，（69）．

［8］周寄中．科技资源论［M］．西安：陕西人民教育出版社，1999．

［9］朱付元．我国目前科技资源配置的基本特征［J］．中国科技论坛．2000，02：61－64．

［10］孙鸿烈．中国资源科学百科全书［M］．北京：中国大百科全书出版社，2000．

［11］师萍，李垣．科技资源体系内涵与制度因素［J］．中国软科学，2000，12：55－56．

［12］刘伶俐．科技资源配置理论与配置效率研究［D］．长春：吉林大学，2007，06．

［13］孙绪华．我国科技资源配置的实证分析与效率评价［D］．武汉：华中农业大学，2011，06．

［14］张贵红. 我国科技创新体系中科技资源服务平台建设研究［D］. 上海：复旦大学，2013，06.

［15］陈宏愚. 关于区域科技创新资源及其配置分析的理性思考［J］. 中国科技论坛，2003，（05）：36 - 39.

［16］王雪原. 基于科技计划的区域科技创新资源配置系统优化研究［D］. 哈尔滨：哈尔滨理工大学，2008.

［17］徐二明，杨正沛，奚艳燕. 技术创新资源对高新技术产品出口绩效的影响：来自52个国家高新区的证据［J］. 科学管理研究，2011，01：10 - 15.

［18］罗震世，杨正沛，衣凤鹏. 技术创新资源对技术创新绩效影响的实证研究［J］. 北京行政学院学报，2011，03：82 - 85.

［19］吴波. 开放式创新范式下企业技术创新资源投入研究［D］. 杭州：浙江大学，2011.

［20］周宏，万威武. "三资"企业技术创新资源配置实证分析［J］. 科学学与科学技术管理，1992，（11）：33 - 36.

［21］周宏. 市场结构与创新资源配置［J］. 数量经济技术经济研究，1993，（01）：29 - 35.

［22］曲然. 区域创新系统内创新资源配置研究［D］. 长春：吉林大学，2005.

［23］张震宇，陈劲. 基于开放式创新模式的企业创新资源构成、特征及其管理［J］. 科学学与科学技术管理，2008，（11）：61 - 65.

［24］张永安，李晨光. 创新网络结构对创新资源利用率的影响研究［J］. 科学学与科学技术管理，2010，01：81 - 89.

［25］刘凤朝，徐茜，韩姝颖，孙玉涛. 全球创新资源的分布特征与空间差异——基于OECD数据的分析［J］. 研究与发展管理，2011，01：11 - 16.

［26］陈菲琼，任森. 创新资源集聚的主导因素研究：以浙江为例［J］. 科研管理，2011，01：89 - 96.

［27］金中杰. 我国区域创新资源配置效率研究［D］. 杭州：浙江工商大学，2012.

［28］赵昱. 创新资源国际流动格局、过程及对中国自主创新的影响［D］. 上海：华东师范大学，2014.

［29］丁厚德. 科技资源配置的战略地位［J］. 哈尔滨工业大学学报（社会科学版），2001，(01)：35 - 41.

［30］陈才华. 江苏省区域创新资源配置研究［D］. 南京：中共江苏省委党校，2007.

［31］赵晓华. 技术创新资源配置的双重调节论［J］. 技术经济与管理研究，2014 (9)：22 - 26.

［32］花建锋，赵黎明. 影响创新的模式和资源配置方法研究［J］. 中国软科学，2003，(04)：142 - 145.

［33］吴贵生，魏守华，徐建国，李显君. 区域科技浅论［J］. 科学学研究，2004，(06)：572 - 577.

［34］李应博. 有效制度安排下的科技创新资源配置研究［J］. 科学学研究，2008，(03)：645 - 651.

［35］李瑶. 政府和市场在科技资源配置中的协同机制分析［J］. 中国市场，2014，26：50 - 51.

［36］孙凤鹏. 区域创新资源配置系统的差异性研究［D］. 镇江：江苏大学，2016.

［37］Michael Porter, etc. The Global Competitiveness Report 2002 - 2003［M］. New York：Oxford University Press, 2002.

［38］Lederman, D, Maloney, W. F. R&D and Development［R］. Word Bank Policy Research Work-ing Paper, mimeo, 2003.

［39］Matthew Rafferty, Mark Funk. Demand Shocks and Firm-financed R&D Expenditures［J］. Applied Economics, 2004, 36 (14).

［40］Yasuda, Takehiko. Firm Growth, Size, Age and Behavior in Japanese Manufacturing［J］. Small Business Economics, 2005, 25 (1).

［41］佟延伟，朱江岭，杨颖. 论专利制度对有效配置技术创新资源的作用［J］. 科技进步与对策，2000，(04)：76 - 77.

［42］叶儒霏，陈欣然，余新炳，袁凯瑜. 影响我国科技资源配置效率的原因及对策分析［J］. 研究与发展管理，2004，(05)：113 - 118.

［43］王雪原，王宏起. 基于产学研联盟的科技创新资源优化配置方式［J］. 中国科技论坛，2007，(11)：3 - 7.

［44］陈劲，陈钰芬. 开放创新体系与企业技术创新资源配置［J］. 科研管理，2006，03：1 - 8.

［45］邓峰．开放创新模式下的创新资源配置最优化研究［J］．合作经济与科技，2011，09：28-29．

［46］张永安，李晨光．创新网络结构对创新资源利用率的影响研究［J］．科学学与科学技术管理，2010，（01）：81-89．

［47］陆建芳，戴炳鑫．企业技术中心技术创新资源配置效率评价［J］．科研管理，2012，（01）：19-26．

［48］黄燕婷．武汉市创新资源动态演化及配置效果评价研究［D］．武汉：武汉理工大学，2013．

［49］吴家喜．近十年国内科技资源共享研究进展与述评［J］．科技与经济，2012（2）：1-5．

［50］Garud R，Karnoe P. Path Dependence and Creation［M］. NJ：Lawrence Erlbaum Association，2000．

［51］李正风，张成岗．我国创新体系特点与创新资源整合［J］．科学学研究，2005，（05）：703-707．

［52］刘丹鹤，杨舰．区域科技投入指南与科技资源整合机制——以北京市为例［J］．科学学与科学技术管理，2007，S1：20-24．

［53］邓辉．基于科技资源整合模式与对策研究［J］．科学管理研究，2013，03：62-65．

［54］郭玉德，沈传河，郭琳娜．科技资源整合的激励制度创新研究［J］．科学与管理，2010，01：51-54．

［55］Henderson，R. M.，Clark，K. Architectural innovation：the reconfiguration of existing product technologies and the failure of established firms［J］. Administrative Science Quarterly. 1990（1）35：9-30．

［56］张公一，孙晓欧．科技资源整合对企业创新绩效影响机制实证研究［J］．中国软科学，2013，05：92-99．

［57］李志远．科技资源整合对企业创新绩效的影响机理研究［D］．长春：吉林大学，2012．

［58］吴建南，卢攀辉，孟凡蓉．地方政府对科技资源整合模式的选择与应用分析［J］．科学学与科学技术管理，2006，09：132-136．

［59］胡树华，高艳，何山．中部科技资源整合战略探索［J］．科学学与科学技术管理，2004，11：17-20．

［60］窦丽琛，程桂荣，陈晓永．京津冀区域创新资源整合的路径研究

[J]. 经济与管理, 2015, (06): 13 - 17.

[61] 张明. 区域创新资源整合共享实证研究 [D]. 南京: 南京理工大学, 2014.

[62] 陈晓玲. 安徽省创新资源整合研究 [D]. 合肥: 安徽大学, 2012.

[63] 李兴江, 赵光德. 区域创新资源整合的机制设计研究 [J]. 科技管理研究, 2009, (03): 66 - 69.

[64] 厉伟, 李健, 汪国懋, 王辉龙. 中国省际创新资源整合绩效评价——基于 2009—2013 省际面板数据的分析 [J]. 科技管理研究, 2016, (12): 72 - 76.

[65] 戚湧, 张明, 李太生. 基于 Malmquist 指数的江苏创新资源整合共享效率评价 [J]. 中国软科学, 2013, 10: 101 - 110.

[66] 刘贻新, 朱怀念, 张光宇, 杨诗炜. 创新驱动战略下创新资源共享机制博弈仿真分析 [J]. 科技管理研究, 2014, 18: 1 - 7.

[67] 谭清美. 区域创新系统的结构与功能研究 [J]. 科技进步与对策, 2002, 19 (8): 52 - 54.

[68] 谭清美. 区域创新资源有效配置研究 [J]. 科学学研究, 2004, 45 (5): 543 - 545.

[69] 陈健, 何国祥. 区域创新资源配置能力研究 [J]. 自然辩证法研究, 2005, (03): 78 - 82.

[70] 陈瑶瑶, 池仁勇. 产业集群发展过程中创新资源的聚集和优化 [J]. 科学学与科学技术管理, 2005, (09): 63 - 66.

[71] 刘玲利. 科技资源配置理论与配置效率研究 [D]. 长春: 吉林大学, 2007.

[72] 陈瑶瑶. 浙江省区域创新资源配置的研究 [D]. 杭州: 浙江工业大学, 2006.

[73] 张丹丹. 东北老工业基地创新资源配置研究 [D]. 长春: 吉林大学, 2007.

[74] 徐建国. 我国区域科技资源配置能力分析 [J]. 中国软科学, 2002 (9): 98 - 100.

[75] 周勇, 李廉水. 基于"非线性"主成分法的区域科技资源配置能力评价分析 [J]. 科技管理研究, 2006 (4): 27 - 34.

[76] 吴建南, 卢攀辉, 孟凡蓉. 地方政府对科技资源整合模式的选择

与应用分析 [J]. 科学学与科学技术管理, 2006, 09: 132-136.

[77] 刘丹鹤, 杨舰. 区域科技投入指南与科技资源整合机制——以北京市为例 [J]. 科学学与科学技术管理, 2007, S1: 20-24.

[78] 吴岚. 西部城市科技创新资源整合研究——以昆明市为例 [J]. 云南民族大学学报 (哲学社会科学版), 2011, 05: 156-160.

[79] 陈菲琼, 任森. 创新资源集聚的主导因素研究: 以浙江为例 [J]. 科研管理, 2011, (01): 89-96.

[80] Su Yusshan, Hung Lingchun. Spontaneous vs. policy driven: the origin and evolution of the biotechnology cluster [J]. Technological Forecasting & Social Change, 2012 (1): 21-37.

[81] Jiang He, M. Hosein Fallah. The typology of technology clusters and its evolution evidence from the hitech industries [J]. Technological Forecasting and Social Change, 2011 (6): 945-952.

[82] 王萌萌, 马超群, 姚铮. 创新资源集聚水平对高技术产业创新绩效影响的实证研究 [J]. 科技管理研究, 2015, (09): 13-19.

[83] 严建援, 甄杰, 董坤祥, 杨银厂. 区域协同发展下创新资源集聚路径和模式研究——以天津市为例 [J]. 华东经济管理, 2016, (07): 1-7.

[84] 王萌萌. 创新资源集聚水平对高技术产业创新绩效影响的实证研究 [D]. 长沙: 湖南大学, 2015.

[85] 刘友金, 王记志. 创新资源配置集聚效应及其对长株潭经济一体化的启示 [J]. 湖南社会科学, 2001, 03: 51-53.

[86] 唐殿强. 创新能力教程 [M]. 石家庄: 河北科学技术出版社, 2005.

[87] 傅家骥. 技术创新学 [M]. 北京: 清华大学出版社, 2010.

[88] R. Solow. A Contribution to the Theory of Economic Growth [J]. Quarterly Journal of Economics. 1956 (2): 65-94.

[89] R. Solow. Technical change and the aggregate production function [J]. Review of Economics and Statistics, 1957 (8): 312-320.

[90] 赵玉林. 创新经济学 [M]. 北京: 中国经济出版社, 2006.

[91] 王缉慈. 创新及其相关概念的跟踪观察——返朴归真、认识进化和前沿发现 [J]. 中国软科学, 2002 (12): 31-35.

[92] 张黎夫, 姜琼. 技术创新特征发微 [J]. 荆州师范学院学报,

1999，（03）：54 – 57.

　　[93] 李红松，田益祥. 技术创新特征与经济演进分析 [J]. 三峡大学学报 (人文社会科学版)，2000，(S1)：36 – 38.

　　[94] 傅家骥. 技术创新学 [M]. 北京：清华大学出版社，1998.

　　[95] 李永波，朱方明. 企业技术创新理论研究的回顾与展望 [J]. 西南民族学院学报 (哲学社会科学版)，2002 (3).

　　[96] 陈劲等. 创新思想者：当代十二位创新理论大师 [M]. 北京：科学出版社，2011.

　　[97] [挪] 詹·法格博格等. 牛津创新手册 [M]. 北京：知识产权出版社，2009 (6)：181 – 184.

　　[98] 杨德林，周亮，吴贵生. 技术创新研究在中国 [J]. 技术经济，2009，(01)：1 – 10 + 41.

　　[99] 马卫华，李雅雯，许治. 中国技术创新研究——基于国家科学基金资助课题分析 [J]. 科研管理，2014，(07)：1 – 12.

　　[100] 汪应洛，贾理群. 技术创新 [M]. 西安：西安交通大学出版社，1993.

　　[101] 雷家骕，施晓江. 中国技术创新学术研究 18 年述评 [J]. 中国青年科技，2007 (9 – 11)：51 – 57，41 – 47.

　　[102] Hill, Christoper T. Technological innovation：Agent of growth and change, in Christopher T. Hill and James M. Utterback, Technological innovation for a dynamic economy [C]. pergamon Press, 1979, 1 – 39.

　　[103] Rpthwell, R. and Zegveld, W. Industrial innovation and public policy：preparing for the 1980s and 1990s [M]. Greenwood Press Westport, Connecticut, 1981.

　　[104] 魏江等. 企业技术能力与技术创新能力的评价指标体系 [J]. 中国高新技术企业评价，1995，(5)：33 – 38.

　　[105] Guan J, Ma N. Innovative Capability and Export Performance of Chinese Forms [J]. Technovation, 2003, 23 (9)：737 – 747.

　　[106] 王伟光，唐晓华. 技术创新能力测度方法综述 [J]. 中国科技论坛，2003，(04)：39 – 42.

　　[107] 许志晋，凌奕杰，宋凤珍. 企业技术创新能力的模糊综合评判 [J]. 科学学研究，1997，(01)：106 – 111.

［108］常玉，刘显东，杨莉．应用解释结构模型（ISM）分析高新技术企业技术创新能力［J］．科研管理，2003，（02）：41-48.

［109］杨德林，刘方，杨俊波．中国航空工业企业技术创新能力评价［J］．清华大学学报（哲学社会科学版），2004，（04）：77-83.

［110］陈芝，张东亮，单汨源．基于BP神经网络的中小企业技术创新能力评价研究［J］．科技管理研究，2010，（02）：56-58.

［111］宁连举，李萌．基于因子分析法构建大中型工业企业技术创新能力评价模型［J］．科研管理，2011，（03）：51-58.

［112］朱霞，朱永跃．基于小波神经网络的企业技术创新能力评价［J］．统计与决策，2012，（01）：172-174.

［113］吴延兵．不同所有制企业技术创新能力考察［J］．产业经济研究，2014，（02）：53-64.

［114］李玥，张雨婷，郭航，徐玉莲．知识整合视角下企业技术创新能力评价［J］．科技进步与对策，2017，（01）：131-135.

［115］Hagedoorn J, Cloodt M. Measuring innovative performance: is there an advantage in using multiple indicators? ［J］. Research policy, 2003, 32 (8): 1365-1379.

［116］高建，汪剑飞，魏平．企业技术创新绩效指标：现状、问题和新概念模型［J］．科研管理，2004，（S1）：14-22.

［117］陈劲，陈钰芬．企业技术创新绩效评价指标体系研究［J］．科学学与科学技术管理，2006，（03）：86-91.

［118］向坚，刘洪伟．技术创新绩效评价研究综述［J］．科技进步与对策，2011，（06）：155-160.

［119］朱勇，张宗益．技术创新对经济增长影响的地区差异研究［J］．中国软科学，2005，（11）：92-98.

［120］陈晓红，马鸿烈．中小企业技术创新对成长性影响——科技型企业不同于非科技型企业？［J］．科学学研究，2012，（11）：1749-1760.

［121］封伟毅，李建华，赵树宽．技术创新对高技术产业竞争力的影响——基于中国1995-2010年数据的实证分析［J］．中国软科学，2012，（09）：154-164.

［122］汪素芹，周健．技术创新对中国外贸发展方式转变影响的实证研究［J］．财贸研究，2012，（06）：43-50.

［123］唐国华. 技术创新对我国就业影响的实证分析：1991～2007［J］. 人口与经济，2011，（03）：37-42.

［124］Cooke，P. Regional innovation systems：competitive regulation in the New Europe［J］. Geoforum，1992（23）：365-382.

［125］Asheim，B. T. Regionale innovasjonssystem-en sosialtog territorielt forankret teknologipolitikk？［J］. Nordisk samhallsgeografisk tidskrift，1995（20）：17-34.

［126］国务院研究中心课题组. 中国区域协调发展战略［M］. 北京：中国经济出版社，1994：45.

［127］刘立志. 融合创新——区域技术创新发展的关键［J］. 科技进步与对策，1998，（02）：47-48.

［128］方旋，刘春仁，邹珊刚. 对区域科技创新理论的探讨［J］. 华南理工大学学报（自然科学版），2000，（09）：1-7.

［129］吕永波，胡立成，方素梅. 区域技术创新序贯优化与评价研究［J］. 中国科技论坛，2000，（02）：26-29.

［130］池仁勇，唐根年. 基于投入与绩效评价的区域技术创新效率研究［J］. 科研管理，2004，（04）：23-27.

［131］黄鲁成. 区域技术创新系统研究：生态学的思考［J］. 科学学研究，2003，（02）：215-219.

［132］张宗益，张莹. 创新环境与区域技术创新效率的实证研究［J］. 软科学，2008，（12）：123-127.

［133］曹琪格，任国良，骆雅丽. 区域制度环境对企业技术创新的影响［J］. 财经科学，2014，（01）：71-80.

［134］池仁勇，虞晓芬，李正卫. 我国东西部地区技术创新效率差异及其原因分析［J］. 中国软科学，2004，（08）：128-131+127.

［135］虞晓芬，李正卫，池仁勇，施鸣炜. 我国区域技术创新效率：现状与原因［J］. 科学学研究，2005，（02）：258-264.

［136］王锐淇，张宗益. 区域创新能力影响因素的空间面板数据分析［J］. 科研管理，2010，（03）：17-26+60.

［137］孙建. 中国区域技术创新绩效计量研究［D］. 重庆：重庆大学，2012.

［138］庞瑞芝，李鹏，李爽，张守庆. 区域技术创新网络绩效评价：基

于长三角、环渤海技术创新网络的三层次分析 [J]. 产业经济研究, 2013, (01): 70 - 78.

[139] 刘中文, 姜小冉, 张序萍. 我国区域技术创新能力评价指标体系及模型构建 [J]. 技术经济与管理研究, 2009, (01): 32 - 35.

[140] 白嘉. 中国区域技术创新能力的评价与比较 [J]. 科学管理研究, 2012, (01): 15 - 18.

[141] 鲁钊阳, 廖杉杉. FDI 技术溢出与区域创新能力差异的双门槛效应 [J]. 数量经济技术经济研究, 2012, (05): 75 - 88.

[142] 万勇, 文豪. 我国区域技术创新投入的经济增长效应研究——基于中国省级区域面板数据的实证 [J]. 社会科学家, 2009, (05): 55 - 58.

[143] 宋跃刚, 杜江. 制度变迁、OFDI 逆向技术溢出与区域技术创新 [J]. 世界经济研究, 2015, (09): 60 - 73 + 128.

[144] 傅利平, 高雅群. 滨海新区区域创新政策选择——基于知识溢出及技术进步的视角 [J]. 天津师范大学学报 (社会科学版), 2013, (05): 28 - 32.

[145] 于晓曦, 孙英隽. 技术创新对区域经济增长的动力机制分析 [J]. 企业经济, 2011, (07): 9 - 11.

[146] 刘璇, 刘军. 区域技术创新扩散强度与效应研究——以京津冀和长三角地区为例 [J]. 经济问题, 2010, (09): 113 - 116.

[147] 马永红, 李玲, 王展昭, 张帆. 复杂网络下产业转移与区域技术创新扩散影响关系研究——以技术类型为调节变量 [J]. 科技进步与对策, 2016, (18): 35 - 41.

[148] 张宗益, 周勇, 钱灿, 赖德林. 基于 SFA 模型的我国区域技术创新效率的实证研究 [J]. 软科学, 2006, (02): 125 - 128.

[149] 龚雪媚, 汪凌勇, 董克. 基于 SFA 方法的区域技术创新效率研究 [J]. 科技管理研究, 2011, (16): 57 - 62.

[150] 郭磊, 刘志迎, 周志翔. 基于 DEA 交叉效率模型的区域技术创新效率评价研究 [J]. 科学学与科学技术管理, 2011, (11): 138 - 143.

[151] 张经强. 北京高技术产业技术创新效率评价——基于 2001 - 2009 年的经验分析 [J]. 科技管理研究, 2012, (20): 68 - 71.

[152] 王锐淇. 我国区域技术创新能力空间相关性及扩散效应实证分

析——基于 1997～2008 空间面板数据 [J]. 系统工程理论与实践, 2012, (11): 2419-2432.

[153] 尹伟华. 基于网络 SBM 模型的区域高技术产业技术创新效率评价研究 [J]. 情报杂志, 2012, (05): 94-98+127.

[154] 陈国宏, 王秋菲. 基于 Malmquist 指数的区域工业企业技术创新能力研究 [J]. 沈阳师范大学学报 (自然科学版), 2009, (02): 151-154.

[155] 徐辉, 刘俊. 广东省区域技术创新能力测度的灰色关联分析 [J]. 地理科学, 2012, (09): 1075-1080.

[156] Hamed Gheysari, Amran Rasli, Parastoo Roghanian, Nadhirah Norhalim, "A Review on the Market Orientation Evolution" [J]. Procedia Social and Behavioral Sciences, 2012: 542-549.

[157] 张婧. 以市场为导向的中国企业战略变革 [M]. 北京: 科学出版社, 2012 (12): 10-75.

[158] Kohli, A. K. And Jaworski, B. J. Market Orientation: the Construct, Research Propositions and Managerial Implications [J]. Journal of Marketing, 1990 (54): 1-18.

[159] Narver, John C. Stanley F Slater. The Effect of a Market Orientation on Business Performance [J]. Journal of Marketing, 1990 (54): 20-35.

[160] Ruekert R W. Developing a market orientation: an organizational strategy perspective [J]. International Journal of Research in Marketing, 1992, 9 (3): 225-245.

[161] Deshpande R, Farley J U, Webster F. Corporate culture, customer orientation, and innovativeness in Japanese firms: a quadrad analysis [J]. Journal of Marketing, 1993, 57 (1): 23-37.

[162] Narver, John C. Stanley F Slater. The Effect of a Market Orientation on Business Performance [J]. Journal of Marketing, 2004 (54): 22-35.

[163] J an Becker and Christian Homburg, J. Market-Oriented Management: A Systems-Based Perspective [J]. Journal of Market Focused Management, 1999 (4): 17-41.

[164] Atuahene-Gima K., S. f. Slater and E. M. Olson, The Contingent Value of Responsive and Proactive Market Orientation for New Product Program

Performance〔J〕. Journal of Product Innovation Management, 2005, 22, 464 – 481.

〔165〕Tsai K. H. , C. Chou and J. H. Kuo, The Curvi-linear Relationship between Responsive and Proactive Market Orientations and New Product Performance: A Contingent Link〔J〕. Industrial Marketing Management, 2008, (37): 884 – 894.

〔166〕Li. C. R. C. J. Lin and C. P. Chu, The Nature of Market Orientation and the Ambidexterity of Innovations〔J〕. Management Decision, 2008, No. 7 (46): 1002 – 1026.

〔167〕Guang ping Wang, C. Fred Miao. Effects of sales force market orientation on creativity, innovatio implementation, and sales performance〔J〕. Journal of Business Research, 2015, 1 – 9.

〔168〕Colin C. Cheng, Dennis Krumwiede. The role of service innovation in the market orientation—new service performance linkage〔J〕. Technovation, 2012, (32), 487 – 497.

〔169〕H. Erkan Ozkaya, Cornelia Droge, G. Tomas M. Hult, Roger Calantone, Elif Ozkaya. Market orientation, knowledge competence, and innovation Intern〔J〕. Journal of Research in Marketing, 2015, 1 – 10.

〔170〕Olimpia C. Racela. Customer orientation, innovation competencies, and firm performance: A proposed conceptual model〔J〕. Procedia-Social and Behavioral Sciences, 2014 (148), 16 – 23.

〔171〕张婧, 段艳玲. 市场导向均衡对制造型企业产品创新绩效影响的实证研究〔J〕. 管理世界, 2010, 12: 119 – 130.

〔172〕杜运周, 张玉利, 任兵. 展现还是隐藏竞争优势: 新企业竞争者导向与绩效 U 型关系及组织合法性的中介作用〔J〕. 管理世界, 2012, 07: 96 – 107.

〔173〕Lichtenthal J D, Wilson D T. Becoming market oriented〔J〕. Journal of Business Research, 1992, 24 (3): 191 – 207.

〔174〕Greenley G E. Forms of Market Orientation in UK Companies〔J〕. Journal of Management Studies, 1995, 32 (1): 47 – 66.

〔175〕Mason K J, Harris L C. Market Orientation Emphases: An Exploration of Macro, Meso and Micro Drivers〔J〕. Marketing Intelligence & Planning,

2006, 24 (6): 552 – 571.

[176] 唐以明, 张玉利. 天津企业市场导向的探索性研究 [J]. 南开管理评论, 2002, (05): 4 – 10.

[177] 张婧, 段艳玲. 制造型企业市场导向执行模式及前因变量和绩效 [J]. 管理学报, 2011, (05): 691 – 697 + 744.

[178] 陈静. 生产性服务业市场导向执行模式与绩效相关性研究 [D]. 沈阳: 沈阳工业大学, 2012.

[179] 赵红, 苏剑峰, 陈静. 市场导向执行模式与企业绩效关联性研究 [J]. 中国市场, 2014, (32): 77 – 80.

[180] 傅允生. 市场化进程与区域经济发展——"浙江现象"的解析与启示 [J]. 财经论丛 (浙江财经学院学报), 2003, (02): 1 – 10.

[181] 阎大颖. 市场化的创新测度方法——兼对 2000 – 2005 年中国市场化区域发展特征探析 [J]. 财经研究, 2007, (08): 41 – 50.

[182] 王丽英. 市场化程度与区域经济增长的实证研究——基于省际面板数据的分析 [J]. 经济体制改革, 2010, (02): 133 – 136.

[183] 王雅莉, 宋月明. 中国省级区域的市场化进程测度及其发展效应分析 [J]. 学习与实践, 2016, (03): 19 – 27 + 2.

[184] 党文娟, 康继军, 徐磊. 我国市场化发育程度对区域创新能力的影响力研究——基于不均衡发展视角 [J]. 云南财经大学学报, 2013, (04): 93 – 99.

[185] 刘洪铎, 吴庆源, 李文宇. 市场化转型与出口技术复杂度: 基于区域市场一体化的研究视角 [J]. 国际贸易问题, 2013, (05): 32 – 44.

[186] 阎大颖. 中国市场化进程与区域收入差异——基于市场化创新指标体系的实证研究 [J]. 山西财经大学学报, 2007, (09): 16 – 22.

[187] 惠树鹏, 郑玉宝. 中国市场化改革对区域经济增长效率的影响 [J]. 甘肃社会科学, 2014, (06): 172 – 174 + 178.

[188] 杨灿明. 地方政府行为与区域市场结构 [J]. 经济研究, 2000, (11): 58 – 64.

[189] 皮建才. 中国地方政府间竞争下的区域市场整合 [J]. 经济研究, 2008, (03): 115 – 124.

[190] 毛其淋, 盛斌. 对外经济开放、区域市场整合与全要素生产率 [J]. 经济学 (季刊), 2012, (01): 181 – 210.

［191］顾雪松，韩立岩．区域市场整合与对外直接投资的逆向溢出效应——来自中国省级行政区的经验证据［J］．中国管理科学，2015，（03）：1－12.

［192］张松林．经济开放与区域市场分割形成的内在机制研究——兼论中国区域市场分割的成因［J］．学习与实践，2010，（02）：19－25.

［193］张超，王春杨．地方政府竞争视角下的我国区域市场分割研究综述［J］．经济问题探索，2013，（02）：80－86.

［194］郭勇．国际金融危机、区域市场分割与工业结构升级——基于1985—2010年省际面板数据的实证分析［J］．中国工业经济，2013，（01）：19－31.

［195］林志鹏，龙志和．中国区域市场分割及其经济增长效应研究综述［J］．科技管理研究，2012，（02）：109－111＋119.

［196］李真，范爱军．地方保护、区域市场分割与产业集聚——基于制造业数据的实证研究［J］．山西财经大学学报，2008，（10）：50－56.

［197］余东华，王青．地方保护、区域市场分割与产业技术创新能力——基于2000－2005年中国制造业数据的实证分析［J］．中国地质大学学报（社会科学版），2009，（03）：73－78.

［198］任颋，茹璟，尹潇霖．所有制性质、制度环境与企业跨区域市场进入战略选择［J］．南开管理评论，2015，（02）：51－63.

［199］黄宇驰．基于资源基础论的区域市场进入模式选择研究［D］．杭州：浙江大学，2007.

［200］汪秀琼．制度环境对企业跨区域市场进入模式的影响机制研究［D］．广州：华南理工大学，2011.

［201］杨凤华，王国华．长江三角洲区域市场一体化水平测度与进程分析［J］．管理评论，2012，（01）：32－38.

［202］刘小勇．财政分权与区域市场一体化再检验——基于面板分位数回归的实证研究［J］．经济经纬，2012，（05）：11－16.

［203］林志鹏．区域市场一体化影响经济增长的空间经济计量研究［D］．广州：华南理工大学，2013.

［204］谷永芬，洪娟．区域市场导向下长三角都市圈现代服务业的竞合发展［J］．当代财经，2008，（07）：81－84.

［205］王娟娟．市场导向下的西部民族地区内生式发展研究［J］．北方

民族大学学报（哲学社会科学版），2014，（02）：54 – 59.

［206］Wang Qiang, Zhao, Xiande, Voss Chris. Customer orientation and innovation: A comparative study of manufacturing and service firms ［J］. International Journal of Production Economics, 2016, 171: 221 – 230.

［207］Ozkaya H E, Droge C, Hult G T, et al. Market orientation, knowledge competence and innovation ［J］. International Journal of Research in Marketing, 2015, 32 （3）: 309 – 318.

［208］Smirnova Maria, Henneberg Stephan C. Ashnai Bahar, Naude Peter, Mouzas Stefanos. Understanding the role of marketing-purchasing collaboration in industrial markets: The case of Russia ［J］. Industrial Marketing Management, 2011, 40 （40）: 54 – 64.

［209］Rapp, A. N. Schillewaert and A. W. Hao, The Influence of Market Orientation on E-business Innovation and Performance: The Role of the Top Management Team ［J］. Journal of Marketing Theory and Practice, 2008, 16, 7 – 25.

［210］Lewrick M, Omar M, Willjams R Jr. Market orientation and innovations' success: an exploration of the influence of customer and competitor orientation ［J］. Journal of Technology Management & Innovation, 2011, 6 （30）: 48 – 62.

［211］Dauda Y A. Employee's market orientation and business performance in Nigeria: analysis of small business enterprises in Lagos state ［J］. International Journal of Marketing Studies, 2010, 2 （2）: 134 – 143.

［212］Frank, AG, Cortimiglia, MN, Ribeiro, JLD, de Oliveira, LS. The effect of innovation activities on innovation outputs in the Brazilian industry: Market-orientation vs. technology-acquisition strategies ［J］. Research Policy. 2015, 45 （1）: 577 – 592.

［213］任峰，李坦. 市场导向与技术创新的关系研究 ［J］. 中国软科学，2003 （6）：87 – 91.

［214］谢洪明，刘常勇，陈春辉. 市场导向与组织绩效的关系：组织学习与创新的影响——珠三角地区企业的实证研究 ［J］. 管理世界，2006，02：80 – 94.

［215］史江涛，杨金凤. 市场导向对技术创新的影响机理研究 ［J］. 研究与发展管理，2007 （4）：56 – 61.

[216] 张婧, 段艳玲. 市场导向均衡对制造型企业产品创新绩效影响的实证研究 [J]. 管理世界, 2010, 12: 119 - 130.

[217] 伍勇, 梁巧转, 魏泽龙. 双元技术创新与市场导向对企业绩效的影响研究: 破坏性创新视角 [J]. 科学学与科学技术管理, 2013, (06): 140 - 151.

[218] 阳银娟、陈劲. 开放式创新中市场导向对创新绩效的影响研究 [J]. 科研管理, 2015 (3): 103 - 109.

[219] 李斌, 杜斌, 王平. 市场导向对国家高新区技术创新的影响机制 [J]. 经济与管理研究, 2016, 37 (10): 73 - 81.

[220] 毛荐其, 杨海山. 技术创新进化过程与市场选择机制 [J]. 科研管理, 2006, (03): 16 - 22.

[221] Васильцов, B. C & Vasiltsov, V. S. Market mechanism for development of innovation capacity [J]. Terra Economics, 2011, 9 (3) 12 - 16.

[222] 王玉柱. 从市场机制决定性作用看创新发展的实现路径——兼论发展方式转变过程中政府与市场关系的重构 [J]. 云南社会科学, 2014, (03): 56 - 60.

[223] 吕薇. 政府如何利用市场机制促进技术创新 [J]. 发展研究, 2015, (01): 4 - 6.

[224] 王志刚. 健全技术创新市场导向机制 [J]. 求是杂志, 2013 (23): 18 - 23.

[225] 牛全保. 技术创新产品的市场风险与营销对策 [J]. 经济经纬, 1999, (05): 15 - 18.

[226] 刘逸初, 周长爱, 徐渝. 高新技术企业新产品开发的风险管理 [J]. 科技进步与对策, 1999, (06): 71 - 72.

[227] 包国宪, 任世科. 政府行为对企业技术创新风险影响路径 [J]. 公共管理学报, 2010, (02): 89 - 96.

[228] 李永先, 贵佳琳. 企业技术创新风险管理中的竞争情报预警模型 [J]. 现代情报, 2016, (06): 46 - 49 + 112.

[229] 罗小芳, 李柏洲, 白旭. FMEA 方法改进及其在技术创新风险管理中的应用 [J]. 运筹与管理, 2015, (04): 264 - 271.

[230] Yang, Lei, Maskus, Keith E. Intellectual Property Rights, Technology Transfer and Exports in Developing Countries [J]. Journal of Development

Economics, 2009 (90), 231 – 236.

[231] Andrea L E. , Adriano A. "Market Incentives, Capital Reallocation, and the Business Cycle" [J]. Journal of Financial Economics, 2008 (87), 177 – 199.

[232] 冯宗宪, 王青, 侯晓辉. 政府投入、市场化程度与中国工业企业的技术创新效率 [J]. 数量经济技术经济研究, 2011, (04): 3 – 17 +33.

[233] 申朴, 刘康兵. FDI 流入、市场化进程与中国企业技术创新——基于 system GMM 估计法的实证研究 [J]. 亚太经济, 2012, (03): 93 – 98.

[234] 阚大学. 对外贸易、市场化进程与内资企业技术创新——基于省级大中型工业企业面板数据的实证研究 [J]. 中央财经大学学报, 2013, (10): 57 – 62.

[235] 李后建, 张宗益. 金融发展、知识产权保护与技术创新效率——金融市场化的作用 [J]. 科研管理, 2014, (12): 160 – 167.

[236] 李新功. 金融促进技术创新市场化工具运行的机制研究 [J]. 科技进步与对策, 2011, (20): 87 – 93.

[237] Arrow, K. J. Economics Welfare and the Allocation of Resources for Invention [M]. The Rate and Direction of Inventive Activity: Economic and Social Factors, Princeton University Press, 1962.

[238] Aghion, P. Bloom, N. , Blundell, R. Griffith, R. and Howitt P. Competition and Innovation: An Inverted-U Relationship [J]. Quarterly Journal of Economics, 2005 (120): 701 – 728.

[239] Chen Y. Schwartz M. Product innovation incentives: monopoly vs. competition [D]. Georgetown University, 2010.

[240] Ronald L Goettler. Brett R Gordon. Competition and production novation in dynamic oligopoly [D]. University of Chicago and Columbia University, 2012.

[241] Lunn J. R&D, concentration and advertising: a simultaneous equation model [J]. Managerial and Decision Economics, 1989, 10 (2): 101 – 105.

[242] P. A. Geroski and R. Pomroy, Innovation and the Evolution of Market Structure [J]. Journal of Industrial Economics, 1990, 38, (3): 299 – 314.

[243] Dosi G, Marsilio, Orsenigo L, et al. Learning, market selection and the evolution of industrial structures [J]. Small Business Economics, 1995, 7 (6): 1 – 26.

［244］Sandra Gottschalk, Norbert Janz. Innovation dynamics and endogenous market structure ［Z］. European Economic Research, Discussion Paper, 2001: 1 – 39.

［245］James M. Utter back, William J. Abernathy. A dynamic model of product and process innovation ［J］. Omega, 1975, 3 (6): 639 – 656.

［246］Klepper S. Entry, Exit, Growth and Innovation Over the Product Life Cycle ［J］. American Economic Review, 1996, 86 (3): 562 – 583.

［247］吴义刚. 技术创新主导下产业市场结构的动态多样性 ［J］. 石河子大学学报 (哲学社会科学版), 2006, (01): 66 – 68 + 73.

［248］李平, 张庆昌. 技术创新对市场结构的动态效应分析 ［J］. 产业经济评论, 2007, (02): 50 – 60.

［249］杨蕙馨, 王硕, 王军. 技术创新、技术标准化与市场结构——基于 1985—2012 年 "中国电子信息企业百强" 数据 ［J］. 经济管理, 2015, (06): 21 – 31.

［250］余东华. 技术创新与垄断市场结构的可维持性 ［J］. 山西财经大学学报, 2006, (01): 1 – 6.

［251］杜斌, 张治河, 李斌. 健全技术创新的市场导向机制: 动态最优、福利分配与补偿机制——弥合技术创新溢出效应的视角 ［J］. 经济管理, 2017 (03): 63 – 75.

［252］胡卫. 论技术创新的市场失灵及其政策含义 ［J］. 自然辩证法研究, 2006, (10): 63 – 66.

［253］孙南申, 彭岳. 技术创新的市场失灵与法律保障的制度建构 ［J］. 复旦学报 (社会科学版), 2010, (01): 65 – 73.

［254］陶爱萍, 李丽霞, 陈宝兰, 刘志迎. 技术标准锁定与技术创新中的市场失灵研究 ［J］. 工业技术经济, 2013, (09): 97 – 103.

［255］Poncet, S. Measuring Chinese Domestic and International Integration ［J］. China Economic Review, 2003, 14 (1): 1 – 21.

［256］洪银兴. 论市场对资源配置起决定性作用后的政府作用 ［J］. 经济研究, 2014 (1): 15.

［257］郑毓盛, 李崇高. 中国地方分割的效率损失 ［J］. 中国社会科学, 2003, (01): 64 – 72 + 205.

［258］杨光, 孙浦阳, 龚刚. 经济波动、成本约束与资源配置 ［J］. 经

济研究, 2015, (2): 47 - 60.

[259] 盖庆恩, 朱喜, 史清华. 劳动力市场扭曲、结构转变和中国劳动生产率 [J]. 经济研究, 2013, (5): 87 - 97.

[260] Brandt et al. Brandt, Loren, Johannes Van Biesebroeck, Yifan Zhang. Realitive Accounting or Creative Destruction? Firm-level Productivity Growth in Chinese Manufacturing [J]. NBER Working Papers, 2009 (1): 51 - 52.

[261] Hsieh, Chang-Tai, and Peter J. Klenow, Misallocation and Manufacturing TFP in China and India [J]. Quarterly Journal of Economics, 2009 (124): 1403 - 1448.

[262] Song, Zheng, Kjetil Storesletten, and Fabrizio Zilibotti, "Growing Like China", American Economic Review [J]. American Economic Association, 2011, 101 (1): 196 - 233.

[263] Chen, V. Z., Li, J., Shapiro, D. M. and Zhang, X. Ownership Structure and Innovation: An Emerging Market Perspective [J]. Asia Pacific Journal of Management, 2012 (31): 1 - 24.

[264] 张杰、周晓艳、李勇. 要素市场扭曲抑制了中国企业 R&D? [J]. 经济研究, 2011 (8): 78 - 80.

[265] 罗德明, 李晔, 史晋川. 要素市场扭曲、资源错置与生产率 [J]. 经济研究, 2012, (3): 4 - 14.

[266] 杨洋, 魏江, 罗来军. 谁在利用政府补贴进行创新? [J]. 管理世界, 2015 (1): 75 - 85.

[267] Alwyn Young. The Razor's Edge: Distortions and Incremental Reform in the People. s Republic of China. Quarterly Journal of Economics, 2000, 115 (4): 1091 - 1135.

[268] 于良春, 杨骞. 行政垄断制度选择的一般分析框架——以我国电信业行政垄断制度的动态变迁为例 [J]. 中国工业经济, 2007, (12): 38 - 45.

[269] 王永钦, 张晏, 章元, 陈钊, 陆铭. 中国的大国发展道路——论分权式改革的得失 [J]. 经济研究, 2007, (01): 4 - 16.

[270] 周黎安, 陶婧. 政府规模、市场化与地区腐败问题研究 [J]. 经济研究, 2009, (01): 57 - 69.

[271] 陆铭, 陈钊. 分割市场的经济增长——为什么经济开放可能加剧地方保护? [J]. 经济研究, 2009, (03): 42 - 52.

[272] 孙晓华，李明珊．我国市场化进程的地区差异：2001 – 2011 年 [J]．改革，2014，(06)：59 – 66.

[273] 樊纲，王小鲁，马光荣．中国市场化进程对经济增长的贡献 [J]．经济研究，2011，(09)：4 – 16.

[274] 王雅莉，宋月明．中国省级区域的市场化进程测度及其发展效应分析 [J]．学习与实践，2016，(03)：19 – 27.

[275] 张宗和，彭昌奇．区域技术创新能力影响因素的实证分析——基于全国 30 个省市区的面板数据 [J]．中国工业经济，2009，(11)：35 – 44.

[276] 余东华，王青．地方保护、区域市场分割与产业技术创新能力——基于 2000 – 2005 年中国制造业数据的实证分析 [J]．中国地质大学学报（社会科学版），2009，(03)：73 – 78.

[277] 万勇．技术创新、贸易开放度与市场化的区域经济增长效应——基于时空维度上的效应分析 [J]．研究与发展管理，2010，(03)：86 – 95.

[278] 孙云浩．中国区域技术创新体制的效率性实证分析 [J]．洛阳师范学院学报，2013，(10)：95 – 101.

[279] 李元元．若干创新型国家的发展经验及其对我国的启示 [J]．华南理工大学学报（社会科学版），2006，(06)：1 – 7.

[280] 杜斌．后进区域对外贸易结构与产业结构互动升级的研究 [D]．兰州：兰州商学院，2008.

[281] Wernerfelt, B. A Resource-based View of the Firm [J]. Strategic Management Journal, 1984, 5: 171 – 180.

[282] Penrose, E. T. The theory of growth of the firm [M]. New York, NY: Wiley, 1959.

[283] Rumelt, R. P. Towards a strategic theory of the firm [J]. Competitive Strategic Management, 1984, 26: 556 – 570.

[284] Barney, J. Firm resource and sustained competitive advantage [J]. Journal of Management, 1991, 17 (1): 99 – 120.

[285] Peteraf, M. A. The cornerstones of competitive advantage: a resource-based View [J]. Strategic Management Journal, 1993, 14 (3): 179 – 191.

[286] 马昀．资源基础理论的回顾与思考 [J]．经济管理，2001，12：23 – 27.

[287] Prahalad, C. K. & Hamel, G. The core competence of the corporation

[J]. Harvard Business Review, 1990, 68 (3): 79 – 90.

[288] Kogut, B. & Zander, U. Knowledge of the firm, combinative capabilities, and The replication of technology [J]. Organization Science, 1992, 3 (3): 383 – 397.

[289] Grant, R. M. Prospering in dynamically competitive environments: Organizational capability as knowledge integration [J]. Organization Science, 1996, 7: 375 – 387.

[290] Spender, J. C. Making knowledge the basis of dynamic theory of the firm [J]. Strategic Management Journal, 1996, 17 (1): 45 – 62.

[291] Teece, D. , Pisano, G&Shuen, A. Dynamic capabilities and strategic Management [J]. Strategic Management Joumal, 1997, 18: 509 – 533.

[292] Eisenhardt, K. M. & Martin, J. A. Dynamic capabilities: what are they? [J]. Strategic Management Jounal, 2000, 21 (10 – 11): 1105 – 1121.

[293] Wang, C. L. & Ahmed, P. K. Dynamic capabilities: A review and research Agenda [J]. International Journal of Management Review, 2007, 9 (1): 31 – 51.

[294] Gulati, R. Network location and learning: the influence of network resources and firm capability on alliance formation [J]. Strategic Management Journal, 1999, 20: 397 – 420.

[295] Lavie, D. The competitive advantage of interconnected firms: an extension of The resource-based view [J]. Academy of Management Review, 2006, 31 (3): 638 – 658.

[296] Lavie, D. Alliance Portfolios and Firm Performance: A Study of Value Creation And Appropriation in the US.Software Industry [J]. Strategic Management Journal, 2007, 28 (12): 1187 – 1212.

[297] 王冰. 论市场机制的涵义及其特征 [J]. 中国农业银行武汉管理干部学院学报, 2000, 03: 6 – 8.

[298] 杜斌, 张治河. 技术创新理论拓展: 来自新古典主义的解释——基于戈森定律、产品创新与工艺创新视角 [J]. 科技进步与对策, 2015, 32 (15): 26 – 31.

[299] Kwang In Hur、Chihiro Watanabe, Dynamic process of technology spillover: a transfer function approach [J] .Technovation, 2002 (22): 437 – 444.

[300] 谭开明．促进技术创新的中国技术市场发展研究［D］．大连：大连理工大学，2008．

[301] 田国强．高级微观经济学（下册）［M］．北京：中国人民大学出版社，2016：714－720．

[302] Myerson, R. Incentive compatibility and the bargaining problem ［J］. Econometrica, 1979, 47: 61－73.

[303] Maskin, E. Nash equilibrium and welfare optimality ［J］. Review of Economic Studies, 1977, 66: 23－38.

[304] 申兵．西部地区发展实证研究［M］．北京：中国市场出版社，2012，11：34－38．

[305] 张治河，李霜．技术赶超战略研究述评［J］．工业技术经济，2013，32（08）：155－160．

[306] 谢科范．技术创新风险问题探讨［J］．科技进步与对策，1994，（01）：25－27．

[307] 张治河，许珂，李鹏．创新投入的延迟效应与创新风险成因分析［J］．科研管理，2015，36（05）：10－20．

[308] 黄恒学．市场创新［M］．北京：清华大学出版社，1996．

[309] 魏江，许庆瑞．企业技术创新机制的概念、内容和模式［J］．科学学与科学技术管理，1994，（11）：4－7．

[310] 孙晓华，李明珊，王昀．市场化进程与地区经济发展差距［J］．数量经济技术经济研究，2015，32（06）：39－55．

[311] 王小鲁，樊纲，余静文．中国分省份市场化指数报告（2016）［M］．北京：社会科学文献出版社，2017，1：214－215．

[312] 玄兆辉．区域创新模式选择的理论方法与实证研究［D］．北京：北京交通大学，2015．

[313] 白俊红．中国区域创新效率的实证研究［D］．南京：南京航空航天大学，2010．

[314] 白俊红，蒋伏心．协同创新、空间关联与区域创新绩效［J］．经济研究，2015，50（07）：174－187．

[315] Griliches, Z and H jorth-Andersen, C. The Search for R&D Spillovers, Comment ［J］. The Scandinavian Journal of Economics, 1992, （94）: 29－50.

[316] 吴延兵．R&D 存量、知识函数与生产效率［J］．经济学（季

刊），2006，（03）：1129 – 1156.

[317] 杜斌，李斌.市场导向对协同创新绩效的影响机理：基于复杂网络的动静态比较 [J].中国科技论坛，2017，（05）：27 – 34.

[318] 杨洪涛，左舒文.基于系统动力学的创新投入与区域创新能力关系研究——来自天津的实证 [J].科技管理研究，2017，37（03）：22 – 28.

[319] 张治河，冯陈澄，李斌，华瑛.科技投入对国家创新能力的提升机制研究 [J].科研管理，2014，35（04）：149 – 160.

后　　记

本书是在我的博士论文基础上修改补充后完成的。论文付梓，感慨万千，提笔之际，欲言又止。2013 年，几近迷失方向的我有幸拜入张治河导师门下成为一名博士研究生，开启了我人生旅途的新征程。张老师是国内创新领域的知名专家，而我在此之前从未接触过系统的创新知识，对于一个门外汉而言，进入这一全新领域既渴求又惶恐。自踏入师门，我就深刻感受到浓厚的学术氛围，每周例会、学术会议、课题撰写、外出调研，逐渐使我从一知半解、略知一二的朦胧状态成长为若有所思、颇有想法的行内人。可以说，张老师既是我踏入创新学术殿堂的"领路人"，亦是我人生转机的"指路人"。

"板凳要坐十年冷，文章不写一句空。"博士论文从选题、开题、写作、修改、定稿的每一步无不倾注了导师大量心血，导师知识渊博、治学严谨、宽以待人、精益求精，无时不鞭策着我在论文写作过程中冷静思考、反复揣摩、精雕细琢。尽管在论文写作过程中有过迷茫、徘徊、焦虑、飘忽不定，甚至推倒重来，但不言放弃、迎难而上始终促使我加快节奏，超越自己。感谢恩师的教诲与鞭策，关心与帮助，在新的人生起点上，我将以导师学精业湛、高尚师德、长者风范、豁达人格为典范，鞭策自己，走好每一步。

感谢陕西师范大学国际商学院领导及曾经给我们上过课的老师，他们是：周晓唯教授、雷宏振教授、刘地久教授、王文军副教授、胡秋灵副教授、曹培慎副教授、谢攀副教授等，国际商学院浓厚的学习氛围、博大的胸怀，促使我渴求知识、如沐春风。

感谢我所在的工作单位兰州财经大学给予我继续深造的机会，感谢学院同事替我承担本由我承担的授课任务。

感谢创新 118 的同门兄弟姐妹，他们是李涛师兄、华瑛师姐、李斌师弟、焦贝贝师弟、麦志英师妹、戴明师弟、陈超师弟、杨历师弟、徐晓庆师妹等等。祝愿创新 118 这个学术大家庭明天会更好！

感谢我的挚友侯玲宽、庞庆明、蒲金钰、房裕、胡炜童、吴炳辉、李永海、郑永杰等一直来的帮助与共进。感谢我的室友杜镇，我们一起奋进，走过难忘的博士时光!

感谢兰州财经大学经济学院理论经济学重点学科建设经费的支持!

感谢我家人的支持与理解,有他们在身边,我的人生充满阳光与温暖!

由于本人学术水平所限,书中难免存在不妥之处,敬请各位专家、同行不吝赐教。

本书引用了大量前人的研究成果,已在参考文献中明确标注,但疏漏在所难免,敬请谅解。

杜　斌

2020 年 5 月于兰州